처음부터 시작하는

회계원리

김갑수 지음

멘토르스쿨

저자 약력

호서대학교 경영학과 졸업
단국대학교 경영대학원 졸업(경영학 석사)
중등학교2급 정교사(상업)
(현) 대명컴퓨터회계학원장
(현) 신성대학교 외래교수

저서

기초를 다지는 회계원리 입문, 멘토르스쿨
처음부터 시작하는 회계원리, 멘토르스쿨
전산회계운용사 3급 필기, 멘토르스쿨
전산회계운용사 3급 실기, 멘토르스쿨
정리가잘된 재무회계, 멘토르스쿨
정리가잘된 원가회계, 멘토르스쿨
전산회계운용사 2급 필기, 멘토르스쿨
전산회계운용사 2급 실기, 멘토르스쿨

ERP정보관리사 회계 2급 나눔A&T
ERP정보관리사 회계 1급 나눔A&T
ERP정보관리사 인사 2급 나눔A&T
ERP정보관리사 인사 1급 나눔A&T
ERP정보관리사 물류 2급 나눔A&T
ERP정보관리사 물류 1급 나눔A&T
ERP정보관리사 생산 2급 나눔A&T
ERP정보관리사 생산 1급 나눔A&T

처음부터 시작하는 회계원리

19판 1쇄 발행 2025년 2월 20일

지은이 : 김갑수
펴낸이 : 김경용
펴낸곳 : 멘토르스쿨

표지디자인 : 김희정
편집디자인 : 황성철
일러스트 : 박수영

등록 : 2011. 03. 02 제 321-2011-000042호
주소 : 서울시 관악구 대학동 546 미림여자정보과학고등학교 内 교내기업실
전화 : 02-876-6684
팩스 : 02-876-6683
내용문의 : kykim0432@hanmail.net

ISBN 979-11-89000-66-0 13000

가격 : 16,000원

ⓒ2012 멘토르스쿨
http://www.mtrschool.co.kr

머리말

본서는 회계를 처음 접하는 분들을 위하여 다음과 같이 구성되어 있습니다.

- 각단원별로 이론 설명과 기출문제 분석을 통해 출제경향을 파악 할 수 있게 하였습니다.
- 단계적인 학습 및 시험대비를 위해 기본문제와 검정문제 전개 하였습니다.
- 각 단원별로 멘토 노트를 만들어 꼭! 암기하고 숙지해야 하는 것으로 구성 하였습니다.
- 상장법인은 K-IFRS(한국채택 국제회계기준)을 비상장회사는 K-IFRS(한국채택국제회계기준)나 K-GAAP(일반 기업회계기준)중 선택하여 적용가능하므로 이들을 비교 설명하였습니다.

본서가 대한상공회의소에서 시행되는 전산회계운용사(회계정보관리사) 3급 필기 검정에서 높은 점수를 희망하는 여러분께 좋은 지침서가 될 것을 확신하며, 수험생 여러분의 앞날에 합격의 영광이 있기를 기원합니다.

학습하는데 어려움이 없도록 구성하였으며 오류가 없도록 최선을 다했습니다만 미처 발견하지 못한 오타나 오류는 정오표를 작성하여 mtrschool.co.kr [정오표]에 올려 놓겠습니다. 부족한 부분은 수험생여러분의 격려와 충고를 통해 계속하여 보완해나갈 것을 약속드립니다.

끝으로 본 서적이 나올 수 있도록 많은 협조를 하여주신 남현정 선생님과 관계자 모든 분에게 감사드립니다.

저자 김갑수

■ 2019년 주요 개정 내용

No.	개정 전	개정 후	실제 사용하는 계정과목
①	단 기 매 매 금 융 자 산	당기손익-공정가치측정 금융자산	당기손익 금융자산
②	매 도 가 능 금 융 자 산	기타포괄손익-공정가치측정 금융자산	기타포괄손익 금융자산
③	만 기 보 유 금 융 자 산	상각후원가측정 금융자산	상각후원가 금융자산

Contents

제**1**장 회계의 기초

01. 회계의 기초·······················8
  기본문제 1-1 ··················12
  검정문제 1-1 ··················13

02. 재무상태표의 구성요소 ·········15
  기본문제 1-2 ··················18
  검정문제 1-2 ··················21

03. 포괄손익계산서의 구성요소 ····23
  기본문제 1-3 ··················27
  검정문제 1-3 ··················31

04. 회계상 거래 ·····················35
  기본문제 1-4 ··················37
  검정문제 1-4 ··················40

제**2**장 회계의 순환과정

01. 거래의 기록 ·····················44
  기본문제 2-1 ··················50
  검정문제 2-1 ··················58

02. 결산과 시산표 작성 ············62
  기본문제 2-2 ··················65
  검정문제 2-2 ··················67

03. 총계정원장의 마감 ·············70
  기본문제 2-3 ··················72
  검정문제 2-3 ··················74

제**3**장 자산의 회계처리

01. 현금·····························78
  기본문제 3-1 ··················82
  검정문제 3-1 ··················87

02. 예금······························92
  기본문제 3-2 ··················94
  검정문제 3-2 ··················96

03. 기타금융자산 ···················100
  기본문제 3-1 ··················103
  검정문제 3-1 ··················106

제**4**장 재고자산

01. 상품매매에 관한 회계처리········112
  기본문제 4-1 ··················114
  검정문제 4-1 ··················116

02. 상품계정의 분할(3분법)········119
  기본문제 4-2 ··················122
  검정문제 4-2 ··················126

03. 상품에 관한 보조장부··········131
  기본문제 4-3 ··················134
  검정문제 4-3 ··················139

제**5**장 채권과 채무

01. 외상매출금과 외상매입금········146
  기본문제 5-1 ··················148
  검정문제 5-1 ··················150

02. 받을어음과 지급어음···········153
  기본문제 5-2 ··················156
  검정문제 5-2 ··················159

03. 기타채권과 채무···············163
  기본문제 5-3 ··················165
  검정문제 5-3 ··················168

04. 대손(손상)·····················174
  기본문제 5-4 ··················176
  검정문제 5-4 ··················178

Contents

제6장 비유동자산

01. 유형자산 ·························· 182
  기본문제 6−1 ················ 185
  검정문제 6−1 ················ 188

02. 무형자산 ·························· 194
  기본문제 6−2 ················ 196
  검정문제 6−2 ················ 197

제7장 부채와 자본의 회계처리

01. 부채 ······························· 200
  기본문제 7−1 ················ 201
  검정문제 7−1 ················ 202

02. 자본 ······························· 205
  기본문제 7−2 ················ 208
  검정문제 7−2 ················ 210

03. 장부 ······························· 213
  기본문제 7−3 ················ 215
  검정문제 7−3 ················ 216

제8장 수익과 비용의 회계처리

01. 수익과 비용의 회계처리 ········ 220
  기본문제 8−1 ················ 223
  검정문제 8−1 ················ 224

02. 손익의 정리 ······················ 229
  기본문제 8−2 ················ 232
  검정문제 8−2 ················ 236

제9장 결산과 재무제표

01. 시산표와 결산정리분개 ·········· 242
  기본문제 9−1 ················ 246
  검정문제 9−1 ················ 248

02. 재무제표 ·························· 251
  검정문제 9−2 ················ 253

03. 재무상태표 ······················ 254
  기본문제 9−3 ················ 258
  검정문제 9−3 ················ 259

04. 포괄손익계산서 ················· 261
  기본문제 9−4 ················ 265
  검정문제 9−4 ················ 267

정답과 보충설명 ······················ 269

2019년도 전산회계운용사 검정기준

1. 검정기준 개요

자격명칭	등급	검 정 기 준
전산회계운용사	1 급	4년제 대학 졸업수준의 재무회계, 원가회계 및 세무회계에 관한 지식을 갖추고 기업체 등의 회계책임자로서 회계 프로그램을 이용하여 회계 전반에 관한 업무를 수행할 수 있는 능력의 유무
	2 급	전문대학 졸업수준의 회계원리와 원가회계에 관한 지식을 갖추고 기업체 등의 회계실무자 또는 회계실무 책임자로서 회계 프로그램을 이용하여 회계전반에 관한 업무를 수행할 수 있는 능력의 유무
	3 급	고등학교 졸업수준의 회계원리에 관한 지식을 갖추고 기업체 등의 회계실무자로서 회계 프로그램을 이용하여 회계업무를 처리할 수 있는 능력의 유무

2. 시험과목별 문제수 및 제한시간

등급	검정방법	시 험 과 목	문제수(항)	제한시간(분)	출제방법
1 급	필기시험	▶ 재무회계 ▶ 원가회계 ▶ 세무회계	20 20 20	80	객관식
	실기시험	▶ 회계프로그램의 운용	5문제 이내	100	작업형
2 급	필기시험	▶ 재무회계 ▶ 원가회계	20 20	60	객관식
	실기시험	▶ 회계프로그램의 운용	5문제 이내	80	작업형
3 급	필기시험	▶ 회계원리	25	40	객관식
	실기시험	▶ 회계프로그램의 운용	5문제 이내	60	작업형

제1장

회계의 기초

01. 회계의 기초

02. 재무상태표의 구성요소

03. 포괄손익계산서 구성요소

04. 회계상 거래

01 회계의 기초

1. 회계의 의의와 목적

(1) 회계의 의의

회계(Accounting)는 회계정보이용자가 합리적인 판단이나 의사결정을 할 수 있도록 기업실체에 관한 유용한 정보를 **식별·측정·전달**하는 과정이다. 여기서 측정이란 재무제표에 인식(재무제표 본문에 특정 계정명칭과 화폐금액으로 기록하는 것)되고 평가되어야 할 요소를 화폐금액으로 결정하는 과정이다.

[용어해설]
- 식별 : 인식이라고도 하며 회계의 기록 대상으로 경제적 사건인 거래를 판단하고 기록하는 시점을 결정 하는 것이다. (발생주의)
- 측정 : 식별(인식)된 거래를 화폐액으로 환산하는 과정이다.(평가 : 원가·시가)
- 전달 : 보고라고 하며 회계정보를 정보 이용자에게 제공하는 것이다.(재무제표)

(2) 회계의 목적

회계는 투자자(주주)나 채권자 등 기업의 **외부정보이용자에게 경제적 의사결정에 유용한 정보를 제공**함을 목적으로 하는 회계이다. 즉 회계의 목적은 재무제표를 작성함으로서 달성된다.

① 투자자 및 외부정보이용자에게 유용한 회계정보를 제공한다.

② 미래 현금흐름을 예측하는데 유용한 정보를 제공한다.

③ 재무상태, 경영성과, 현금흐름 및 자본변동에 관한 정보를 제공한다.

④ 경영자의 수탁책임평가에 유용한 정보를 제공한다.

[용어해설]
- 회계의 주체   :   기업
- 회계정보이용자   ┌ 내부정보이용자 : 경영진
                   └ 외부정보이용자 : 거래처, 채권자, 정부, 투자자(주주)
- 수탁책임   :   기업의 주인은 주주이다. 하지만 기업의 주주가 모두 경영에 참여 할 수 없기 때문에 경영진을 선택하여 기업의 경영을 맡기면 그 성과를 보고하는 책임이다.

2. 회계의 분류

(1) 기장방법에 따른 분류
① **단식회계** : 일정한 원리원칙 없이 현금의 수입과 지출만을 장부에 기록·계산하는 불완전한 회계를 말한다.

② **복식회계** : 일정한 원리원칙에 의해 자산, 부채, 자본의 증감변화를 조직적으로 기록, 계산, 정리하는 완전한 회계를 말한다. 오늘날 대부분 기업회계·정부회계·학교회계 등은 이러한 복식회계를 적용한다.

특 징	단 식 회 계	복 식 회 계	비 고
일정한 원리·원칙	없다.	있다.	차이점
거래의 이중성, 대차평균의 원리	없다.	있다.	
자기검증 능력	없다.	있다.	
손익의 계산	안한다.	한다.	
적용대상	소규모 상점, 비영리단체	기업, 영리단체	
현금의 수입과 지출기장	한다.	한다.	공통점

(2) 회계 주체에 따른 분류
① **영리회계** : 손익의 계산을 중요시하는 기업에서 사용하는 기업회계이다.
(재무회계, 원가관리회계, 은행회계, 건설회계, 보험회계)

② **비영리회계** : 영리를 목적으로 하지 않는 비영리단체에서 사용하는 회계이다.
(재단회계, 관청회계, 학교회계, 가계회계)

> **[회계의 기원]**
> 우리나라는 고려말기(12세기경) 개성상인을 중심으로 사개송도치부법(송도부기=개성부기)이 있었고 일반적으로 인정하고 있는 회계의 기원은 1494년 이탈리아 수학자이며 승려이었던 루카파치올리(Lucas pacioli)의 산술, 기하, 비 및 비율총람(summa)이라는 책에 소개되었다.

(3) 정보이용자에 따른 분류
① **재무회계** : 기업의 **외부**정보 이용자(거래처, 채권자, 투자자) 에게 경제적 의사결정에 유용한 기업의 재무상태와 재무성과 및 현금흐름 등에 관한 회계정보를 식별, 측정, 전달하기 위한 회계이다.

② **관리회계** : 기업의 **내부**정보 이용자(경영진)에게 관리적 의사 결정을 하는데 유용한 회계정보를 제공하는 내부 보고 목적의 회계이다.

③ **세무회계** : 세법 규정에 의해 개인(소득세)이나 기업(법인세)으로부터 세금을 징수하기 위해 회계정보를 이용하여 과세대상 소득을 측정하고 세액계산을 목적으로 하는 회계이다.

구 분	재무회계	관리회계
목적	외부 보고 목적	내부 보고 목적
정보 이용자	내·외부 정보 이용자	내부 정보 이용자
정보 제공 수단	재무제표	일정한 서식 없음
정보의 지향 시점	과거 지향적	미래 지향적
정보의 중점	신뢰성, 객관성	목적 적합성
정보의 준거 기준	기업회계기준서	일반적인 준거 기준 없음
정보의 보고 주기	정기	수시

[부기(book keeping)의 뜻]

'장부기장'의 약자로 일정한 원리원칙에 따라 기업의 자산·부채·자본의 증감 변화를 기록, 계산, 정리하는 회계의 기술적인 측면만을 말한다.

---

3. 회계단위와 회계연도

(1) 회계단위(회계범위)

회계에서 기업의 자산, 부채, 자본의 증감 변화를 기록, 계산하기 위한 **장소적 범위**로 한 기업에 하나의 회계단위가 원칙이지만 영업상 본점과 지점, 본사와 공장으로 구별 되어 있는 경우 몇 개의 회계단위로 나누어 계산할 수도 있다.

(2) 회계연도(회계기간)

기업의 경영활동은 기업의 설립으로부터 시작하여 폐업할 때까지 계속적으로 발생하지만, 정기적으로 일정시점 재무상태와 일정기간 재무성과를 기록·계산하기 위하여 인위적으로 구분한 **기간적(시간적) 범위**를 말하며, 회계연도는 상법상 1년을 초과하지 못하도록 규정하고 있다.

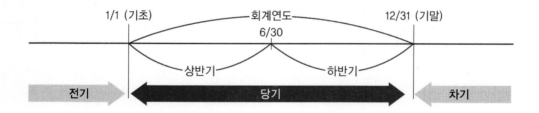

[용어해설]

① 전기 : 직전 회계연도
② 당기 : 현재 회계연도
③ 차기 : 다음 회계연도
④ 기초 : 회계연도가 처음 시작하는 날
⑤ 기말 : 회계연도가 끝나는 날
⑥ 상반기(전반기) : 회계연도의 앞부분
⑦ 하반기(후반기) : 회계연도의 뒷부분

엔토노트

• 회계의 목적 : 유용한 회계정보 제공
• 재무회계 : 외부용
• 관리회계 : 내부용
• 회계단위 : 장소적 범위
• 회계기간 : 시간적 범위

01. 다음 (   )안에 알맞은 말을 써넣어라.

(1) 회계란 기업의 모든 (   )에게 의사결정을 위한 유용한 (   )를 제공한다.

(2) 회계정보 이용자에 따른 분류에는 외부보고 목적의 (   )와 내부보고 목적의 (   )와 세액산출을 위한 (   )가 있다.

(3) 회계는 기업의 경영활동을 기장하는 방법에 따라 (   )와 (   )로 구분하며, 회계 주체에 따라 (   )와 (   )로 나눈다.

(4) 회계는 기록, 계산이 되는 장소적 범위를 (   )라고 한다.

(5) 기업의 경영성과 재무상태를 명백히 파악하기 위하여 인위적으로 설정되는 기간을 (   ) 또는 (   )(이)라고 한다.

(6) 회계기간 중에 영업을 시작하는 시점을(   )라고 하고, 영업을 끝마치는 시점을 (   ) 이라하며, 앞의 회계연도를 (   )라 하고 현재 회계연도를 (   )라 하고 다음 회계연도를 (   )라 한다.

02. 다음 내용이 맞으면(○) 틀리면 (×) 하시오.

(1) (   ) 회계의 목적은 경영진에게만 회계정보를 제공하는 것이다.

(2) (   ) 복식회계는 일정한 원리원칙에 의하여 모든 재산의 변동 상황을 기록한다.

(3) (   ) 전산회계는 잘못된 자료를 입력해도 정확한 재무상태와 재무성과를 얻을 수 있다는 장점이 있다.

(4) (   ) 재무회계는 외부정보이용자에게 유용한 회계정보를 제공한다.

(5) (   ) 부기는 회계정보를 산출하기 위해 수행되는 기술적 측면만을 말하고 회계는 기업의 이해관계자들이 합리적인 판단이나 의사결정을 할 수 있도록 기업실체에 관한 유용한 경제적 정보를 식별·측정·전달하는 과정으로 부기를 포함하는 넓은 개념이다.

(6) (   ) 회계기간은 반드시 1년으로 해야 한다.

(7) (   ) 모든 기업은 1월 1일이 기초이고 12월 31일은 기말이 된다.

01. 다음 중 회계의 궁극적인 목적으로 가장 적합한 것은?

① 기업 내에서 일어나는 모든 거래 사실을 기록, 분류, 요약한다.
② 기업의 모든 이해관계자에게 의사결정을 위한 유용한 회계정보를 제공한다.
③ 기업이 자금조달을 원활히 할 수 있도록 채권자에게 경영상황을 보고한다.
④ 기업의 소유주인 주주를 위해 기업의 경제적 사실을 화폐로 측정하여 보고한다.

02. 회계의 목적에 대한 설명이다. 다음 중 관계없는 것은?

① 재무 상태의 파악
② 경영 계획의 수립
③ 경영 성과의 측정
④ 회사의 인적역량 강화

03. 다음 중 회계의 목적과 가장 거리가 먼 것은?

① 회계담당자에게만 정보를 제공한다.
② 세금을 부과하는 기초자료를 제공한다.
③ 일정기간의 기업에 대한 재무성과를 밝혀준다.
④ 일정시점의 기업에 대한 재무상태를 밝혀준다.

04. 다음 중 재무회계의 특성으로 볼 수 없는 것은 어느 것인가?

① 정형화된 일정한 양식에 의하여 작성한다.
② 정기적으로 회계보고서를 작성하여 제공한다.
③ 측정 가능한 미래지향적 정보를 제공한다.
④ 일반적으로 인정된 회계원칙을 준수한다.

05. 회계정보이용자 중 내부이용자에 해당하는 것은?

① 채권자   ② 경영자
③ 주주   ④ 정부

06. 회계에서 기업의 자산, 부채, 자본의 증감변화를 기록, 계산하기 위한 장소적 범위(구분)를 무엇이라고 하는가?

① 회계분기　　　　　　　　　② 회계연도

③ 회계단위　　　　　　　　　④ 회계장소

07. 회계기간에 관한 다음 설명 중 옳지 않은 것은?

① 회계기간은 1년을 초과할 수 없다.

② 인위적으로 구분한 기간으로, 회계연도라고도 한다.

③ 기업의 재무성과와 재무상태를 파악하기 위하여 설정한 시간적인 구분이다.

④ 유동자산과 비유동자산을 구분하기 위한 것이다.

08. 다음 중 〈보기〉의 내용을 설명한 것으로 옳은 것은?

> (주)상공상사, 서울상점 등과 같이 회계의 기록, 계산이 이루어지는 장소적 범위를 말한다.

① 회계연도　　　　　　　　　② 회계단위

③ 회계기간　　　　　　　　　④ 회계결산

02 재무상태표의 구성요소

1. 자 산(assets ; A)

자산은 과거의 거래나 사건의 결과로서 현재 기업실체에 의해 지배되고 미래에 경제적 효익을 창출할 것으로 기대되는 자원이다.

자산의 종류	내 용
(1) 현 금	통화 및 통화대용 증권
(2) 당 좌 예 금	당좌수표를 발행할 수 있는 예금
(3) 보 통 예 금	수시로 입금이나 출금이 가능한 예금
(4) 현 금 성 자 산	취득시 만기나 상환기일이 3개월 이내의 금융상품이나, 유가증권
(5) [현금 및 현금성자산]	현금, 당좌예금, 보통예금, 현금성자산을 합한 것
(6) 외 상 매 출 금	상품을 외상으로 매출한 경우의 채권
(7) 받 을 어 음	상품 값으로 어음을 받은 경우의 채권
(8) [매 출 채 권]	외상매출금과 받을어음을 합한 것
(9) 단 기 금 융 상 품	보고기간 종료일로부터 만기가 1년 이내의 정기예금과 정기적금
(10) 단 기 대 여 금	보고기간 종료일로부터 1년 내 회수조건으로 금전을 빌려준 것
(11) 당기손익금융자산	단기자금운용을 목적으로 시장성 있는 국채·사채·공채·주식등을 구입한 경우
(12) 상 품	판매를 목적으로 매입한 물품
(13) 저 장 품 (소 모 품)	사무용품등의 미사용액
(14) 선 급 금	상품 계약금(착수금)을 지급
(15) 선 급 비 용	비용을 먼저 준 것
(16) 미 수 금	상품이외의 물품을 외상으로 처분
(17) 미 수 수 익	수익을 못 받은 것
(18) 건 물	영업용 사무실, 창고, 기숙사, 공장 등
(19) 기 계 장 치	기계장치·운송설비(콘베어, 호이스트, 기중기 등)와 기타의 부속설비 등
(20) 구 축 물	교량, 궤도, 갱도, 정원설비 및 기타의 토목설비 또는 공작물 등
(21) 토 지	영업용으로 구입한 땅
(22) 차 량 운 반 구	영업용으로 구입한 화물차, 승합차, 승용차, 지게차, 오토바이 등
(23) 비 품	영업용으로 구입한 책상·의자, 컴퓨터·복사기 등

※ 한국채택국제회계기준 제1109호 '금융상품'에서는 종전의 '단기매매금융자산'을 '당기손익-공정가치측정 금융자산'으로 변경되었는데 본 서에서는 '당기손익금융자산'으로 표시한다. 【2018.01.01.부터적용】

[용어해설]
① 재화 : 기업이 소유하고 있는 화폐나 물품(현금, 상품, 건물, 비품 등)
② 채권 : 기업이 타인으로부터 받을 권리(외상매출금, 받을어음, 대여금, 미수금 등)

2. 부 채(liabilities ; L)

부채는 과거의 거래나 사건의 결과로 현재 기업실체가 부담하고 있고 미래에 자원의 유출 또는 사용이 예상되는 의무 타인자본(채권자 지분)이다.

부채의 종류	내 용
(1) 외상매입금	상품을 외상으로 매입한 채무
(2) 지 급 어 음	상품 값으로 어음을 지급 한 경우의 채무
(3) [매 입 채 무]	외상매입금과 지급어음을 합한것
(4) 단기차입금	보고기간 종료일로부터 1년내 지급조건으로 금전을 빌려온 것
(5) 선 수 금	상품 계약금(착수금)을 받음
(6) 선 수 수 익	수익을 먼저 받은 것
(7) 미 지 급 금	상품이외의 물품을 외상으로 구입
(8) 미지급비용	비용을 줄 것
(9) 예 수 금	일반적 상거래 외에 발생한 일시적 보관액

[용어 해설]

회계에서 왼쪽을 차변(debtor ; Dr)이라 하고, 오른쪽을 대변(creditor ; Cr)이라 한다.

3. 자 본(capital ; C)

자본은 기업의 자산총액에서 부채총액을 차감한 잔액 또는 순자산으로 잔여 지분 즉 자기자본 (소유주 지분, 주주 지분)을 말한다.

자본의 종류	내 용
(1) 자 본 금	자산총액에서 부채총액을 차감한 잔액(자기자본)

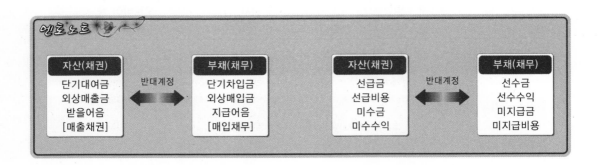

4. 재무상태표 (Statement of Financial Position ; F/P)

재무상태표(국제회계기준을 채택하기 이전에는 "대차대조표"라 하였다.)는 **일정 시점** 현재 기업이 보유하고 있는 경제적 자원인 자산과 경제적 의무인 부채, 그리고 자본에 대한 정보를 제공하는 재무보고서로서, 정보이용자들이 기업의 유동성, 재무적 탄력성, 수익성과 위험 등을 평가하는 데 유용한 정보를 제공한다.

기초 재무상태표		
기초자산　　100	기초부채	40
	기초자본	60

기말 재무상태표			
기말자산　　150	기말부채		60
	기말자본	기초자본금	60
		당기순이익	30

자 본 등 식	자산(A) − 부채(L) = 자본(C)
재 무 상 태 표 등 식	자산(A) = 부채(L) + 자본(C)
재 산 법	기말자본 − 기초자본 = 당기순이익(−는 당기순손실)

재무상태표 작성시 표현계정

- 현금, 당좌예금, 보통예금, 현금성자산은 **현금 및 현금성자산**으로 표현한다.
- 외상매출금, 받을어음은 **매출채권**으로 표현한다.
- 외상매입금, 지급어음은 **매입채무**로 표현한다.

엔토노트

- 재무상태표　　: 일정시점 재무상태
- 자본등식　　　: 자산 − 부채 = 자본
- 재무상태표등식 : 자산 = 부채 + 자본
- 재산법　　　　: 기말자본 − 기초자본 = 순손익

01. 다음 (   )안에 알맞은 말을 써넣어라.

(1) 현금, 당좌예금, 보통예금, 현금성자산을 묶어서 (   )이라 한다.

(2) 단기자금운용을 목적으로 시장성있는 국채, 사채, 공채, 주식 등을 구입한 경우
 (   )계정이라 한다.

(3) 외상매출금과 받을어음을 묶어서 (   )이라한다.

(4) 재무상태표는 (   )기업의 재무상태(자산, 부채, 자본)를 나타내는 보고서이다.

(5) 외상매입금과 지급어음을 묶어서 (   )라 한다.

(6) 자본등식은 (   ) – (   ) = (   )

(7) 재무상태표등식은 (   ) = (   ) + (   )

(8) 재산법은 기말자본 – (   ) = (   )(–는 당기순손실)

02. 다음 내용에 알맞은 계정과목을 기입하시오.

(1) 금전을 빌려주면   (차) (   ) /
(2) 금전을 빌려오면   / (대) (   )
(3) 상품을 외상으로 매출하면   (차) (   ) /
(4) 상품을 외상으로 매입하면   / (대) (   )
(5) 상품이외의 물품을 외상으로 처분하면   (차) (   ) /
(6) 상품이외의 물품을 외상으로 구입하면   / (대) (   )
(7) 상품 값으로 어음을 받으면   (차) (   ) /
(8) 약속어음을 발행하여 지급하면   / (대) (   )
(9) 상품 계약금(착수금)을 지급하면   (차) (   ) /
(10) 상품 계약금(착수금)을 받으면   / (대) (   )
(11) 비용을 먼저 준 것   (차) (   ) /
(12) 수익을 먼저 받으면   / (대) (   )
(13) 수익을 못 받은 것   (차) (   ) /
(14) 비용을 지급하지 않은 것   / (대) (   )
(15) 국채, 사채, 공채, 주식등을 구입하면   (차) (   ) /
(16) 당좌수표를 발행하여 지급하면   / (대) (   )
(17) 만기가 1년이내인 정기예금에 가입하면 (차) (   ) /

03. 자산, 부채 항목을 찾아 기입하시오.

단 기 차 입 금	당 좌 예 금	단 기 금 융 상 품	지 급 어 음
당기손익금융자산	단 기 대 여 금	차 량 운 반 구	외 상 매 출 금
미 지 급 금	받 을 어 음	선 급 금	선 수 금
미 수 금	상 품	예 수 금	현 금
토 지	외 상 매 입 금	건 물	비 품

자산 항목		부채 항목

04. 다음 자산 또는 부채의 반대 계정과목을 기입하시오.

(1)　　　외상매출금　　　　　[　　　　　　　]

(2)　[　　　　　　　]　　　　　지급어음

(3)　　　매출채권　　　　　　[　　　　　　　]

(4)　[　　　　　　　]　　　　　단기차입금

(5)　　　선급금　　　　　　　[　　　　　　　]

(6)　　　선급비용　　　　　　[　　　　　　　]

(7)　[　　　　　　　]　　　　　장기차입금

05. 다음을 자료로 기초재무상태표를 작성하고 자본금을 구하시오.

현 금 ₩500	당 좌 예 금 ₩600	외 상 매 출 금 ₩850
받 을 어 음 ₩300	상 품 ₩400	비 품 ₩250
외 상 매 입 금 ₩700	지 급 어 음 ₩600	단 기 차 입 금 ₩400

재 무 상 태 표

멘토르 상점   20××년 1월 1일 현재   (단위 : 원)

자 산	금 액	부채, 자본	금 액

06. 대명상회는 20××년 1월 1일에 현금₩600을 출자하여 영업을 시작하였다. 12월 31일에 있어서 자산, 부채는 다음과 같다. 재무상태표를 작성하시오.

현 금 ₩300	당 좌 예 금 ₩150	외 상 매 출 금 ₩100
받 을 어 음 ₩30	단 기 대 여 금 ₩120	상 품 ₩100
건 물 ₩300	외 상 매 입 금 ₩200	단 기 차 입 금 ₩150
미 지 급 금 ₩50		

재 무 상 태 표

대명상회   20××년 12월 31일 현재   (단위 : 원)

자 산	금 액	부채, 자본	금 액

01. 다음 중 자산계정에 속하지 않는 것은?

① 선급금   ② 단기대여금

③ 선수금   ④ 미수금

02. 다음 중 부채가 <u>아닌</u> 것은?

① 당기손익금융자산

② 매입채무

③ 장기차입금

④ 미지급금

03. 다음 항목 분류의 연결 중 틀린 것은?

① 현금 − 자산

② 미지급금 − 부채

③ 단기대여금 − 자산

④ 선수금 − 자산

04. 개인기업의 재무상태를 나타내는 회계요소만으로 짝지어진 것은?

① 자산·부채·자본

② 자산·수익·비용

③ 부채·자본·비용

④ 자산·자본·비용

05. 다음 자료를 이용하여 자본을 계산하면 얼마인가?

가. 매 출 채 권	₩200	나. 현 금	₩300
다. 매 입 채 무	₩60	라. 차 입 금	₩400
마. 미 지 급 금	₩40	바. 건 물	₩2,000

① ₩1,600

② ₩1,800

③ ₩2,000

④ ₩2,200

06. 다음 내용의 (   )안에 들어갈 용어가 차례대로 올바르게 묶여진 것은?

(㉠)는 일정시점에 있어서의 (㉡)를 파악하기 위하여 작성하는 재무보고서이다.

	㉠	㉡
①	포괄손익계산서	경영성과
②	재무상태표	재무상태
③	포괄손익계산서	재무상태
④	재무상태표	경영성과

07. 다음 자료를 이용하여 단기대여금을 구하시오.

현 금	₩3,000	받을어음	₩4,500	단기대여금	₩( )
미지급금	₩800	단기차입금	₩1,700	자본금	₩6,000

① ₩500
② ₩1,000
③ ₩1,500
④ ₩2,000

08. 다음 중 재무상태표등식으로 옳은 것은?

① 자산 = 부채 + 자본   ② 자산 = 부채 − 자본
③ 부채 = 자산 + 자본   ④ 자본 = 부채 − 자산

09. 회계상 자산, 부채, 자본에 관한 설명 중 틀린 것은?

① 재화와 채권을 자산이라 한다.
② 자산, 부채, 자본은 재무상태표 구성요소이다.
③ 자산과 부채를 합한 것을 자본이라 한다.
④ 채무를 부채라 한다.

10. 다음 중 재무상태표 관련된 설명으로 잘못된 것은?

① 기업의 일정기간의 경영성과를 알려주는 보고서이다.
② "자산 − 부채 = 자본"을 자본등식이라 한다.
③ 자산, 부채, 자본에 대한 정보를 제공하고 있다.
④ 자산의 합계액과 부채 및 자본의 합계액은 항상 일치한다.

03 포괄손익계산서의 구성요소

1. 수 익(Revenue ; R)

수익이란 기업실체의 경영활동과 관련된 재화의 판매 또는 용역의 제공 등에 대한 대가로 발생하는 자산의 유입 또는 부채의 감소를 가져와 결과적으로 **자본의 증가를 가져오는 요인**이 되는 것을 말한다.

수익의 종류	내 용
(1) 상 품 매 출 이 익	상품을 원가이상으로 처분한 경우의 이익
(2) 당기손익금융자산처분이익	당기손익금융자산을 장부금액이상으로 처분한 경우의 이익
(3) 당기손익금융자산평가이익	결산시 당기손익금융자산의 장부금액보다 공정가치가 큰 경우
(4) 유 형 자 산 처 분 이 익	유형자산을 장부금액이상으로 처분한 경우의 이익
(5) 잡 이 익	영업활동과 관계없이 발생한 소액의 이익
(6) 이 자 수 익	대여금, 예금에 대한 이자수입액
(7) 수 수 료 수 익	상품의 판매알선, 용역제공을 하고 수수료를 받은 경우
(8) 배 당 금 수 익	주식에 투자하고 받는 배당금 수입액
(9) 로 열 티 수 익	특허권, 상표권, 저작권 및 컴퓨터소프트웨어와 같은 장기성 자산의 사용대가
(10) 임 대 료	건물 등을 빌려주고 받은 수익

[용어해설]
• 유형자산 : 영업활동에서 사용하는 형태가 있는 자산이란 뜻으로 건물, 비품, 토지, 차량운반구, 기계장치 등을 말한다.

2. 비 용(expense ; E)

비용이란 기업의 경영활동 결과로 **자본의 감소를 가져오는 요인**을 말하며, 영업활동에서 수익을 얻기 위하여 소비된 가치를 말한다.

엔토노트
• 수익(자본의 증가요인) : ~수익, ~이익, 임대료
• 비용(자본의 감소요인) : ~비용, ~손실, ~원가, ~여, ~비, 세~, ~료

비용의 종류	내 용
(1) 상 품 매 출 손 실	상품을 원가 이하로 처분한 경우의 손실
(2) 당기손익금융자산처분손실	당기손익금융자산을 장부금액미만으로 처분한 경우의 손실
(3) 당기손익금융자산평가손실	결산시 당기손익금융자산의 장부금액보다 공정가치가 적은경우
(4) 유 형 자 산 처 분 손 실	유형자산을 장부금액미만으로 처분한 경우의 손실
(5) 잡 손 실	영업활동과 관계없이 발생한 소액의 손실
(6) 이 자 비 용	차입금이나 사채의 이자 지급액
(7) 수 수 료 비 용	용역을 제공받고 지급한 수수료
(8) 급 여	근로의 대가로 지급하는 금액
(9) 통 신 비	전화요금, 전보, 우표, 엽서, 인터넷전용회선요금, 팩스사용료 등
(10) 접 대 비	거래처 접대비, 선물비, 경조금, 화환대 등
(11) 운 반 비	상품 매출시 발송비, 택배비 등
(12) 수 선 비	건물수선비, 구축물수선비, 기계장치수선비, 공·기구비품수선비 등
(13) 소 모 품 비	사무용품, 사무용용지, 청소용품, 주방용품, 어음수표구입, 양식구입 등
(14) 복 리 후 생 비	종업원에 대한 식대보조금, 식당운영보조비, 잔업식대, 의료비, 건강보험료, 산재보험료, 고용보험료, 선물대, 경조금, 피복비, 일숙직비, 건강진단료, 동호회활동비, 학자금보조, 시상금, 사내행사비 등
(15) 수 도 광 열 비	전기료, 수도료, 가스료, 유류비, 연탄비등
(16) 차 량 유 지 비	차량유류대, 잡유대, 주차료, 통행료, 세차비, 검사비, 차량수리비 등
(17) 광 고 선 전 비	국내광고비, 해외광고비, 전시회비용, 홍보자료제작비, 야외옥탑광고 등
(18) 여 비 교 통 비	국내출장비, 해외출장비 시내교통비 및 대중교통 요금, 전임 및 부임여비
(19) 도 서 인 쇄 비	도서구입, 정기간행물, 해외기술서적, 인쇄비
(20) 감 가 상 각 비	유형자산의 가치감소액
(21) 대 손 상 각 비	매출채권에 대한 대손추산액 또는 회수불가능채권
(22) 잡 비	발생빈도나 금액이 적어서 중요성이 없는 비용, 발생빈도나 금액이 클 경우 별도과목 표시 (예, 회의비, 교육훈련비, 연수비, 자료수집비, 신용조사비)
(23) 세 금 과 공 과	재산세, 인지세, 벌과금, 면허세, 자동차세, 사업소세, 종합토지세, 균등할주민세, 상공회의소회비, 협회비, 국민연금 등
(24) 임 차 료	사옥임차료, 기계 및 장비임차료, 복사기임차료, 주차장임차료, 사택임차료, 차량임차료, 전산장비임차료 등
(25) 보 험 료	손해보험료, 보증보험료, 창고보험료, 수출보험료 등
(26) 보 관 료	창고 사용료
(27) 기 부 금	자선 사업이나 공공사업을 도울 목적으로 내어 놓는 돈.
(28) 재 해 손 실	천재지변이나 재해 등으로 입은 손실금액

[용어해설]
•금융원가 : 이자비용을 K-IFRS(한국채택국제회계기준)에서 금융원가라 한다.

3. 포괄손익계산서(Statement of Comprehensive Income)

포괄손익계산서는 **일정기간** 동안 기업의 **재무성과(경영성과)**에 대한 정보를 제공하는 재무보고서이다. 포괄손익계산서는 당해 회계기간의 경영성과를 나타낼 뿐만 아니라 기업의 미래현금흐름과 수익창출능력 등의 예측에 유용한 정보를 제공한다.

(1) 순이익의 경우

포 괄 손 익 계 산 서

비 용	금 액	수 익	금 액
총 비 용	70	총 수 익	100
당 기 순 이 익	30		
	100		100

(2) 순손실일 경우

포 괄 손 익 계 산 서

비 용	금 액	수 익	금 액
총 비 용	80	총 수 익	60
		당 기 순 손 실	20
	80		80

[용어해설]
• 당기순손익 : 당기순이익과 당기순손실을 합한 말로 재무상태표와 포괄손익계산서의 당기순손익은 반드시 일치하여야 한다.

포괄손익계산서등식	총비용 + 당기순이익 = 총수익 (또는 총비용 = 총수익 + 당기순손실)
손 익 법	총수익 − 총비용 = 당기순이익 (−는 당기순손실)

4. 재산법과 손익법의 관계

(1) 재산법(자본유지 접근법) : 기말자본과 기초자본을 비교하여 순손익을 계산하는 방법이다.

> • 기말자본 − 기초자본 = 당기순이익
> • 기초자본 − 기말자본 = 당기순손실

(2) 손익법(거래접근법) : 일정기간의 수익과 비용을 비교하여 순손익 계산하는 방법이다.

> • 총수익 − 총비용 = 당기순이익
> • 총비용 − 총수익 = 당기순손실

[기본공식]

① 기초자산 − 기초부채 = 기초자본 (자본등식)
② 기말자산 − 기말부채 = 기말자본 (자본등식)
③ 총 수 익 − 총 비 용 = 순 손 익 (손 익 법)
④ 기말자본 − 기초자본 = 순 손 익 (재 산 법)

멘토노트

- 포괄손익계산서   :   일정기간 경영성과
- 포괄손익계산서 등식   ┌ 총 비 용 + 당기순이익 = 총 수 익
                       └ 총 비 용 = 총 수 익 + 당기순손실
- 손 익 법   :   총수익 − 총비용 = 순손익

01. 다음 (   )안에 알맞은 용어를 써 넣으시오.

(1) 기업의 영업활동의 결과 자본의 감소요인이 되는 것을 (   )이라 하며, 자본의 증가요인이 되는 것을 (   )라 한다.

(2) 총수익 – (   ) = 당기순이익, 총비용 – (   ) =당기순손실이 된다.

(3) 일정기간에 있어서 기업의 경영성과를 알아보기 위한 표를 (   )라 한다.

(4) 포괄손익계산서 등식

① 총비용 + (   ) = (   )

② (   ) = 총수익 + (   )

(5) 포괄손익계산서는 (   )동안 기업의 (   )를 알아보기 위한 표이다.

02. 다음 내용에 알맞은 계정과목을 기입하시오.

(1) 지대나 집세를 지급하면   (차) (   ) /

(2) 지대나 집세를 받으면   / (대) (   )

(3) 단기차입금에 대한 이자를 지급하면 (차) (   ) /

(4) 단기대여금에 대한 이자를 받으면   / (대) (   )

(5) 이달분 전화요금을 지급하면   (차) (   ) /

(6) 이달분 전기요금을 지급하면   (차) (   ) /

(7) 이달분 직원의 월급을 지급하면   (차) (   ) /

(8) 상품을 매출하고 운임을 지급하면 (차) (   ) /

(9) KBS방송국에 광고료를 지급하면   (차) (   ) /

(10) 주차요금을 지급하면   (차) (   ) /

03. 다음 비용 또는 수익의 반대 계정과목을 기입하시오.

(1)　　　임차료　　　[　　　　　　　]

(2) [　　　　　　　]　　상품매출이익

(3)　　　이자비용　　　[　　　　　　　]

(4) [　　　　　　　]　　수수료수익

(5) 유형자산처분손실 [　　　　　　　]

(6) [　　　　　　　]　　　잡이익

04. 비용, 수익 항목을 찾아 기입하시오.

이 자 수 익	세 금 과 공 과	임　대　료	유형자산처분이익
잡　이　익	상 품 매 출 손 실	급　　　여	통　신　비
접　대　비	운　반　비	잡　손　실	소 모 품 비
여 비 교 통 비	수 도 광 열 비	기　부　금	복 리 후 생 비
광 고 선 전 비	차 량 유 지 비	도 서 인 쇄 비	상 품 매 출 이 익
임　차　료	보　험　료	배 당 금 수 익	

비용 항목			수익 항목

05. 한국상회의 수익과 비용은 다음과 같다. 포괄손익계산서를 작성하시오.

상 품 매 출 이 익	₩30,000	수 수 료 수 익	₩15,000	잡　　이　　익	₩7,500
급　　　　　여	₩20,000	여 비 교 통 비	₩5,000	보　험　료	₩1,500
광 고 선 전 비	₩8,500	복 리 후 생 비	₩6,000	임　차　료	₩5,000

포 괄 손 익 계 산 서

한국상회　　　　　20××년 1월 1일 ～ 20××년 12월 31일　　　　　(단위: 원)

비　　용	금　　액	수　　익	금　　액

06. 두영상회의 수익과 비용은 다음과 같다. 포괄손익계산서를 작성하시오.

상 품 매 출 이 익	₩40,000	수 수 료 수 익	₩30,000	임　대　료	₩15,000
차 량 유 지 비	₩10,000	수 도 광 열 비	₩3,000	세 금 과 공 과	₩17,000
도 서 인 쇄 비	₩12,000	이 자 비 용	₩10,000	운　반　비	₩40,000

포 괄 손 익 계 산 서

두영상회　　　　　20××년 1월 1일 ～ 20××년 12월 31일　　　　　(단위: 원)

비　　용	금　　액	수　　익	금　　액

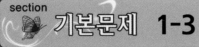

07. 다음 등식을 완성하시오.

(1) 기초자산 − 기초부채 = (   )

(2) 기말자산 − (   ) = 기말자본

(3) (   ) − 총비용 = 순손익

(4) 기말자본 − (   ) = 순손익

08. 다음 표의 빈 칸에 알맞은 금액을 써 넣으시오. (단, −표는 순손실 임)

No	기 초			기 말			순손익	총수익	총비용
	자산	부채	자본	자산	부채	자본			
(1)	45,000	30,000	(①)	81,000	60,000	(②)	(③)	(④)	15,000
(2)	12,000	10,000	(⑤)	18,000	12,000	(⑥)	(⑦)	9,000	(⑧)
(3)	(⑨)	8,800	(⑩)	34,000	14,000	(⑪)	(⑫)	22,000	17,200
(4)	58,800	(⑬)	(⑭)	(⑮)	16,800	37,800	−12,000	15,000	(⑯)

01. 주요 경영활동으로서의 재화의 생산·판매, 용역의 제공 등에 따른 경제적 효익의 유입으로서, 자산의 증가 또는 부채의 감소 및 그 결과에 따른 자본의 증가로 나타나는 것을 무엇이라고 하는가?

① 자산 ② 부채
③ 수익 ④ 비용

02. 수익에 해당되지 않는 계정과목은?

① 미수수익 ② 임대료
③ 이자수익 ④ 유형자산처분이익

03. 소유하고 있는 (1)주식에 대한 현금배당금과 (2)채권에 대한 이자를 받았을 때 기입하는 계정과목은?

① 배당금수익, 이자수익
② 배당금수익, 사채이자
③ 이자수익, 이자수익
④ 배당금이자, 사채이자

04. 다음 중 복리후생비에 속하지 않는 것은?

① 종업원 작업복 지급
② 직원 경조사비 지급
③ 사원 자녀학자금 지급
④ 거래처 식사대 지급

05. 다음 내용에 사용하는 계정과목으로 옳은 것은?

영업활동에 소요되는 전화요금, 인터넷사용료, 이동통신요금 등

① 통신비 ② 수도광열비
③ 세금과공과 ④ 접대비

06. 아무런 대가없이 무상으로 지급하는 금전·기타자산가액으로 업무와 관련 없이 지출한 경우 해당되는 계정과목은?

① 기부금 ② 접대비
③ 이자비용 ④ 광고선전비

07. 다음은 (주)상공전자의 금월 발생한 비용지출내역이다. 회계처리시 나타날 수 있는 계정과목으로 옳지 않은 것은?

가. 회사 전화요금	나. 거래처직원과 식사
다. 소모품구입(비용처리)	라. 회사홍보용 기념품제작비

① 광고선전비   ② 복리후생비
③ 통신비   ④ 접대비

08. 다음 중 거래에 따른 회계 처리시 계정 과목과 그 연결이 옳지 않은 것은?

① 소모품 구입(비용처리시) – 소모품비
② 업무용차량의 주유비 지출 – 차량유지비
③ 거래처 직원의 결혼 축의금 지출 – 접대비
④ 직원의 회계업무 교육 강사비 지출 – 종업원급여

09. 본사 직원들의 사기 진작을 위하여 체육대회를 개최하고 상품비 등 ₩500,000을 현금으로 지출한 경우의 회계 처리시 차변 계정 과목으로 옳은 것은?

① 기부금   ② 접대비
③ 복리후생비   ④ 광고선전비

10. 다음 중 비용에 속하지 않는 것은?

① 임차료   ② 미지급비용
③ 수도광열비   ④ 세금과 공과

11. 다음에서 설명하는 재무제표의 종류로 옳은 것은?

일정기간 동안 기업의 경영성과에 대한 정보를 제공하는 재무보고서로 미래 이익의 예측에 유용한 정보를 제공한다.

① 자본변동표   ② 재무상태표
③ 현금흐름표   ④ 포괄손익계산서

12. 다음 자료를 이용하여 당기순이익을 구하시오.

이 자 수 익 5,000원	임 대 료 2,500원	수 수 료 수 익 1,000원
급 여 3,000원	수 수 료 비 용 2,000원	여 비 교 통 비 500원

① 2,500원

② 3,000원

③ 3,500원

④ 4,000원

13. 다음 자료에서 기말자본은 얼마인가?

기 초 자 본 1,000,000원	당 기 총 수 익 3,000,000원	당 기 총 비 용 2,500,000원

① 5,000,000원

② 1,000,000원

③ 1,500,000원

④ 2,000,000원

14. 다음은 ㈜상공의 재무상태 및 재무성과에 대한 자료이다. 기말자산과 기말자본을 계산한 것으로 옳은 것은?

가. 기초자산	₩500,000	나. 기초부채	₩200,000
다. 기말부채	₩300,000	라. 기중 수익총액	₩600,000
마. 기중 비용총액	₩400,000		

	기말자산	기말자본
①	₩600,000	₩300,000
②	₩600,000	₩400,000
③	₩800,000	₩400,000
④	₩800,000	₩500,000

15. 다음 자료에 의하여 기초부채를 계산하면 얼마인가?

기초자산 ₩600,000 기말자산 ₩700,000 기말부채 ₩300,000 당기순이익 ₩60,000

① ₩400,000

② ₩340,000

③ ₩100,000

④ ₩260,000

16. 상공상점은 자본금 ₩600,000으로 영업을 시작하였다. 1년 후 자산은 기초보다 기말에 ₩100,000이 증가하고 수익총액이 ₩350,000, 비용총액이 ₩420,000이었다. 기말부채가 ₩470,000이라면 기초자산은 얼마인가?

① ₩700,000

② ₩800,000

③ ₩900,000

④ ₩1,000,000

17. 현금 ₩500,000원을 출자하여 영업을 시작한 진품상점의 기말자본금은 ₩600,000원이었다. 회계기간 동안에 발행한 수익총액이 ₩750,000원이라면 같은 회계기간 동안에 발생한 비용의 총액은?

① 550,000원

② 600,000원

③ 650,000원

④ 700,000원

04 회계상 거래

1. 거래(transactions)의 뜻

기업의 경영활동으로 인하여 **자산, 부채, 자본의 증감변화**가 있으면 거래(transactions)이다. 수익과 비용의 발생과 소멸도 자본의 증감을 일으키는 요소이므로 회계상 거래로 보며, 모든 회계거래는 화폐가치로 측정할 수 있어야 한다.

회계상의 거래		회계상의 거래가 아님
•천재지변(화재, 홍수, 태풍, 지진 등) •분실·도난 등 •자산의 가치감소(감가상각비) •채권의 회수 불가능액(대손상각비)	•상품의 매입과 매출 •채권·채무의 발생과 소멸 •현금의 수입과 지출 •비용의 지급, 수익의 수입	•상품의 주문·보관 •임대차 계약 •고용 계약 •금전의 대여나 차입의 약속
일반적인 거래가 아님	일반적인 거래	

2. 거래의 결합관계 (거래의 8요소)

모든 거래는 자산·부채·자본의 증가와 감소, 수익·비용의 발생 요소로 구성되어 있다. 이것을 거래의 8요소라 한다.

거래의 결합관계(거래의 8요소)

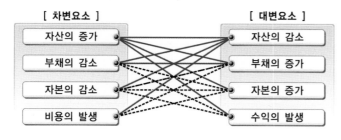

3. 거래의 종류

(1) **교환 거래** : 자산·부채·자본에만 증감 변화가 있는 거래

(2) **손익 거래** : 거래 발생시 차변이나 대변 어느 한 쪽이 수익이나 비용이 총액으로
발생하는 거래

(3) **혼합 거래** : 하나의 거래에 교환 거래와 손익 거래가 같이 발생하는 거래
(원가·매가, 원금·이자)

4. 거래의 이중성

거래가 발생하면 언제나 차변요소와 대변요소가 동시에 발생하고 차변과 대변의 금액도 일치
하게 되는데 이것을 거래의 이중성 이라한다.

멘토노트
• 회계상 거래가 아닌 것 : 주문, 계약, 약속, 보관, 담보
• 자산·비용은 차변에 부채·자본·수익은 대변에 잔액이 남는다.

01. 다음 중 회계상 거래인 것에는 (○) 회계상 거래가 아니면 (X) 하시오.

(1) (   ) 상품의 매출과 관련하여 상품을 인도하기 전에 현금 ₩50,000을 계약금으로 받았다.

(2) (   ) 상품 ₩500,000을 주문하다.

(3) (   ) 상품 ₩70,000을 외상으로 매입하다.

(4) (   ) 연봉 2억원을 지급하기로 하고, 대표이사를 초빙하다.

(5) (   ) 현금 ₩20,000을 분실하다.

(6) (   ) 거래처에 대하여 자사가 보유중인 토지 ₩200,000을 담보로 제공하다.

(7) (   ) 주문받은 상품을 고객에게 인도하다.

(8) (   ) 건물의 사용으로 가치가 감소하다.

(9) (   ) 이달분 전기요금 고지서가 나왔으나 납부하지 못하였다.

02. 거래의 결합관계에서 차변·대변을 기입하세요.

(1) 자산이 증가하면 (   ),   자산이 감소하면 (   )

(2) 부채가 감소하면 (   ),   부채가 증가하면 (   )

(3) 자본이 감소하면 (   ),   자본이 증가하면 (   )

(4) 비용이 발생하면 (   ),   비용이 소멸하면 (   )

(5) 수익이 소멸하면 (   ),   수익이 발생하면 (   )

03. 거래가 발생하면 언제나 차변요소와 대변요소가 동시에 발생하고 차변과 대변의 금액도 일치하게 되는데 이것을 (   ) 이라 한다.

04. 다음 거래를 분개하고 결합관계를 표현하고 거래의 종류를 구분하시오.

(1) 현금 ₩500,000을 출자하여 개업하다.

　(차) (　　　　　　　　　　) (대) (　　　　　　　　　　　　)

(2) 영업용 책상 및 의자 ₩50,000을 구입하고, 대금은 현금으로 지급하다.

　(차) (　　　　　　　　　　) (대) (　　　　　　　　　　　　)

(3) 인천상회에서 현금 ₩200,000을 차입하다.

　(차) (　　　　　　　　　　) (대) (　　　　　　　　　　　　)

NO	차변요소	대변요소	거래의종류
(1)			
(2)			
(3)			

05. 다음 거래를 분개하고 결합관계를 표현하고 거래의 종류를 구분하시오.

(1) 상일상사에서 상품 ₩200,000을 매입하고, 반액은 현금지급, 잔액은 외상으로 하다.

　(차) (　　　　　　　　　　) (대) (　　　　　　　　　　　)
　　　　　　　　　　　　　　　　(　　　　　　　　　　　)

(2) 이달분 집세 ₩100,000은 현금으로 받다.

　(차) (　　　　　　　　　　) (대) (　　　　　　　　　　　)

(3) 상품매매를 중개하고 수수료 ₩10,000을 현금으로 받다.

　(차) (　　　　　　　　　　) (대) (　　　　　　　　　　　)

(4) 이달분 급여 ₩60,000을 현금으로 지급하다.

　(차) (　　　　　　　　　　) (대) (　　　　　　　　　　　)

(5) 이달분 집세 ₩50,000을 현금으로 지급하다.

　(차) (　　　　　　　　　　) (대) (　　　　　　　　　　　)

(6) 고려상사에 상품₩300,000(원가 ₩280,000)을 매출하고 대금은 외상으로 하다.

    (차) (   ) (대) (   )

                                                              (   )

(7) 단기차입금 ₩50,000과 그 이자 ₩2,000을 현금으로 지급하다.

    (차) (   ) (대) (   )

             (   )

NO	차변요소	대변요소	거래의 종류
(1)			
(2)			
(3)			
(4)			
(5)			
(6)			
(7)			

01. 기업의 경영활동에서 자산, 부채 및 자본의 증감변화를 가져오는 일체의 경제적 사건은?

① 계정   ② 거래

③ 분개   ④ 전기

02. 회계상의 거래로 옳지 <u>않은</u> 것은? 단, 거래금액 표시는 생략됨.

① 상품이 화재로 소실되다.

② 사원을 채용하기로 하다.

③ 상품을 현금으로 매출하다.

④ 외상대금을 어음으로 지급하다.

03. 다음 중에서 회계상의 거래에 해당하지 않는 것은?

① 대표이사에게 현금 ₩50,000을 단기 대여하다.

② D상회로부터 외상매출금 중 ₩70,000을 현금으로 회수하다.

③ 종업원에게 월정급여 ₩100,000을 지급하는 조건으로 고용하여 업무에 투입하다.

④ 주주에게 배당으로 현금 ₩500,000을 지급하다.

04. 다음 중 회계상의 거래가 <u>아닌</u> 것은?

① 현금 ₩20,000을 도난당하다.

② 화재로 인하여 장부금액 ₩100,000의 점포가 소실되다.

③ 사원을 부산에 출장 보내고 현금 ₩20,000을 개산하여 지급하다.

④ 월 급여 ₩50,000을 지급하기로 약속하고 사원을 채용하다.

05. 다음 내용의 (   ) 안에 들어갈 말을 순서대로 올바르게 나열한 것은?

> 수익은 자본의 증가 요인이고, 비용은 자본의 감소 요인이므로, 수익의 발생은 (ㄱ)에,
> 수익의 소멸은 (ㄴ)에, 비용의 발생은 (ㄷ)에, 비용의 소멸은 (ㄹ)에 기입한다.

    (ㄱ) (ㄴ) (ㄷ) (ㄹ)   (ㄱ) (ㄴ) (ㄷ) (ㄹ)

① 차변 대변 대변 차변   ② 차변 차변 대변 대변

③ 대변 대변 차변 차변   ④ 대변 차변 차변 대변

06. 다음의 거래요소 중 차변에 올 수 없는 것은?

① 자산의 감소   ② 부채의 감소
③ 자본의 감소   ④ 비용의 발생

07. 다음의 거래 요소 중 대변에 올 수 없는 것은?

① 수익의 발생   ② 부채의 감소
③ 자산의 감소   ④ 자본의 증가

08. 하나의 거래에서 동시에 나타날 수 없는 결합관계는?

① 자산의 증가와 수익의 발생
② 부채의 증가와 자본의 증가
③ 비용의 발생과 자산의 감소
④ 자산의 증가와 자본의 증가

09. 다음과 같은 결합관계를 갖는 거래는?

> (차변) 자산의 증가 － (대변) 수익의 발생

① 현금을 은행에 예금하다.
② 빌려준 대금을 현금으로 받다.
③ 상품을 외상으로 매입하다.
④ 은행예금에 대한 이자를 현금으로 받다.

10. 다음과 같은 결합관계를 갖는 거래는?

> (차변) 자산의 증가 － (대변) 부채의 증가

① 현금을 은행에 예금하다.
② 현금을 거래처에 빌려주다.
③ 상품을 외상으로 매입하다.
④ 상품을 매출하고 현금을 받다.

11. 다음 거래에 대한 거래 요소의 결합관계를 바르게 나타낸 것은?

> 이달분 급여를 현금으로 지급하다.

① 자산의 증가와 수익의 발생
② 비용의 발생과 자산의 증가
③ 자산의 감소와 수익의 발생
④ 비용의 발생과 자산의 감소

12. 다음 거래의 종류와 거래예시의 연결이 틀린 것은?

① 교환거래 - 상품의 주문을 받고, 계약금 ₩50,000을 현금으로 받다.
② 혼합거래 - 급여 ₩100,000 중 소득세 ₩10,000을 차감한 잔액은 현금으로 지급하다.
③ 손익거래 - 단기대여금에 대한이자 ₩5,000을 현금으로 받다.
④ 교환거래 - 외상매입금 ₩50,000을 현금으로 지급하다.

13. 다음의 거래에서 발생하지 않는 것은?

> 조은상사는 미래상사에서 상품 5,000,000원을 매입하고 대금 중 3,000,000원은 현금으로 지급하고 잔액은 외상으로 하다.

① 부채의 감소
② 자산의 감소
③ 자산의 증가
④ 부채의 증가

14. 다음 중 거래요소의 결합관계가 잘못 설명된 것은?

① 현금 200,000원을 출자하다.   : 자산증가 - 자본증가
② 비품 100,000원을 현금으로 구입하다. : 자산증가 - 자산감소
③ 급여 300,000원을 미지급하다.   : 비용발생 - 자산감소
④ 차량유지비 50,000원을 미지급하다.   : 비용발생 - 부채증가

15. 회계상 거래는 적어도 두 가지 이상의 계정에 영향을 주게 되는데 이러한 현상을 무엇이라고 하는가?

① 단식부기   ② 거래의 이중성
③ 현금흐름표   ④ 발생주의

제2장

회계의 순환과정

01. 거래의 기록

02. 결산과 시산표작성

03. 총계정원장의 마감

01 거래의 기록

1. 계정(account ; a/c)과 계정의 분류

(1) 계정의 뜻

거래가 발생하면 내용을 같은 항목별로 기록하기 위해 설정된 계산 단위를 계정이라 하며, 계정명을 계정과목이라 하고, 계정 기입장소를 계정계좌 또는 계좌라 한다.

(차변)	계정과목	(대변)
계정계좌		계정계좌

① 표준식 계정 양식

부여상사		현		금				(1)
200X	적 요	분면	금 액	200X	적 요	분면	금 액	

② 잔액식 계정 양식

부여상사		현	금			(1)
200X	적 요	분면	차 변	대 변	차·대	잔액

(2) 계정의 분류

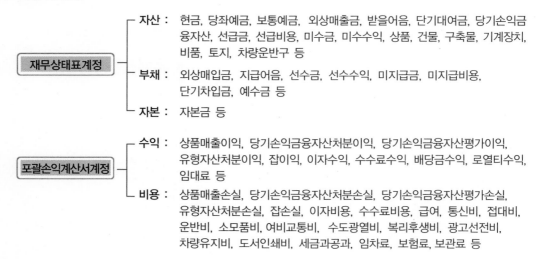

재무상태표계정

- **자산** : 현금, 당좌예금, 보통예금, 외상매출금, 받을어음, 단기대여금, 당기손익금융자산, 선급금, 선급비용, 미수금, 미수수익, 상품, 건물, 구축물, 기계장치, 비품, 토지, 차량운반구 등
- **부채** : 외상매입금, 지급어음, 선수금, 선수수익, 미지급금, 미지급비용, 단기차입금, 예수금 등
- **자본** : 자본금 등

포괄손익계산서계정

- **수익** : 상품매출이익, 당기손익금융자산처분이익, 당기손익금융자산평가이익, 유형자산처분이익, 잡이익, 이자수익, 수수료수익, 배당금수익, 로열티수익, 임대료 등
- **비용** : 상품매출손실, 당기손익금융자산처분손실, 당기손익금융자산평가손실, 유형자산처분손실, 잡손실, 이자비용, 수수료비용, 급여, 통신비, 접대비, 운반비, 소모품비, 여비교통비, 수도광열비, 복리후생비, 광고선전비, 차량유지비, 도서인쇄비, 세금과공과, 임차료, 보험료, 보관료 등

(3) 계정기입 방법

거래를 계정에 기입하는 방법을 계정기입 법칙이라고 하며, 다음과 같다.

① 재무상태표 계정의 기입기입 방법

(차 변)	자 산 계 정	(대 변)
증　　　가	감　　　소	
	잔　　　액	

(차 변)	부 채 계 정	(대 변)
감　　　소	증　　　가	
잔　　　액		

(차 변)	재 무 상 태 표	(대 변)
자　　　산	부　　　채	
	자　　　본	

(차 변)	자 본 계 정	(대 변)
감　　　소	증　　　가	
잔　　　액		

② 포괄손익계산서 계정의 기입방법

(차 변)	비 용 계 정	(대 변)
발　　　생	소　　　멸	
	잔　　　액	

(차변)	포괄손익계산서	(대변)
비　　　용	수　　　익	
당 기 순 이 익		

(차 변)	수 익 계 정	(대 변)
소　　　멸	발　　　생	
잔　　　액		

▣ 계정기입방법

① 자산계정은 증가를 차변에 감소를 대변에 기입하고, 잔액은 차변에 남는다.
② 부채계정은 증가를 대변에 감소를 차변에 기입하고, 잔액은 대변에 남는다.
③ 자본계정은 증가를 대변에 감소를 차변에 기입하고, 잔액은 대변에 남는다.
④ 수익계정의 발생을 대변에 소멸은 차변에 기입하고, 잔액은 대변에 남는다.
⑤ 비용계정은 발생을 차변에 소멸은 대변에 기입하고, 잔액은 차변에 남는다.

(4) 대차평균의 원리

복식회계에서는 하나의 거래가 발생하면 반드시 차변요소와 대변요소의 결합이 같은 금액으로 이루어지는 것을 '**거래의 이중성**'이라 하고, 그 결과 계정 전체적으로 보면 차변합계금액과 대변합계금액은 반드시 일치하는데, 이를 '**대차 평균의 원리**'라 한다.

즉, 거래의 이중성에 의해 대차평균의 원리가 성립되며, 복식부기의 장점인 자기검증기능(자기통제기능)이 실현되는 것이다.

[용어해설]
• 자기검증기능 : 복식회계에서는 대차평균의 원리를 이용하여 전체 계정의 차변 합계와 대변 합계의 일치 여부를 확인함으로써, 장부 기록의 오류를 검증할 수 있다. 이처럼 자동적으로 오류를 검증하는 기능을 자기통제 또는 자기검증기능이라고 한다.

2. 분개와 분개장

(1) 분개의 뜻

거래가 발생하면 자산·부채·자본 및 수익과 비용의 증감 변화를

① 어느 계정에 기입할 것인가?

② 차변 또는 대변 중 어느 쪽에 기입할 것인가?

③ 얼마를 기입할 것인가? 를 결정하는 절차를 분개라 한다.

(2) 분개장

거래가 발생한 순서대로 분개를 최초로 기입하는 장부를 분개장이라 한다.

분 개 장

〈병립식〉

월 일	적 요		원면	차 변	대 변
3 5	(현 금)		1	300,000	
		(이자수익)	20		300,000
	우리은행에서 이자를 받다.				

분 개 장

〈분할식〉

차 변	원면	적 요		원면	대 변
300,000	1	3/5 (현금) (이자수익) 우리은행에서 이자를 받다.		20	300,000

3. 총계정원장과 전기

(1) 총계정원장의 뜻

분개장의 분개를 계정과목별로 집계하기 위하여 설정된 장부를 총계정원장(general ledger) 또는 원장이라 한다. 따라서 총계정원장은 자산, 부채, 자본, 수익, 비용에 속하는 계정과목별로 집계된다.

(2) 전기의 뜻

거래를 분개장에 분개한 후 분개에 의하여 총계정원장(원장)의 각 계정계좌에 옮겨 기입하는 것을 전기(posting)라 한다.

(3) 전기의 방법

① 거래발생일을 해당계정 해당위치에 기입한다.

② 반대편계정과목을 기입한다. (계정과목이 둘이상이면 제좌)

③ 자기계정 금액을 기입한다.

거래	4월 1일 상품 50,000을 매입하고 대금은 현금으로 지급하다.

분개	4 / 1 (차) 상 품 50,000 / (대) 현 금 50,000

전기	상 품	현 금
	4/1 현금 50,000	4/1 상품 50,000

(4) 분개의 추정

총계정원장의 내용을 역순으로 하여 분개를 알아내는 것을 분개의 추정이라 한다.

현 금		외상매출금	
100,000			100,000

분개	(차) 현 금 100,000 / (대) 외상매출금 100,000

멘토노트

• **전기** : 분개장에서 총계정원장으로 옮기는 것
• **대체** : 하나의 계정에서 다른 계정으로 이동하는 것

---

4. 전표 회계

(1) 전표의 뜻

거래를 분개하여 기장하기 위해서 분개장 대신 일정한 크기와 형식을 갖춘 용지에 거래의 내용을 기입하여 사용하는데, 이 용지를 전표라 한다. 그리고, 전표에 거래를 분개하여 원장에 기장하는 회계 처리를 전표회계라 한다.

(2) 전표회계의 장·단점

① 전표회계의 장점

• 각 부서별로 기장 업무를 분담시킬 수 있다.

• 거래 내용을 각 부서에 신속·정확하게 전달할 수 있다.

• 기장에 대한 책임 소재가 분명해지며, 기장 업무의 전산화를 꾀할 수 있다.

• 원장 전기가 간편해지며, 기장 오류가 적어진다.

② 전표회계의 단점

• 분실위험이 높다.

• 보관이 불편하다.

(3) 전표의 종류(3전표제도)

  ① 입금전표(빨강) : 현금으로 입금한 거래를 작성하는 전표로, 차변의 계정 과목은 항상 현금이
             되므로 현금계정의 기입은 생략된다.

  ② 출금전표(청색) : 현금으로 지급한 거래를 작성하는 전표로, 대변의 계정 과목은 항상 현금이
             되므로 현금계정의 기입은 생략된다.

  ③ 대체전표(검정) : 입금 거래와 출금 거래 이외의 대체 거래를 기입하는 전표로 과목란과
             금액란의 기입 방법은 분개전표와 같다.

(4) 분개집계표(일계표)에 의한 전기

기업의 거래량이 많고, 전표의 매수도 많은 경우, 분개집계표(일계표)에서 계정　과목별로
집계하여 총계정원장에 전기하는 방법이 이용된다.

[전표의 기표와 전기과정]

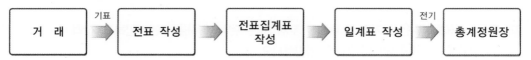

01. 다음 계정의 (   )안에 증가·감소, 발생·소멸을 써 넣으시오.

당좌예금			단기차입금	
( )	( )		( )	( )

자 본 금			이자수익	
( )	( )		( )	( )

임 차 료			건 물	
( )	( )		( )	( )

02. 다음 내용에 알맞은 보기와 같이(자산·부채·자본·수익·비용)을 구분기입하고, 잔액이 차변에 남으면 (차) 잔액이 대변에 남으면 (대)를 기입하시오.

보기	현 금 (자 산) (차)	보기	이 자 수 익 (수 익) (대)
(1)	단 기 차 입 금 ( ) ( )	(2)	세 금 과 공 과 ( ) ( )
(3)	임 대 료 ( ) ( )	(4)	단 기 금 융 상 품 ( ) ( )
(5)	외 상 매 입 금 ( ) ( )	(6)	급 여 ( ) ( )
(7)	수 수 료 수 익 ( ) ( )	(8)	미 지 급 금 ( ) ( )
(9)	상 품 매 출 이 익 ( ) ( )	(10)	지 급 어 음 ( ) ( )
(11)	여 비 교 통 비 ( ) ( )	(12)	수 도 광 열 비 ( ) ( )
(13)	선 수 금 ( ) ( )	(14)	잡 이 익 ( ) ( )
(15)	외 상 매 출 금 ( ) ( )	(16)	차 량 유 지 비 ( ) ( )
(17)	자 본 금 ( ) ( )	(18)	임 차 료 ( ) ( )
(19)	보 험 료 ( ) ( )	(20)	미 수 금 ( ) ( )

03. 다음 거래를 분개하시오.

(1) 상품 ₩10,000을 매입하고, 대금은 현금으로 지급하다.

(2) 한국상회에 현금 ₩50,000을 빌려주다.

(3) 비품 ₩1,500,000을 구입하고 현금으로 지급하다.

(4) 상품 ₩80,000을 매출하고 대금은 외상으로 하다.

(5) 외상매출금 ₩80,000을 현금으로 회수하다.

No	차변과목	금액	대변과목	금액
(1)				
(2)				
(3)				
(4)				
(5)				

04. 다음 거래를 분개 하시오.

(1) 충청상회에서 상품 ₩300,000을 매입하고 대금은 외상으로 하다.

(2) 국민은행에서 현금 ₩200,000을 빌려오다.

(3) 비품 ₩1,000,000을 구입하고 대금은 1개월후에 지급하기로 하다.

(4) 우리은행에 현금 ₩500,000을 당좌예입하다.

(5) 상품 ₩100,000을 매입하고 대금은 당좌수표를 발행하여 지급하다.

(6) 시장성있는 주식 ₩250,000을 일시보유목적으로 구입하고 수표를 발행하여 지급하다.

No	차변과목	금 액	대변과목	금 액
(1)				
(2)				
(3)				
(4)				
(5)				
(6)				

05. 다음거래를 분개하시오.

(1) 현금 ₩700,000을 출자하여 영업을 개시하다.

(2) 상품 ₩300,000을 출자하여 상품매매업을 시작하다.

(3) 현금 ₩500,000, 상품 ₩200,000, 건물 ₩800,000을 출자하여 영업을 시작하다.

No	차변과목	금 액	대변과목	금 액
(1)				
(2)				
(3)				

06. 다음 거래를 분개하시오.

(1) 단기대여금에 대한 이자 ₩50,000을 현금으로 받다.

(2) 상품매매 중개수수료 ₩10,000을 현금으로 받다.

(3) 소유주식에 대하여 배당금 ₩70,000을 현금으로 받다.

(4) 건물 임대료 ₩30,000을 현금으로 받다.

(5) 폐품/빈병을 ₩5,000에 처분하고 현금으로 받다.

(6) 상품₩75,000(원가 ₩60,000)을 매출하고 대금 중 ₩50,000은 현금으로 받고, 잔액은 외상으로 하다.

No	차변과목	금 액	대변과목	금 액
(1)				
(2)				
(3)				
(4)				
(5)				
(6)				

07. 다음 거래를 분개 하시오.

(1) 단기차입금 ₩100,000을 현금으로 지급하다.

(2) 외상매입금 ₩200,000을 현금으로 지급하다.

(3) 미지급금 ₩50,000을 현금으로 지급하다.

(4) 지급어음 대금 ₩100,000을 수표 발행하여 지급하다.

No	차변과목	금 액	대변과목	금 액
(1)				
(2)				
(3)				
(4)				

08. 다음거래를 분개하시오.

(1) 종업원의 이달분 급여 ₩200,000을 현금으로 지급하다.

(2) 문방구점에서 사무용품 ₩100,000을 구입하고 현금으로 지급하다. (비용으로 처리하시오)

(3) 전화요금 ₩50,000을 현금으로 지급하다.

(4) TV광고료 ₩300,000을 수표발행하여 지급하다.

(5) 종업원 문근영이 결혼하여 결혼축하금 ₩50,000을 현금으로 지급하다.

(6) 상공회의소 회비 ₩10,000을 현금으로 지급하다.

(7) 영업용트럭의 주유대금 ₩70,000을 법인 신용카드로 결제하다.

No	차변과목	금 액	대변과목	금 액
(1)				
(2)				
(3)				
(4)				
(5)				
(6)				
(7)				

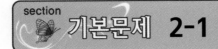

09. 다음 거래를 분개하시오.

(1) 상품 ₩200,000(원가₩150,000)을 매출하고 현금으로 받다.

(2) 상품 ₩300,000(원가 ₩320,000)에 매출하고 현금으로 받다.

(3) 부산상사의 단기대여금 ₩300,000과 그 이자 ₩20,000을 현금으로 받다.

(4) 인천상사의 단기차입금 ₩500,000과 그에 대한 이자 ₩5,000을 현금으로 지급하다.

No	차변과목	금 액	대변과목	금 액
(1)				
(2)				
(3)				
(4)				

10. 다음을 분개하시오.

(1) 현금 ₩1,000,000과 건물 ₩3,000,000을 출자하여 개업하다.

(2) 상품 ₩300,000을 매입하고 대금은 약속어음을 발행하여 지급하다.

(3) 건물 임차료 ₩50,000을 현금으로 지급하다.

(4) 영업용 컴퓨터 및 책상과 의자 ₩900,000을 구입하고 대금은 한달 후 지급하기로 하다.

(5) 전기요금 ₩20,000과 수도요금 ₩5,000을 현금으로 지급하다.

(6) 거래처직원 부친이 사망하여 조문하고 부의금 ₩50,000을 현금으로 지급하다.

No	차변과목	금 액	대변과목	금 액
(1)				
(2)				
(3)				
(4)				
(5)				
(6)				

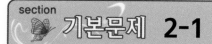

11. 다음 분개를 총계정원장에 전기하시오.

(1)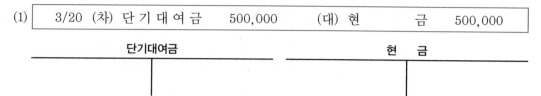

| 3/20 (차) 단 기 대 여 금 | 500,000 | (대) 현 금 | 500,000 |

단기대여금	현 금

(2)

| 3/25 (차) 현 금 | 550,000 | (대) 단 기 대 여 금 | 500,000 |
| | | 이 자 수 익 | 50,000 |

현 금	단기대여금

이자수익	

12. 다음 계정 기입에 의하여 날짜순으로 분개를 추정하시오.

현 금		상 품	
3/1 자 본 금 500,000	3/2 상 품 80,000	3/2 현 금 80,000	3/4 외상매출금 70,000
3 단기차입금 70,000			

외상매출금		단기차입금	
3/4 제 좌 80,000			3/3 현 금 70,000

자 본 금		상품매출이익	
	3/1 현 금 500,000		3/4 외상매출금 10,000

NO	차변과목	금 액	대변과목	금 액
3/1				
3/2				
3/3				
3/4				

13. 다음 거래를 분개하고 총계정원장에 전기하시오.

> 7월 1일 현금 ₩500,000을 출자하여 영업을 시작하다.
> 8일 서울상사에서 영업용 책상 및 의자 ₩100,000을 구입하고 현금으로 지급하다.
> 11일 평양상사에서 상품 ₩150,000을 매입하고 현금으로 지급하다.
> 15일 울산상회에서 현금 ₩200,000을 차입하다.
> 20일 광주상사에서 상품 ₩130,000(원가 ₩100,000)을 외상으로 매출하다.

날짜	차변과목	금 액	대변과목	금 액
7월 1일				
8일				
11일				
15일				
20일				

총 계 정 원 장

현 금 (1)		외상매출금 (2)

상 품 (3)		비 품 (4)

단기차입금 (5)		자 본 금 (6)

상품매출이익 (7)

14. 백제상점의 다음 거래를 다음의 약식전표에 기표하고 일계표를 작성하시오. (3전표제도)

(1) 현금 ₩10,000을 빌려오다.

(2) 상품 ₩15,000을 매입하고 현금으로 지급하다.

(3) 상품 ₩20,000을 외상으로 매입하다.

(4) 상품 ₩30,000을 매출하고 ₩20,000은 현금으로 받고 잔액은 외상으로 하다.

입금전표	대체전표
	|

입금전표	대체전표
	|

출금전표

일 계 표(분개집계표)

차변금액	원면	계정과목	대변금액

01. 다음 항목 중 잔액이 대변에 발생하는 것은?

① 선급금   ② 예수금

③ 미수금   ④ 단기대여금

02. 가구판매회사가 판매용 가구를 매입하고, 대금은 1개월 후에 지급하기로 한 거래의 분개에서 대변계정과목으로 옳은 것은?

① 미지급금   ② 미수금

③ 외상매입금   ④ 선수금

03. 사무실 전기요금 ₩100,000을 보통예금계좌에서 자동이체 납부된 경우 알맞은 분개는?

① (차)	수 도 광 열 비	100,000	(대)	보 통 예 금	100,000
② (차)	복 리 후 생 비	100,000	(대)	보 통 예 금	100,000
③ (차)	보 통 예 금	100,000	(대)	수 도 광 열 비	100,000
④ (차)	수 도 광 열 비	100,000	(대)	현 금	100,000

04. 다음 거래를 분개할 때 (가)와 (나)의 대변 계정과목을 표시한 것 중 옳은 것은?

> (가) 단기대여금에 대한 이자 ₩60,000을 현금으로 받다.
> (나) 소유하고 있는 (주)상공의 주식에 대한 배당금 ₩100,000을 받다.

	(가)	(나)		(가)	(나)
①	이자수익	수수료수익	②	이자비용	배당금수익
③	이자수익	배당금수익	④	이자비용	수수료수익

05. 거래처 강원상회에서 현금 ₩5,000,000을 6개월 후 상환 조건으로 빌려 오고, 차용증서를 발행하여 준 경우, 올바른 분개는?

① (차) 현	금 5,000,000	(대) 단 기 차 입 금 5,000,000
② (차) 현	금 5,000,000	(대) 장 기 차 입 금 5,000,000
③ (차) 단 기 차 입 금 5,000,000		(대) 현 금 5,000,000
④ (차) 현	금 5,000,000	(대) 단 기 대 여 금 5,000,000

06. 분개장과 총계정원장에 관한 다음 설명 중 옳은 것은?

① 분개장과 원장의 기록단위는 공통적으로 거래이다. 그러므로 분개장과 원장을 별도로 구분할 필요가 없다.

② 과거의 거래를 추정하는데 유용하지 않다.

③ 분개장 없이도 원장의 오류를 쉽게 발견할 수 있다.

④ 분개장의 특정 거래에 대하여 발생 순서별로 모든 정보를 제공하고, 원장을 이용하면 계정과목별로 별도로 취합된 정보를 볼 수가 있다.

07. 다음에서 설명한 용어로 가장 알맞은 것은?

> 아무리 많은 거래가 기입되더라도 거래 전체를 통해서 본다면 차변 금액의 합계와 대변 금액의 합계는 반드시 일치하게 된다.

① 혼합거래   ② 거래의 8요소

③ 결산정리   ④ 대차평균의 원리

08. 대차평균의 원리에 관한 설명으로 옳은 것은?

① 자본의 증가는 반드시 자산의 감소를 가져온다.

② 장부 기록에 대한 자기검증능력을 갖게 된다.

③ 자산의 총액은 부채 총액에서 자본총액을 차감한 금액과 일치한다.

④ 모든 회계 거래를 분개하였을 때 차변합계액보다 대변의 합계액이 커야 한다.

09. 다음 계정 기입에 대한 설명으로 옳은 것은?

현 금		외상매입금	
	400,000	400,000	

① 상품 ₩400,000을 외상으로 매입하다.

② 외상매출금 ₩400,000을 현금으로 받다.

③ 외상매입금 ₩400,000을 현금으로 지급하다.

④ 상품 ₩400,000을 매출하고, 대금은 현금으로 받다.

section 검정문제 2-1

10. 다음의 계정에 대한 설명으로 올바른 것은?

외상매출금		받을어음	
	80,000	80,000	

① 상품 160,000원을 매출하고 80,000원을 어음으로 받고 80,000원은 외상으로 하다.
② 외상매출금 80,000원을 어음으로 결재받다.
③ 상품 80,000원을 외상으로 매출하다.
④ 상품 80,000원을 매출하고 어음으로 받다.

11. 다음 거래의 예를 각 원장에 전기했을 때 올바르게 전기된 것은?

> 진주상사에 상품 50,000원을 매출하고 30,000원은 현금으로 받고, 잔액은 외상으로 하다.

① 현　금
상　품　30,000 |

② 상　품
제　좌　50,000 |

③ 외상매출금
| 상　품　20,000

④ 제　좌
| 현　금　30,000

12. 다음 중 [　]속에 (가)와 (나)에 들어갈 알맞은 용어는?

> 분개된 거래를 원장의 각 계정계좌에 옮겨 기입하는 절차를 [(가)](이)라 하고, 한 계정에서 다른 계정으로 계정 잔액을 옮기는 일을 [(나)](이)라고 한다.

① (가) 전기　(나) 대체
② (가) 대체　(나) 전기
③ (가) 이월　(나) 기장
④ (가) 기장　(나) 이월

13. 다음 거래는 어느 전표에 기표되는가?

> 외상매입금 ₩200,000중 ₩50,000은 소유하고 있던 대한은행 발행 자기앞수표로 지급하고, 잔액은 1개월 후 약속어음을 발행하여 지급하다.

① 입금전표, 출금전표
② 입금전표, 대체전표
③ 출금전표, 대체전표
④ 대체전표

14. 다음 약식전표의 분개로서 옳은 것은?

출 금 전 표	No. 24
(외상매입금)	100,000

① (차) 상   품 100,000   (대) 현   금 100,000
② (차) 상   품 100,000   (대) 외 상 매 입 금 100,000
③ (차) 현   금 100,000   (대) 외 상 매 입 금 100,000
④ (차) 외 상 매 입 금 100,000   (대) 현   금 100,000

15. 종업원의 작업복 ₩50,000을 구입하고 대금은 신용카드를 사용하다. 거래가 기입되어야 할 전표로 옳은 것은?

① 출금전표   ② 입금전표
③ 매입전표   ④ 대체전표

16. 전표 제도의 기능에 대한 다음 설명 중 옳지 <u>않은</u> 것은?

① 거래의 발생 사실을 증명할 수 있다.
② 거래의 승인에 필요한 결재 서류로 쓸 수 있다.
③ 입금 전표는 현금 수입장의 역할을 대신할 수 있다.
④ 총계정 원장의 기능도 겸한다.

17. 3전표제도에서 입금전표에 기입될 거래로 옳은 것은?

① 전화요금 ₩10,000을 현금으로 지급하다.
② 보통예금에서 현금 ₩500,000을 인출하다.
③ 외상매입대금 ₩2,000,000은 어음을 발행하여 지급하다.
④ 업무용 선풍기를 ₩70,000에 구입하고 대금은 신용카드로 결제하다.

02 결산과 시산표 작성

1. 결산(決算)의 뜻과 절차

(1) 결산의 뜻

기업에서 작성한 분개장과 총계정원장만으로는 기업의 재무상태와 경영성과를 명확하게 파악할 수가 없다. 회계기간 중에 기록한 원장을 회계연도말에 정리하여 마감하여 그 기간에 발생한 순손익을 계산하고 재무상태를 밝혀야 하는데 이러한 일련의 과정들을 결산(closing)이라 한다. 결산의 절차는 아래와 같다.

(2) 결산의 절차

(가) 결산의 예비절차	① 시산표 작성 ② 재고조사표 작성(결산정리분개) ③ 정산표 작성

(나) 결산의 본절차	① 총계정원장의 마감
	  – 포괄손익계산서계정(수익, 비용) 마감
	  – 재무상태표계정(자산, 부채, 자본) 마감
	② 분개장 및 기타장부 마감

(다) 결산보고서(재무제표) 작성절차	① 재무상태표 작성 ② 포괄손익계산서 작성 ③ 현금흐름표 작성 ④ 자본변동표 작성 ⑤ 주석 표기

2. 시산표

(1) 시산표(trial balance ; T/B)의 뜻

대차평균의 원리에 의하여 거래가 총계정원장 각 계정계좌에 전기가 정확한가를 검증하기 위하여 작성하는 집계표를 시산표라고 한다. 즉 한변의 금액오류를 시산표에서 찾을 수 있다.

(2) 시산표의 종류

① 합계시산표 : 총계정원장의 각 계정의 차변 합계액과 대변 합계액을 모아서 작성하는 집계표를 말하며, 각 계정 차변 합계액은 시산표 차변에 대변 합계액은 시산표 대변에 기입한다. 합계시산표의 대·차 합계금액은 거래총액을 나타내므로 분개장 합계금액과 일치한다.

② 잔액시산표 : 총계정원장 각 계정의 잔액을 모아 작성하는 계정집계표를 말한다. 자산·비용은 차변에 부채·자본·수익은 대변에 잔액이 기록되며, 정산표작성시 기초가 되고, 개략적인 재무상태와 경영성과도 파악된다.

잔 액 시 산 표

기 말 자 산	300	기 말 부 채	100
		기 초 자 본	100
		총 수 익	200
총 비 용	100		

시산표 등식	기말자산 + 총비용 = 기말부채 + 기초자본 + 총수익

③ 합계잔액시산표 : 합계시산표와 잔액시산표를 한 표에 집계하여 작성한 표이다.

[용어해설]
· 회계의 순환과정 : 기업의 회계 순환과정은 회계의 측정과 전달 그리고 보고가 매기 반복되는 과정으로 다음과 같다.

거래 → 분개 → 총계정원장에 전기 → 시산표 작성 → 재고조사표작성 → 결산 → 재무제표작성의 과정으로 이루어진다.

엔토노트
· **시산표** : 전기의 오류검증(한변의 금액 오류) 찾을 수 있다.
· **시산표 등식** : 기말자산 + 총비용 = 기말부채 + **기초자본** + 총수익

3. 정산표

(1) 정산표의 뜻

원장 각 계정의 마감 전에 잔액시산표를 기초로 기업의 재무상태와 경영성과를 알기 위하여
포괄손익계산서와 재무상태표를 함께 작성한 일람표를 정산표(working sheet ; W/S)라 한다.

(2) 정산표 작성요령

① 시산표란에는 잔액시산표의 내용을 그대로 기입한다.

② 수익·비용계정은 포괄손익계산서에 자산·부채·자본은 재무상태표에 각각 옮겨 적는다.

③ 포괄손익계산서와 재무상태표는 마감하여 당기순손익을 구한다.

(3) 6위식 정산표의 양식

정 산 표

6위식

계정과목	잔액시산표		포괄손익계산서		재무상태표	
	차변	대변	차변	대변	차변	대변
자　　　산	10,000				10,000	
부　　　채		6,000				6,000
자　　　본		3,000				3,000
수　　　익		5,000		5,000		
비　　　용	4,000		4,000			
당기순이익			1,000			1,000
	14,000	14,000	5,000	5,000	10,000	10,000

01. 천일상사의 다음 총계정원장에 의하여 시산표를 작성하시오.

총계정원장

현 금	(1)
150,000	50,000

외 상 매 입 금	(2)
100,000	160,000

자 본 금	(3)
	30,000

상품매출이익	(4)
	50,000

급 여	(5)
40,000	

합 계 시 산 표

차변합계	원면	계 정 과 목	대변합계
	(1)		
	(2)		
	(3)		
	(4)		
	(5)		

잔 액 시 산 표

차변잔액	원면	계 정 과 목	대변잔액
	(1)		
	(2)		
	(3)		
	(4)		
	(5)		

합계잔액시산표

차 변		원면	계 정 과 목	대 변	
잔 액	합 계			합 계	잔 액
		(1)			
		(2)			
		(3)			
		(4)			
		(5)			

02. 다음 시산표를 토대로 6위식 정산표를 완성하시오.

정 산 표

계 정 과 목	잔 액 시 산 표		포괄손익계산서		재 무 상 태 표	
	차 변	대 변	차 변	대 변	차 변	대 변
현　　　　금	20,000				(　　　)	
외 상 매 출 금	25,000				(　　　)	
단 기 대 여 금	40,000				(　　　)	
상　　　　품	50,000				(　　　)	
외 상 매 입 금		15,000				(　　　)
단 기 차 입 금		6,000				(　　　)
자　 본　 금		100,000				(　　　)
상 품 매 출 이 익		35,000		(　　　)		
수 수 료 　수 익		4,000		(　　　)		
급　　　　여	20,000		(　　　)			
임　 차　 료	5,000		(　　　)			
(　　　　)			(　　　)			(　　　)
	160,000	160,000	(　　)	(　　)	(　　)	(　　)

03. 다음 물음에 답하시오.

(1) 시산표 등식 : (　　　) + (　　　) = (　　　) + (　　　) + (　　　)

(2) 결산시 예비절차에 나오는 시산표 종류에는 (　　　　　), (　　　　　), (　　　　　)등이 있다.

(3) 잔액시산표 차변에는 자산과 (　　)이 들어오고 대변에는 부채, (　　), (　　) 이 들어간다.

(4) 시산표는 (　　　)의 오류를 검증하는 표이다.

(5) 시산표에서는 한변의 (　　　)오류를 대차평균의 원리에 의하여 검증한다.

(6) 정산표에서 당기순이익은 포괄손익계산서 (　)변에 재무상태표에는 (　)변에 당기순손실 은 포괄손익계산서 (　)변에 재무상태표 (　)변에 항상 금액이 일치한다.

(7) (　　　)합계, (　　　)합계, 총계정원장 합계 금액은 항상 일치한다.

01. 다음 중 결산 예비 절차에서 작성되는 내용으로 옳지 않은 것은?

① 이월시산표   ② 재고조사표

③ 수정전 시산표   ④ 수정후 시산표

02. 결산 절차 중에서 예비 절차에 해당하는 것은?

① 시산표 작성   ② 분개장의 마감

③ 재무상태표 작성   ④ 총계정원장의 마감

03. 다음 자료는 결산절차를 나타낸 것이다. 그 순서로 올바른 것은?

(가) 재무제표 작성	(나) 시산표 작성
(다) 총계정원장 마감	(라) 기말정리 사항의 수정

① (나)→(가)→(다)→(라)   ② (나)→(라)→(다)→(가)

③ (가)→(나)→(라)→(다)   ④ (라)→(다)→(나)→(가)

04. 시산표에 대한 설명 중 틀린 것은?

① 합계시산표, 잔액시산표, 합계잔액시산표 등이 있다.

② 원장의 기입이 정확한가를 알아보기 위한 표이다.

③ 재무제표이다.

④ 대차평균의 원리가 적용된다.

05. 다음 중 잔액이 차변에 발생하는 계정은?

① 선수수익   ② 미지급비용

③ 선급비용   ④ 외상매입금

06. (가)안에 들어갈 수 있는 계정과목은?

(가)	
400,000원	250,000원

① 미지급금   ② 선수금

③ 미수금   ④ 외상매입금

07. (가)안에 들어갈 수 있는 계정과목은?

(가)	
400,000원	500,000원

① 외상매출금　　　　　　　② 외상매입금
③ 미수금　　　　　　　　　④ 상 품

08. 일정 기간 동안에 발생한 거래가 총계정원장에 바르게 전기 되었는지 점검하기 위해 작성하는 계정 집계표는?

① 정산표　　　　　　　　　② 시산표
③ 재무상태표　　　　　　　④ 포괄손익계산서

09. 다음 중 계정의 잔액이 <u>잘못</u> 기입된 것은?

① 단기차입금 | 100,000　　　② 미 수 금　100,000 |

③ 외상매입금　100,000 |　　　④ 지급어음 | 100,000

10. 다음은 합계잔액시산표의 일부이다. (A)와 (B)에 들어갈 금액으로 알맞은 것은?

합계잔액시산표

잔 액	합 계	계정과목	합 계	잔 액
540	(A)	현 금	1,480	
	1,100	외상매입금	1,850	(B)

① (A) 2,020　(B) 2,950　　　② (A) 940　(B) 750
③ (A) 940　(B) 2,950　　　④ (A) 2,020　(B) 750

11. 다음 중 시산표에 관한 설명으로 옳은 것은?

① 합계시산표의 합계금액은 분개장의 합계금액과 일치한다.
② 잔액시산표등식은 기말자산 + 총비용 = 기말부채 + 기말자본 + 총수익이다.
③ 합계잔액시산표에는 자산, 부채, 자본이 기입되며 수익, 비용은 기입되지 않는다.
④ 당기순이익은 시산표의 차변에, 당기순손실은 대변에 기입한다.

12. 다음 중 시산표에 대한 설명으로 옳지 <u>않은</u> 것은?

① 전기의 정확성을 검증할 목적으로 작성된다.
② 합계시산표와 총계정원장의 합계는 일치한다.
③ 시산표는 자산, 부채, 자본, 수익, 비용이 모두 기록된다.
④ 전기의 모든 오류는 시산표에서 발견된다.

13. 회계의 순환과정은 일반적으로, 「분개 → (   ) → 시산표의 작성 → 재무제표의 작성」 순서에 따른다. (   )안에 들어갈 내용으로 알맞은 것은?

① 기장   ② 전기
③ 거래   ④ 결산

14. 주어진 자료에서 회계순환 과정 순서로 바르게 나열된 것은?

A. 분개장	B. 재무상태표	C. 시산표	D. 총계정원장

① A – B – C – D   ② A – B – D – C
③ A – D – B – C   ④ A – D – C – B

03 총계정원장의 마감

총계정원장은 포괄손익계산서계정(수익, 비용)을 먼저 마감하고, 재무상태표계정(자산, 부채, 자본)을 마감한다. 마감 방법에는 영미식결산법과 대륙식결산법이 있는데 수익, 비용의 마감 절차는 같지만, 자산, 부채, 자본 계정에 대한 마감 절차는 서로 다르다. 보통 영미식결산법이 간단하기 때문에 많이 쓰인다.

1. 포괄손익계산서계정(수익, 비용)의 마감

(1) 집합계정인 손익계정을 설정한다.

(2) 수익계정을 손익계정 대변에 대체하고 대체분개를 한다.

(3) 비용계정을 손익계정 차변에 대체하고 대체분개를 한다.

(4) 손익계정을 자본금계정으로 대체하고 대체분개를 한다.

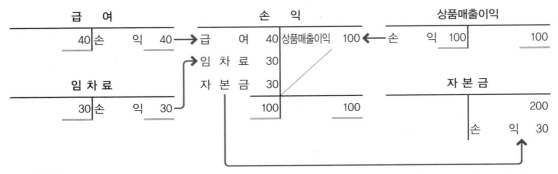

No.	구 분	차변과목	금액	대변과목	금액
①	수 익 계 정 대 체 분 개	상 품 매 출 이 익	100	손 익	100
②	비 용 계 정 대 체 분 개	손 익	70	급 여 임 차 료	40 30
③	당 기 순 이 익 대 체 분 개	손 익	30	자 본 금	30

■ 당기순손실 대체분개 : (차) 자본금 ×× (대) 손 익 ××

> **엔토노트**
> • 수익·비용 계정은 "손익"으로 마감
> • 손익계정은 "자본금"계정으로 마감
> • 자산·부채·자본계정은 **"차기이월"**(적색)로 마감

2. 재무상태표계정(자산·부채·자본)의 마감

(1) 영미식결산법

① 자산계정마감 : 자산계정은 잔액이 차변에 있으므로 대변에 '차기이월'이라 붉은 글씨로 기입하여 대·차의 금액을 일치시켜 마감한다.

② 부채와 자본계정마감 : 부채와 자본은 잔액이 대변에 있으므로 차변에 '차기이월'이라 붉은 글씨로 기입하여 대·차금액을 일치시켜 마감한다. 이러한 절차를 마감기입이라 한다.

③ 개시기입 : 다음 회계연도 첫 날짜로 차기이월을 기입한 반대쪽에 '전기이월'이라 기입하고 이월한 금액을 기입한다. 이것을 개시기입이라 한다.

④ 이월시산표 작성 : 자산·부채·자본에 속하는 각 계정을 마감하고 이월 기입의 정확성 여부를 확인하기 위하여 각 계정의 이월액을 모아 대차평균의원리에 따라 작성한 일람표를 이월시산표라 한다.

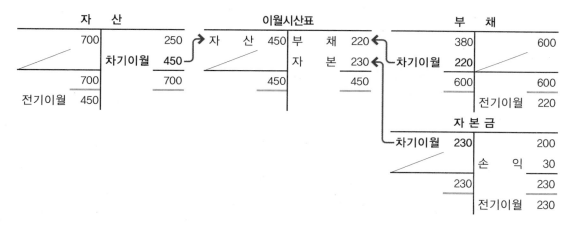

(2) 대륙식 결산법

잔액계정을 설정하여 자산계정의 잔액은 잔액계정 차변에, 부채와 자본계정의 잔액은 잔액계정 대변에 대체시키는 방법으로 원장을 마감한다.

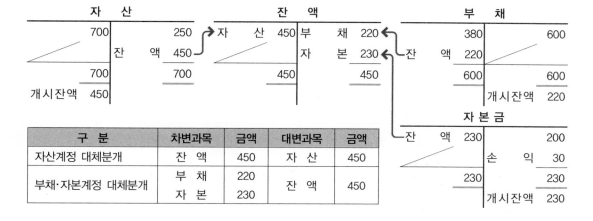

구 분	차변과목	금액	대변과목	금액
자산계정 대체분개	잔 액	450	자 산	450
부채·자본계정 대체분개	부 채	220	잔 액	450
	자 본	230		

01. 다음 멘토상회의 자료를 지시사항에 따라 작업하고 물음에 답하시오.

(1) 손익계산서계정(수익·비용)을 손익으로 마감하여 손익계정에 대체하고, 대체분개를 하시오.

(2) 손익계정을 자본금계정으로 마감하여 자본금계정에 대체하고, 대체분개를 하시오.

(3) 재무상태표계정(자산·부채·자본)을 차기이월로 마감하고, 전기이월로 개시기입한 후 이월시산표를 작성하시오.

(4) 이월시산표를 기초로 재무상태표를 작성하시오.

(5) 손익계정을 기초로 포괄손익계산서를 작성하시오.

총 계 정 원 장

현 금	(1)		외상매출금	(2)
500,000	320,000		300,000	170,000

건 물	(3)		외상매입금	(4)
300,000			50,000	150,000

단기차입금	(5)		자 본 금	(6)
	50,000			450,000

상품매출이익	(7)		이자수익	(8)
	300,000			50,000

광고선전비	(9)		보 험 료	(10)
200,000			140,000	

손 익

이월시산표

차변	원면	계정과목	대변

No.	구 분	차변과목	금액	대변과목	금액
(1)	수익계정 대체분개				
(2)	비용계정 대체분개				
(3)	당기순이익 대체분개				

재무상태표

멘토상회   20××년 12월 31일 현재   (단위:원)

자 산	금 액	부채·자본	금 액

포괄손익계산서

멘토상회 20××년 1월 1일 부터
20××년 12월 31일 까지 (단위:원)

비 용	금 액	수 익	금 액

[물음]

(1) 기초자본금은 얼마인가?   (₩   )
(2) 기말자산총액은 얼마인가?   (₩   )
(3) 기말부채총액은 얼마인가?   (₩   )
(4) 기말자본총액은 얼마인가?   (₩   )
(5) 총수익은 얼마인가?   (₩   )
(6) 총비용은 얼마인가?   (₩   )
(7) 당기순이익은 얼마인가?   (₩   )

01. 총계정원장 마감시 제일 먼저 마감하는 계정은?

① 자산계정   ② 손익계정
③ 비용계정   ④ 자본계정

02. 다음 (   )안에 기입될 알맞은 용어는?

광 고 선 전 비			
	23,000	( )	23,000

① 손익   ② 차기이월
③ 잔액   ④ 전기이월

03. 다음 중 손익계정에 기입될 수 없는 과목은?

① 복리후생비   ② 이자비용
③ 기부금   ④ 현금

04. 다음 중 그 잔액을 차기로 이월 할 수 없는 계정은?

① 복리후생비   ② 토지
③ 자본금   ④ 매입채무

05. 총계정원장의 마감 방법에는 영미식 결산법과 대륙식 결산법이 있다. 차이점으로 맞는 것은?

① 수익계정의 마감
② 비용계정의 마감
③ 손익계정의 마감
④ 자산·부채·자본계정의 마감

06. 총계정원장 마감순서를 영미식 결산법으로 옳게 나열한 것은?

㉠ 이월시산표 작성	㉡ 수익·비용계정의 마감
㉢ 손익계정의 마감	㉣ 자산·부채·자본계정의 마감
㉤ 재무상태표와 포괄손익계산서 작성	

① ㉠ → ㉡ → ㉢ → ㉣ → ㉤   ② ㉤ → ㉣ → ㉢ → ㉡ → ㉠
③ ㉡ → ㉢ → ㉣ → ㉠ → ㉤   ④ ㉣ → ㉡ → ㉢ → ㉠ → ㉤

07. 다음 중 총계정원장의 마감 순서로 옳은 것은?

> 가. 수익, 비용계정의 잔액을 "손익" 계정에 대체한다.
> 나. 이월시산표를 작성하여 마감의 정확성을 알아본다.
> 다. 자산, 부채, 자본계정의 잔액을 "차기이월" 한다.
> 라. 손익계정의 잔액을 "자본금" 계정에 대체한다.

① 가 → 나 → 다 → 라
② 가 → 다 → 라 → 나
③ 가 → 라 → 다 → 나
④ 가 → 다 → 나 → 라

08. 다음은 이월시산표와 관련된 내용이다. 해당하지 않는 것은?

① 결산의 본절차 과정에서 작성한다.
② 영미식으로 마감하였을 때 검증하는 절차이다.
③ 재무상태표를 작성하는 기초자료가 된다.
④ 자산·부채·자본·수익·비용 순으로 작성한다.

MEMO

제3장

자산의 회계처리

01. 현금
02. 예금
03. 기타금융자산

01 현금

1. 현금(cash)

(1) 현금의 뜻

현금은 기업이 보유하는 자산 중 유동성이 가장 높은 자산으로 교환의 매개수단이며 가치의 측정기준이다.

현금 ─┬─ 통화   : 지폐, 주화
      └─ 통화대용증권 : 타인(동점)발행수표, 자기앞수표, 여행자수표, 가계수표,
                       송금수표, 우편환증서, 전신환증서, 소액환증서,
                       배당금지급통지서, 공·사채만기이자표, 국고송금통지서,
                       일람출급어음, 대체예금환급증서

구 분	차 변		대 변	
통화 및 통화대용증권을 받으면	현 금	1,000	상 품	1,000
통화 및 통화대용증권을 지급하면	상 품	1,000	현 금	1,000

(2) 현금 계정

현 금

전기이월(기초잔액)	현금의 지출액
현금의 수입액	**차기이월**(기말잔액)

(3) 현금출납장

현금의 수입과 지출을 자세히 기록하는 보조기입장이다.

현 금 출 납 장

월일	적 요	수입(입금)	지출(출금)	잔액

엔토노트
- **현금** : 통화, ○○수표, ○○환, 배당금지급통지서, 공·사채만기이자표
- 당점발행수표 → 당좌예금

2. 현금과부족

(1) 현금과부족

현금의 실제잔액과 장부잔액이 일치하지 않을 경우, 원인이 판명될 때까지 일시적으로 처리하는 임시계정이다.

① 현금부족시 (장부잔액 〉 실제잔액)

구 분	차 변		대 변	
현금 부족시 (장부 〉 실제)	현 금 과 부 족	10,000	현　　　금	10,000
원인 판명시	(임 　차 　료)	7,000	현 금 과 부 족	7,000
결산시 까지 원인 불명	잡 　손 　실	3,000	현 금 과 부 족	3,000
결산시 부족액을 발견한 경우	잡 　손 　실	10,000	현　　　금	10,000

② 현금과잉액 (장부잔액 〈 실제잔액)

구 분	차 변		대 변	
현금 과잉시 (장부 〈 실제)	현　　　금	10,000	현 금 과 부 족	10,000
원인 판명시	현 금 과 부 족	7,000	(임 　대 　료)	7,000
결산시 까지 원인 불명	현 금 과 부 족	3,000	잡 　이 　익	3,000
결산시 과잉액을 발견한 경우	현　　　금	10,000	잡 　이 　익	10,000

[용어해설]

• 현금과부족 : 현금과부족은 현금의 장부금액과 실제 금고 금액이 일치하지 않는다는 뜻이다. 현금과부족은 임시 가계정 이므로 보고기간말(결산시)에는 반드시 부족액은 잡손실, 과잉액은 잡이익계정으로 처리해야 한다.

• 내부통제제도 : 현금은 도난 및 부정이나 오류가 발생할 가능성이 매우 높은 자산이므로 정확한 수입과 지출이 이루어지도록 업무분장, 지출증빙의 적법성으로 내부 견제와 관리가 이루어져야 한다.

엔토노트

• 현금 부족시 대변에 현금, 현금 과잉시 차변에 현금
• 결산이 아니면 현금과부족, 결산이면 잡손실, 잡이익

3. 소액현금

(1) 소액현금의 뜻

일상적인 소액의 비용은 수표를 사용하는 것보다 현금을 사용하는 것이 편리하다. 따라서 일정기간의 소액경비에 필요한 예상금액을 회계과로부터 용도계에 전도하여 비용을 지출하도록 하면 편리한데 이 전도금을 소액현금이라 한다.

① 정액자금 선급법   : 매월 필요한 금액을 미리 정하고 사용한 금액만큼을 선급하여 주는 제도

② 부정액자금 선급법 : 용도계의 요구에 따라서 수시로 적당한 금액을 선급하여 주는 제도

(2) 소액현금 출납장

회계과로부터 보급받은 소액현금의 수입과 지출을 상세하게 기입하는 보조기입장

① 월초 보급 방법

소액현금출납장

[용 도 계]

수입액	날짜		적요	지급액	지 급 명 세			
					소모품비	통신비	수도광열비	잡비
30,000	4	1	정 액 자 금 수 입					
..	..	..	..	..	..	..	..	..
		30	지 급 액 합 계	27,000	2,000	13,000	3,000	9,000
		〃	차 기 이 월	3,000				
30,000				30,000				
3,000	5	1	전 기 이 월					
27,000		〃	수 표 보 급 액					

[회 계 과]

날짜	구 분	차 변		대 변	
4/1	수표발행 소액자금지급	소 액 현 금	30,000	당 좌 예 금	30,000
4/30	월말에 사용보고 받으면	소 모 품 비 통 신 비 수 도 광 열 비 잡 비	2,000 13,000 3,000 9,000	소 액 현 금	27,000
5/1	보고액을 보급해 주면	소 액 현 금	27,000	당 좌 예 금	27,000

② 월말 보급 방법

소액현금출납장

수입액	날짜		적요	지급액	지 급 명 세			
					소모품비	통신비	수도광열비	잡비
30,000	4	1	정 액 자 금 수 입					
..	..	..	..	..	..	..	..	..
		30	지 급 액 합 계	27,000	2,000	13,000	3,000	9,000
27,000		〃	수 표 보 급 액					
		〃	**차 기 이 월**	**30,000**				
57,000				57,000				
30,000	5	1	전 기 이 월					

날짜	구 분	차 변		대 변	
4/1	수표발행 소액자금지급	소 액 현 금	30,000	당 좌 예 금	30,000
4/30	월말에 사용보고 받고 수표발행지급하면	소 모 품 비 통 신 비 수 도 광 열 비 잡 비	2,000 13,000 3,000 9,000	당 좌 예 금	27,000

멘토노트
• 회계과 : 분개
• 용도계 : 장부작성

01. 다음 중 현금인 것은(○) 아닌 것은(×) 하시오.

(1) ( )동점발행수표 (2) ( )여행자수표

(3) ( )공·사채만기이자표 (4) ( )지폐

(5) ( )자기앞수표 (6) ( )배당금지급통지서

(7) ( )주식 (8) ( )수입인지

(9) ( )우표 (10) ( )타인발행수표

(11) ( )당점발행 당좌수표 (12) ( )송금수표

(13) ( )가계수표

02. 다음 거래를 분개하시오.

(1) 상품 ₩150,000 매출하고 대금 중 ₩100,000은 자기앞수표로 받고, 잔액은 현금으로 받다.

(2) 상품 ₩100,000을 매입하고, 대금은 앞서 받은 자기앞수표로 지급하다.

(3) 상품 ₩50,000을 매출하고, 대금은 타인발행 수표로 받다.

(4) 상품 ₩150,000을 매출하고, 대금 중 ₩100,000을 가계당좌수표로 받고 잔액은 외상으로 하다.

(5) 소유하고 있던 송금수표 ₩100,000을 은행에서 현금으로 교환하여 오다.

NO	차변과목	금 액	대변과목	금 액
(1)				
(2)				
(3)				
(4)				
(5)				

03. 다음 거래를 현금출납장에 기입하고 마감하시오.

3월 1일 : 현금 ₩300,000을 출자하여 영업을 시작하다.

5일 : 전북상사에서 상품 ₩150,000을 매입하고, 현금으로 지급하다.

8일 : 상품 ₩100,000을 매출하고, 대금 중 ₩80,000은 현금으로 받고 잔액은 외상으로하다

16일 : 상품매매 중개수수료 ₩20,000을 현금으로 받다.

20일 : 영업용 책상, 의자 ₩130,000을 구입하고, 현금으로 지급하다.

30일 : 이달분 집세 ₩50,000을 현금으로 지급하다.

NO	차변과목	금 액	대변과목	금 액
3/ 1				
5				
8				
16				
20				
30				

현 금 출 납 장

월 일	적　　　요	수 입	지 출	잔 액

04. 다음 거래를 분개하시오.

(1) 현금의 실제잔액이 장부 잔액보다 ₩10,000이 부족함을 발견하다.

(2) 위 원인을 조사한바 통신비 ₩7,000을 지급하고 정리하지 않았음을 발견하다.

(3) 결산일 현재 위 부족액 ₩3,000의 원인을 찾을 수 없어 잡손실로 처리하다.

(4) 결산일에 현금의 실제액이 ₩5,000이 부족함을 발견하다.

NO	차변과목	금 액	대변과목	금 액
(1)				
(2)				
(3)				
(4)				

05. 다음 거래를 분개하시오.

(1) 현금의 실제액이 장부잔액보다 ₩20,000이 많음을 발견하다.

(2) 위 원인을 조사한바 임대료 ₩15,000을 받고 정리하지 않았음을 발견하다.

(3) 결산일에 이르러 위 잔액 ₩5,000의 원인을 찾을 수 없으므로 잡이익 처리하다.

(4) 결산시 현금의 실제액이 ₩10,000이 많음을 발견하다.

NO	차변과목	금 액	대변과목	금 액
(1)				
(2)				
(3)				
(4)				

06. 소액현금제도에서 분개는 (   )에서 한다. 그리고 소액현금출납장은 (   )에서 작성하여 회계과에 보고한다.

07. 다음 거래를 소액현금 출납장에 기입하고 마감하시오.

(단, 월말에 수표발행하여 사용액을 보급하며, 정액자금 선급법을 채택하고 있다.)

3월　1일 : 회계과로부터 소액자금 ₩80,000을 수표로 받다.

　　5일 : 종업원 교통비 ₩5,000 지급

　10일 : 사무용 장부 ₩20,000 구입

　20일 : 전화요금 ₩30,000 지급

　24일 : 볼펜 및 종이구입 ₩10,000지급

　28일 : 손님접대비 ₩5,000 지급

　31일 : 당월분 사용액을 회계과에 보고하고 동액의 자금을 수표로 보급 받다

소액현금출납장　　　　　　　　　　　　[용 도 계]

수 입 액	월 일	적　　요	지 급 액	지급 명세			
				여비교통비	통신비	소모품비	잡비

[회 계 과]

날짜	차변과목	금　액	대변과목	금　액
3/1				
3/31				

08. 다음 거래를 소액현금 출납장에 기입하고 월초마감법에 의하여 마감하시오.
(단, 정액자금선급법을 채택하고 있음)

10월 1일 : 소액자금 ₩100,000을 수표로 받다.

7일 : 사무용품비 구입 ₩15,000 지급

13일 : 신문구독료 ₩10,000 지급

18일 : 우표구입 대금 ₩4,000 지급

23일 : 버스승차권 ₩10,000 구입

27일 : 장부구입 ₩20,000 지급

31일 : 10월분 지급액을 보고하다.

11월 1일 : 이달분 소액자금을 수표로 보급 받다.

소액현금출납장   [용 도 계]

수 입 액	월 일	적 요	지 급 액	지 급 명 세			
				여비교통비	통신비	소모품비	잡비

[회 계 과]

날짜	차변과목	금 액	대변과목	금 액
10/1				
10/31				
11/1				

01. 다음 중 현금계정에 속하지 않는 것은?

① 약속어음　　　　　　　　　　② 타인발행수표

③ 자기앞수표　　　　　　　　　　④ 배당금영수증

02. 다음 중 회계상의 현금으로 처리할 수 있는 것끼리 나열된 것으로 옳은 것은?

가. 사채권	나. 자기앞수표
다. 약속어음	라. 타인발행수표
마. 당점발행수표	바. 송금환증서

① 가, 나, 다　　　　　　　　　　② 가, 다, 마

③ 나, 라, 바　　　　　　　　　　④ 라, 마, 바

03. 거래의 이중성 원리에 의해 현금이 지급되는 결과가 발생할 수 있는 거래로 옳지 않은 것은?

① 상품을 매입하다.

② 소모품을 구입하다.

③ 차입금을 상환하다.

④ 외상매출금을 회수하다.

04. 다음은 9월 중 현금계정내역이다. 잘못 설명한 것은?

현　　　금

9/ 1	전 월 이 월	5,000	9/22	상　　　품	2,000
12	상　　　품	3,000	24	당 좌 예 금	1,000
15	단 기 대 여 금	2,000			

① 9월 12일 상품 ₩3,000을 현금매출하다.

② 9월 15일 현금 ₩2,000을 단기대여하다.

③ 9월 22일 상품 ₩2,000을 현금매입하다.

④ 9월 24일 현금 ₩1,000을 당좌예입하다.

05. 다음은 (주)강원의 20×1년도 현금계정에 대한 내용을 참고로 현금출납장의 지출액을 계산하면 얼마인가?

<table>
<tr><th colspan="6">현　금</th></tr>
<tr><td>전　기　이　월</td><td>10,000</td><td>외　상　매　입　금</td><td>40,000</td></tr>
<tr><td>외　상　매　출　금</td><td>50,000</td><td>급　　　　　여</td><td>20,000</td></tr>
<tr><td>받　을　어　음</td><td>60,000</td><td>지　급　어　음</td><td>30,000</td></tr>
<tr><td></td><td></td><td>보　　험　　료</td><td>5,000</td></tr>
<tr><td></td><td></td><td>차　기　이　월</td><td>25,000</td></tr>
<tr><td></td><td>120,000</td><td></td><td>120,000</td></tr>
</table>

① ₩110,000　　　　　② ₩70,000

③ ₩95,000　　　　　④ ₩25,000

06. 다음은 경기상사의 5월 중 현금에 관한 거래를 기록한 것이다. 5월 31일 현금출납장 마감시 수입란 합계액은 얼마인가?

5/ 1	전월이월액	₩10,000
5/ 8	상품매입액(현금지급)	₩4,000
5/12	현금으로 소모품 구입	₩500
5/27	외상매출금 현금 회수	₩8,000

① ₩4,500

② ₩8,000

③ ₩18,000

④ ₩22,500

07. 상공상점은 남대문 상회의 외상매입금 ₩10,000을 서울상회로부터 받은 자기앞 수표로 지급하다. 옳은 분개는?

① (차) 당　좌　예　금　　10,000　　(대) 외　상　매　입　금　　10,000

② (차) 현　　　　　금　　10,000　　(대) 외　상　매　입　금　　10,000

③ (차) 외　상　매　입　금　　10,000　　(대) 현　　　　　금　　10,000

④ (차) 외　상　매　입　금　　10,000　　(대) 당　좌　예　금　　10,000

08. 회계기간 중 장부상 현금잔액과 실제 현금잔액이 일치하지 않는 경우 가장 적절한 회계처리 방법은?

① 단기대여금 계정으로 처리
② 현금과부족 계정으로 처리
③ 보통예금 계정으로 처리
④ 선수금 계정으로 처리

09. 현금과부족에 대한 설명으로 잘못된 것은?

① 기중에 실제잔액보다 장부잔액이 많음을 발견시 [(차) 현금 ××× (대) 현금과부족 ×××] 으로 분개한다.
② 현금 실제액이 장부잔액과 일치하지 않을 때 사용하는 계정과목이다.
③ 기말재무상태표상에는 표시되지 않는 임시계정이다.
④ 결산시에 현금부족액의 원인을 발견하지 못한 경우 잡손실로 처리한다.

10. 결산시 현금의 장부금액(₩100,000)과 실제금액(₩90,000)의 차이가 발생하였음을 발견하였으나 그 원인을 알 수 없었다. 분개로 옳은 것은?

① (차) 현   금   10,000   (대) 잡 이 익   10,000
② (차) 현   금   10,000   (대) 현 금 과 부 족   10,000
③ (차) 잡 손 실   10,000   (대) 현   금   10,000
④ (차) 현 금 과 부 족   10,000   (대) 현   금   10,000

11. "현금과부족의 원인을 조사한 결과 회계담당자가 실수하여 집세 ₩10,000을 받은 것이 누락되었음이 발견되었다." 분개로 옳은 것은?

① (차) 현 금 과 부 족   10,000   (대) 현   금   10,000
② (차) 현   금   10,000   (대) 현 금 과 부 족   10,000
③ (차) 현 금 과 부 족   10,000   (대) 임 대 료   10,000
④ (차) 임 차 료   10,000   (대) 현 금 과 부 족   10,000

12. 다음 거래에서 12월 31일(결산일)에 행할 분개로 맞는 것은?

> 10월 31일 : 현금의 실제잔액은 ₩20,000이나, 총계정원장상 현금계정 잔액은 ₩25,000이다.
> 11월 2일 : 9월 3일에 ₩2,000의 임차료 지급을 기장 하지 않은 것으로 밝혀졌다.
> 12월 31일 : 장부상의 현금잔액과 실제액의 차액 중 원인이 밝혀진 것을 제외한 나머지에 대해서는 결산때까지 원인이 밝혀지지 않았다.

① (차) 현 금 과 부 족   3,000   (대) 현   금   3,000
② (차) 현 금 과 부 족   2,000   (대) 현   금   2,000
③ (차) 잡   손   실   3,000   (대) 현 금 과 부 족   3,000
④ (차) 현 금 과 부 족   3,000   (대) 잡   이   익   3,000

13. 다음의 분개로 추정할 수 있는 거래로 맞는 것은?

> (차) 현 금 과 부 족   5,000   (대) 잡   이   익   5,000

① 총계정원장에 현금 ₩5,000의 수입을 이중으로 기장하였다.
② 결산 때까지 현금의 실제 잔액이 장부 잔액보다 ₩5,000 부족하다.
③ 결산 때까지 현금과부족계정의 대변 잔액 ₩5,000에 대한 원인을 알 수 없다.
④ 총계정원장에 현금 ₩5,000의 지출을 기장하지 않았다.

14. 다음은 현금과부족계정의 기입 내용을 설명한 것이다. 옳은 것은?

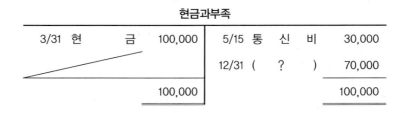

현금과부족

3/31 현 금	100,000	5/15 통 신 비	30,000
		12/31 (?)	70,000
	100,000		100,000

① 현금의 시재액이 장부잔액보다 ₩100,000 많음을 발견하다.
② 현금과부족 ₩30,000이 통신비 기입 누락으로 판명되어 정리하다.
③ 현금과부족 ₩30,000이 원인 불명으로 통신비로 처리하다.
④ 결산시 현금과부족 ₩70,000이 원인불명으로 잡이익으로 처리하다.

15. 다음 중 소액현금 제도에 대한 설명 중 틀린 것은?

① 매월 사용한 금액만을 보충해 주는 방법을 정액자금 전도법이라 한다.

② 소액현금은 재무상태표에 현금 및 현금성자산으로 기록한다.

③ 소액현금출납장은 보조기입장이다.

④ 소액현금제도를 사용하면 기업은 매우 불편하다.

16. 정액자금선급법을 채택하고 있는 상공상사는 일상적인 사무실 경비를 사용하기 위해 ₩100,000의 수표를 발행하여 선급하였을 경우의 회계과 분개로 옳은 것은?

① (차) 소 액 현 금　100,000　　(대) 당 좌 예 금　100,000
② (차) 당 좌 예 금　100,000　　(대) 소 액 현 금　100,000
③ (차) 제 경 비　100,000　　(대) 소 액 현 금　100,000
④ (차) 제 경 비　100,000　　(대) 당 좌 예 금　100,000

17. 다음은 상공상사의 용도계에서 작성한 소액현금출납장이다. 이에 대한 설명으로 옳지 않은 것은?

소액현금출납장

수입액	날짜		적요	지급액	지 급 명 세			
					소모품비	통신비	수도광열비	잡비
30,000	9	1	정액자금수입					
..	..	..		..	..	..	..	..
		30	지 급 액 합 계	27,000	2,000	13,000	3,000	9,000
		〃	**차 기 이 월**	3,000				
30,000				30,000				
3,000	10	1	전 기 이 월					
27,000		〃	수 표 보 급 액					

① 상공상사의 소액현금 보급 방법은 정액자금선급법이다.

② 9월 중 소액현금 지출총액은 ₩27,000

③ 매월 말일에 소액현금을 재보급한다.

④ 9월 중 지출한 소모품비는 ₩2,000이다

1. 당좌예금(checking)

(1) 당좌예금(checking) 의 뜻

은행과 당좌거래계약을 맺고 당좌예입하거나 수표를 발행하여 인출 지급 하였을 경우 처리되는 자산계정을 말한다.

구 분	차 변		대 변	
당좌 예입시	당 좌 예 금	10,000	현 금	10,000
당좌수표 발행시	상 품	8,000	당 좌 예 금	8,000

(2) 당좌예금 계정

당 좌 예 금(자산)

전 기 이 월 (기초잔액)	인 출 액 (수 표 발 행)
당 좌 예 입 액	
	차 기 이 월 (기말잔액)

(3) 당좌차월(단기차입금)

거래은행에 담보물을 제공하고 당좌차월계약을 체결하여 차월한도액과 차월 기간을 약정하면 그 한도액까지는 일정기간 예금 잔액을 초과하여 발행할 수 있다.

구 분	차 변		대 변	
당좌예금 잔액을 초과하여 수표를 발행하면	상 품	80,000	당 좌 예 금 당 좌 차 월 (단 기 차 입 금)	50,000 30,000
당좌차월이 있는 경우 당좌예입하면	당 좌 차 월 (단 기 차 입 금) 당 좌 예 금	30,000 70,000	상 품	100,000

(4) 당좌예금출납장

당좌예금의 예입과 인출의 내용을 상세히 기입하여 당좌예금의 현재액을 파악하기 위하여 기록하는 보조기입장이다.

당 좌 예 금 출 납 장

월일	적 요	예입	인출	차·대	잔액

2. 보통예금의 뜻

보통예금은 예금거래의 금액, 기간, 인출 등에 제한이 없어서 영업상의 입금이나 소액자금의 거래계좌로 이용된다.

3. 현금성자산(cash equivalents)

현금을 단기적으로 운용하여 이익을 얻기 위해 투자한 것으로 현금과 거의 유사한 환금성을 갖는 항목을 말한다. ① 단기금융상품 및 유가증권으로서 ② 큰 거래비용 없이 현금전환이 용이하고 ③ 이자율변동에 따른 가치변동이 위험이 중요하지 않으며, 취득당시 만기(또는 상환일)가 3개월 이내에 도래하는 것이 현금성자산에 속한다.

[현금성자산의 예]

① 취득당시 만기가 3개월 이내에 도래하는 채권
② 취득당시의 상환일까지의 기간이 3개월 이내인 상환우선주
③ 3개월 이내의 환매조건인 환매체 등

구 분	차 변	대 변
취득 당시 만기가 **3개월** 이내인 단기금융상품 및 유가증권을 매입한 경우	현 금 성 자 산　　80,000	당 좌 예 금　　80,000

[용어해설]

• 현금 및 현금성자산 : 현금, 당좌예금, 보통예금, 현금성자산 등을 합한 것을 말한다.

멘토노트

• 당점 발행수표 → 당좌예금 : I 당 당
• 동점 발행수표 → 현금　　 : You 동 현
• 현금성자산　 → 3개월

01. 다음 연속된 거래를 분개하고, 당좌예금 출납장을 작성한 후 마감하시오.

6월 1일 서울은행과 당좌거래 계약을 맺고, 현금 ₩500,000을 당좌예입하다.

7일 강남상사에서 상품 ₩300,000을 매입하고, 수표발행하여 지급하다.

10일 상품 ₩400,000을 매출하고 대금은 현금으로 받아 즉시 당좌예금하다.

20일 강북상점의 단기차입금 ₩500,000중 ₩300,000은 수표발행하여 지급하고 잔액은 현금으로 지급하다.

25일 외상매출금 ₩800,000중 ₩200,000은 당점이 발행한 수표로 받고 잔액은 현금으로 받다.

30일 수표 ₩350,000을 발행하여 현금으로 인출하다.

월일	차변과목	금 액	대변과목	금 액
6/1				
7				
10				
20				
25				
30				

당 좌 예 금 출 납 장

월일	적 요	예 입	인 출	차·대	잔 액

02. 다음 거래를 분개하시오.

(1) 상품 ₩600,000을 매입하고, 수표발행하여 지급하다.(단, 예금잔액은 ₩400,000임)

(2) 상품 ₩400,000을 매출하고, 대금은 현금으로 받아, 즉시 당좌예금 하다.
    (단, 당좌차월 잔액은 ₩150,000임)

(3) 외상매출금 ₩400,000중 ₩300,000은 당점발행수표로 받고 잔액은 현금으로 받다.
    (단, 당좌차월 잔액은 ₩200,000임)

(4) 외상매입금 ₩200,000을 수표발행하여 지급하다.(단, 예금잔액은 ₩100,000임)

NO	차변과목	금 액	대변과목	금 액
(1)				
(2)				
(3)				
(4)				

03. 다음 거래를 분개하시오.

(1) 외상매출금 ₩300,000을 현금으로 받아 즉시 보통예금하다.

(2) 보통예금에서 현금 ₩200,000을 인출하다.

NO	차변과목	금 액	대변과목	금 액
(1)				
(2)				

01. 차용증서를 발행하고 거래은행으로부터 ₩800,000을 차입한 후 선이자 ₩20,000을 차감한 후 잔액은 당좌예입 하였다. 회계처리로 옳은 것은? (단, 상환기간은 6개월 임)

① (차) 당 좌 예 금   820,000   (대) 단 기 차 입 금   820,000
② (차) 당 좌 예 금   780,000   (대) 단 기 차 입 금   800,000
    이 자 비 용   20,000
③ (차) 당 좌 예 금   780,000   (대) 단 기 차 입 금   780,000
④ (차) 당 좌 예 금   780,000   (대) 지 급 어 음   780,000

02. 다음은 (주)한라의 12월 3일의 상품매출 거래이다. 이 거래의 분개로 옳은 것은?

> 상품 ₩6,000,000을 매출하고 대금 중 ₩4,000,000은 당점 발행수표로 받고, 잔액은 송금수표로 받다.

① (차) 당 좌 예 금   4,000,000   (대) 상   품   6,000,000
    송 금 수 표   2,000,000
② (차) 당점발행수표   4,000,000   (대) 상   품   6,000,000
    송 금 수 표   2,000,000
③ (차) 당 좌 예 금   4,000,000   (대) 상   품   6,000,000
    현   금   2,000,000
④ (차) 현   금   6,000,000   (대) 상   품   6,000,000

03. 다음 중 ㈜부산의 거래에 대한 분개로 옳은 것은?

> (주)평화로부터 외상매출대금 ₩30,000을 자기앞수표로 받아 즉시 당좌예입하다.
> 단, 당좌차월 잔액은 ₩10,000이다.

① (차) 당 좌 예 금   30,000   (대) 외 상 매 출 금   30,000
② (차) 당 좌 예 금   30,000   (대) 현   금   30,000
③ (차) 당 좌 예 금   20,000   (대) 외 상 매 출 금   30,000
    단 기 차 입 금   10,000
④ (차) 당 좌 예 금   20,000   (대) 현   금   30,000
    단 기 차 입 금   10,000

04. 다음 거래를 분개한 것으로 옳은 것은?

> 소유하고 있던 (주)서울 발행 수표 ₩200,000을 은행에 당좌예입하다.
> 단, 당좌차월 잔액이 ₩500,000이다.

①	(차) 당 좌 예 금	200,000	(대) 현 금	200,000
②	(차) 단 기 차 입 금	200,000	(대) 현 금	200,000
③	(차) 단 기 차 입 금	200,000	(대) 당 좌 예 금	200,000
④	(차) 당 좌 예 금	200,000	(대) 단 기 차 입 금	200,000

05. "매입처 성남상회에 대한 외상매입금 2,000,000을 수표를 발행하여 지급하다. 단, 당점의 당좌예금 계정 잔액은 500,000이며, 당좌차월한도액은 2,000,000이다" 이 거래의 분개로 옳은 것은?

①	(차) 외 상 매 입 금	2,000,000	(대) 당 좌 예 금	2,000,000
②	(차) 외 상 매 입 금	2,000,000	(대) 당 좌 예 금	500,000
			단 기 차 입 금	1,500,000
③	(차) 외 상 매 입 금	2,000,000	(대) 단 기 차 입 금	2,000,000
④	(차) 외 상 매 입 금	2,000,000	(대) 당 좌 예 금	500,000
			단 기 대 여 금	1,500,000

06. 다음은 (주)상공의 당좌예금출납장이다. 이를 자료로 6월 15일의 거래를 분개한 것으로 옳은 것은?

2014년		적요	예입	인출	차대	잔액
6	1	전 월 이 월	100,000		차	100,000
	9	외상대금 지급		200,000	대	250,000
	15	상 품 매 출	400,000		차	150,000
	30	**차 월 이 월**		150,000		
			800,000	800,000		

①	(차) 당 좌 차 월	150,000	(대) 상 품	400,000
	당 좌 예 금	250,000		
②	(차) 현 금	250,000	(대) 상 품	400,000
	당 좌 예 금	150,000		
③	(차) 당 좌 차 월	400,000	(대) 상 품	400,000
④	(차) 당 좌 차 월	250,000	(대) 상 품	400,000
	당 좌 예 금	150,000		

07. 다음은 (주)수원의 총계정원장 당좌예금계정의 기록 내용이다. 당점의 수표 발행액은 얼마인가?

당 좌 예 금

전 기 이 월	50,000	상 품	90,000
현 금	100,000	외 상 매 입 금	70,000
상 품	150,000	**차 기 이 월**	**140,000**
	300,000		300,000

① ₩300,000   ② ₩160,000

③ ₩140,000   ④ ₩ 70,000

08. 다음 중 당좌예금출납장에 기록할 거래는 어느 것인가?

① 외상매입금을 소지하고 있던 자기앞 수표로 지급하다.

② 사무용 책상을 구입하고 대금은 나중에 지급하기로 하다.

③ 상품을 매출하고 대금은 동점이 발행한 약속어음으로 받다.

④ 상품을 매출하고 대금은 당점이 발행한 수표로 받다.

09. 다음 거래 중 2월 15일자 회계처리로 올바른 것은?

> 2/10 판매용 책상과 의자를 ₩50,000에 외상으로 구입하였다.
> 2/15 외상구입대금을 수표를 발행하여 지급하다.

① (차) 비   품   50,000   (대) 미 지 급 금   50,000
② (차) 상   품   50,000   (대) 외 상 매 입 금   50,000
③ (차) 미 지 급 금   50,000   (대) 당 좌 예 금   50,000
④ (차) 외 상 매 입 금   50,000   (대) 당 좌 예 금   50,000

10. 다음 거래를 회계처리한 결과에 대한 설명으로 옳은 것은?

> (주)대한상공은 3년 만기 정기예금 ₩1,000,000과 이자 ₩50,000을 현금 수령하여
> 그 중 ₩700,000은 보통예금에 입금하였다.

① 대변에 현금계정 ₩350,000이 기입된다.

② 차변에 보통예금계정 ₩700,000이 기입된다.

③ 차변에 정기예금계정 ₩1,000,000이 기입된다.

④ 대변에 이자비용계정 ₩50,000이 기입된다.

11. 다음은 결산일 현재 금고에 보관된 내용이다. 재무상태표상에 현금 및 현금성자산로 계상 될 금액을 계산하면 얼마인가?

동점발행당좌수표	₩50,000	당 좌 예 금	₩300,000	국고송금통지서	70,000
차 용 증 서	100,000	약 속 어 음	30,000	송 금 환 증 서	40,000
여 행 자 수 표	20,000	주 식	100,000		

① ₩420,000

② ₩480,000

③ ₩510,000

④ ₩580,000

12. 다음 자료에 의해 재무제표에 기입될 현금 및 현금성자산을 계산한 금액으로 옳은 것은?

가. 우편환 :	₩50,000
나. 기일도래공사채이자표 :	₩1,000
다. 현금 :	₩15,000
라. 정기예금(6개월 후 만기) :	₩10,000

① ₩16,000

② ₩65,000

③ ₩66,000

④ ₩75,000

13. 다음 중 현금 및 현금성자산이 <u>아닌</u> 것은?

① 취득 당시의 만기가 1년 이내에 도래하는 정기적금
② 취득 당시의 만기가 3개월 이내에 도래하는 채권
③ 취득 당시 3개월 이내에 만기가 도래하는 금융기관 취급 단기금융상품
④ 환매채(취득당시 3개월 이내의 환매조건)

14. 다음 중 현금 및 현금성자산에 속하지 않는 것은?

① 취득 당시 1년 만기의 정기예금
② 취득 당시 상환일까지의 기간이 3개월 이내인 상환주
③ 해외 바이어에게 수령한 달러현금
④ 취득 당시 만기가 3개월 이내인 양도성예금

03 기타금융자산

  기타금융자산은 기업이 여유자금의 활용 목적으로 보유하는 단기금융상품, 당기손익–공정가치 측정 금융자산, 유동자산으로 분류되는 기타포괄손익–공정가치측정 금융자산, 상각후원가측정 금융자산, 등의 자산을 포함한다. 이들 자산은 현금 및 현금성자산과 함께 기업의 단기 유동성을 파악하는데 중요한 정보이기 때문에 재무상태표에 개별 표시한다.

1. 단기금융상품

  단기금융상품은 금융기관이 취급하는 저축성예금(정기예금·정기적금)과 사용이 제한되어 있는 예금 및 기타 정형화된 금융상품 등으로 단기적 자금운용 목적으로 소유하거나 만기가 보고기간말(결산일)로부터 1년 이내에 도래하는 것을 단기금융상품이라 한다.

> **[단기금융상품의 회계처리]**
>
> 정기예금이나 정기적금은 중요성 원칙에 따라 정기예금계정, 정기적금계정을 사용하기도 하고, 단기금융상품 계정으로 통합하여 처리할 수 있다. 그러나 기타 정형화된 금융상품(CD, CMA, MMF, CP)은 개별계정을 사용 하지 않고 통합계정인 단기금융상품계정으로 처리한다. 그리고 재무상태표에는 기타금융자산으로 표시한다.

(1) 정기예금·정기적금 : 만기가 결산일로부터 1년 이내에 도래하는 것

(2) 사용이 제한되어 있는 예금 : 담보로 제공한 예금, 당좌개설보증금, 감채기금 등

(3) 기타 정형화된 금융상품

  ① 양도성예금증서(CD) : 금융기관이 정기예금에 대하여 발행하는 예금증서로서 할인식 선이 자 형태의 양도가 가능한 예금을 말한다.

  ② 환매조건부채권(RP) : 금융기관이 일정기간 후에 일정한 이자를 가산한 가격으로 다시 매입 할 것을 조건으로 하여 고객에게 채권을 판매하는 형태의 금융상품으로 환매채라고도 한다.

  ③ 어음관리구좌(CMA) : 종합금융회사가 고객의 예탁금을 어음 및 국공채 등에 투자하여 운용 한 후 그 수익을 고객에게 돌려주는 단기저축상품이다. 투자실적에 따라 이익을 받고 수시 입출금이 가능하다.

  ④ 머니마켓펀드(MMF) : 투자신탁회사가 고객의 자금을 모아 펀드를 구성하고 금리가 높은 단기금융상품에 집중투자하여 얻은 수익을 고객에게 돌려주는 금융상품이다. 펀드운용실 적에 따라 이익을 받고 수시 입출금이 가능하다.

⑤ 기업어음(CP) : 신용상태가 양호한 기업이 단기자금조달을 위해 융통어음을 발행하면 증권 회사나 단기금융회사가 인수하여 투자자에게 판매하는 상품이다.

⑥ 표지어음 : 종합금융사가 기업이 발행하는 어음이나 매출채권 또는 무역어음을 매입하였다가 이를 근거로 분할·통합하여 발행하는 어음

2. 당기손익–공정가치측정 금융자산

(1) 회계상 유가증권

금융자산은 현금 및 현금성자산, 매출채권 및 기타채권(대여금, 미수금), 기타금융자산으로 구분한다. 기타금융자산은 유가증권과 금융기관이 취급하는 금융상품을 말한다. 기타금융자산에 해당하는 유가증권이라 함은 지분증권(주식)과 채무증권(국채, 사채, 공채)을 말하며 소유목적과 기간에 따라서 당기손익–공정가치측정 금융자산, 기타포괄손익–공정가치측정 금융자산, 상각후원가측정 금융자산, 으로 구분된다.

당기손익금융자산	당기손익차익목적으로 매수와 매도가 적극적이고, 빈번하게 이루어지는 지분증권(주식)과 채무증권(국채, 사채, 공채)
기타포괄손익금융자산	당기손익금융자산이나 상각후원가금융자산으로 분류되지 아니하는 유가증권
상각후원가금융자산	채무증권을 만기까지 보유할 적극적인 의도와 능력이 있는 경우

■ 한국채택국제회계기준(K-IFRS) 제1109호 '금융상품'에서는 종전의 계정을 다음과 같이 표시한다. 【2018.01.01.부터적용】

No.	개정 전	개정 후	실제 사용하는 계정과목
①	단 기 매 매 금 융 자 산	당기손익–공정가치측정 금융자산	당기손익 금융자산
②	매 도 가 능 금 융 자 산	기타포괄손익–공정가치측정 금융자산	기타포괄손익 금융자산
③	만 기 보 유 금 융 자 산	상각후원가측정 금융자산	상각후원가 금융자산

(2) 당기손익–공정가치측정 금융자산의 뜻

여유있는 영업자금을 일시적으로 활용할 목적으로 시장성 있는 국채, 사채, 공채 주식 등을 매입하거나 처분할 경우 처리하는 자산 계정이다.

(3) 당기손익–공정가치측정 금융자산의 취득과 처분

구 분	차 변		대 변	
구 입 시	당 기 손 익 금 융 자 산	50,000	미 지 급 금	50,000
	수 수 료 비 용	1,000	현 금	1,000
처분시(처분금액>장부금액)	미 수 금	60,000	당 기 손 익 금 융 자 산	50,000
			당기손익금융자산처분이익	10,000
처분시(처분금액<장부금액)	미 수 금	40,000	당 기 손 익 금 융 자 산	50,000
	당기손익금융자산처분손실	10,000		

구입시 제비용(매입수수료, 증권거래세 등)이 있으면 수수료비용으로 하고 처분시 제비용은 처분가액에서 직접 차감하여 기록한다.

(4) 당기손익-공정가치측정 금융자산의 평가

기말 결산시 당기손익-공정가치측정 금융자산을 공정가치(시가)로 가중평균법(이동평균법)에 의하여 평가한다.

구 분	차 변		대 변	
증가시(장부금액<공정가치)	당 기 손 익 금 융 자 산	×××	당기손익금융자산평가이익	×××
감소시(장부금액>공정가치)	당기손익금융자산평가손실	×××	당 기 손 익 금 융 자 산	×××

(5) 당기손익-공정가치측정 금융자산 이자와 배당금 수입

채무증권(국채, 사채, 공채)을 보유하면 사전에 약정된 이자를 받고 지분증권(주식)을 보유하면 현금 배당을 받게 된다.

구 분	차 변		대 변	
이자를 받으면	현　　　　　금	×××	이　 자　 수　 익	×××
배당금을 받으면	현　　　　　금	×××	배　 당　 금　 수　 익	×××

[용어해설]

국제회계기준(K-IFRS)	일반 기업회계기준
당기손익-공정가치측정 금융자산	단기매매증권
기타포괄손익-공정가치측정 금융자산	매도가능증권
상각후원가측정 금융자산	만기보유증권

금융자산의 분류

- **현금 및 현금성자산** — 현금, 당좌예금, 보통예금, 현금성자산

- **매출채권 및 기타채권**
  - 매출채권 : 외상매출금, 받을어음
  - 기타채권 : 대여금, 미수금

- **기타금융자산**
  - 단기금융상품 : 정기예금, 정기적금, 기타 정형화된 금융상품
  - 당기손익금융자산
  - 기타포괄손익금융자산
  - 상각후원가금융자산

멘토노트
- 당기손익금융자산 : 국, 사, 공, 주
- 선급금과 선급비용은 재화나 용역을 수취할 자산이므로 금융자산이 아니다.

01. 다음거래를 분개하시오.

(1) 한강 상사는 영업 자금에 여유가 있어 단기 자금 운용을 목적으로 현금 ₩5,000,000을 기업은행에 정기예금하다. (기간 6개월)

(2) 대한상사는 신한은행에 정기예금해 두었던 ₩5,000,000이 만기(예금기간 6개월)가 되어 이자 ₩200,000과 함께 인출하여 당좌예입하다.

NO	차변과목	금 액	대변과목	금 액
(1)				
(2)				

02. 다음 중 회계상 유가증권인 것은 (○) 아닌 것은 (×) 하시오.

(1) (　　) 국채　　　　　　　　(2) (　　) 공채증서

(3) (　　) 수표　　　　　　　　(4) (　　) 공채

(5) (　　) 국·공채　　　　　　 (6) (　　) 어음

(7) (　　) 주식　　　　　　　　(8) (　　) 사채

03. 다음 거래를 분개하시오.

(1) 일산상사가 발행한 주식을 ₩500,000에 구입하고, 대금은 현금으로 지급하다.

(2) 장부금액 ₩500,000의 주식을 580,000에 처분하고 현금으로 받다.

(3) 장부금액 ₩70,000의 주식을 60,000에 처분하고 대금은 월말에 받기로 하다.

NO	차변과목	금 액	대변과목	금 액
(1)				
(2)				
(3)				

04. 다음 거래를 분개하시오.

(1) 기말 결산시 보유중인 주식을 ₩100,000에 평가하다. (장부금액 ₩80,000)

(2) 기말 결산시 보유중인 주식을 ₩50,000에 평가하다. (장부금액 ₩150,000)

NO	차변과목	금 액	대변과목	금 액
(1)				
(2)				

05. 다음 거래를 분개하시오.

(1) 보유중인 사채에 대한 이자 ₩30,000을 현금으로 받다.

(2) 보유중인 주식에 대하여 현금 ₩75,000을 배당금으로 받다.

NO	차변과목	금 액	대변과목	금 액
(1)				
(2)				

06. 다음 연속된 거래를 분개 하고 아래 계정에 기입 마감 하시오.

(1) 201×년 3월 2일 울산상사의 주식 500주(액면₩5,000)를 @₩6,500에 구입하고 현금 지급하다.

(2) 201×년 5월 2일 위 주식 중 300주를 1주당 @₩6,000에 처분하고 현금으로 받다.

(3) 201×년 12월 31일 결산일에 위 나머지 주식 200주를 1주당 @₩6,200으로 평가하다.

월일	차변과목	금 액	대변과목	금 액
3/2				
5/2				
12/31				

당기손익금융자산

당기손익금융자산처분손실

당기손익금융자산평가손실

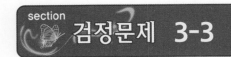

01. 다음 중 금융기관이 취급하는 정형화된 상품 중에서 단기적 자금운용 목적으로 사용하거나 만기가 1년 이내에 도래하는 정기예금 등을 처리하는 계정과목은?

① 현금성자산　　　　　　　　② 장기금융상품

③ 당좌예금　　　　　　　　　　④ 단기금융상품

02. 다음 거래가 결산 후 재무상태표에 표시될 과목으로 옳은 것은?

> 9월 1일 대한은행에 1년 만기 정기예금으로 10,000,000원을 예입하다.(단 결산일은 12/31)

① 재고자산　　　　　　　　　　② 현금 및 현금성자산

③ 매출채권 및 기타채권　　　　④ 기타금융자산

03. 다음은 (주)상공의 원장내역이다. 이 원장 거래 기록에 대한 해석으로 옳지 않은 것은?

현　　금			단기금융상품		
제　　좌　103,000				현　　금　100,000	

이 자 수 익		
	현　　금　3,000	

① 정기적금(6개월 만기)이 만기가 되어 원금 ₩100,000과 이자 ₩3,000을 현금으로 받다.

② 소지하고 있던 기업어음(5개월 만기)이 만기가 되어 금융회사에 제시하고 원금 ₩100,000과 이자 ₩3,000을 현금으로 받다.

③ 소지하고 있던 사채(장부금액 ₩100,000)(3년 만기)가 만기가 되어 이자 ₩3,000과 함께 현금으로 받다.

④ 대한은행으로부터 구입한 양도성예금증서(7개월 만기)가 만기가 되어 원금 ₩100,000과 이자 ₩3,000을 현금으로 받다.

04. 다음 거래를 분개할 때, 차변 계정과목이 현금및현금성자산에 해당하지 않는 거래는?

① 현금 ₩100,000을 보통예금에 예입하다.

② 외상매출금 ₩500,000을 동점 발행 수표로 받다.

③ 상품 ₩300,000을 매출하고 대금은 당좌예금에 입금되다.

④ 기업어음(만기 1년) ₩1,000,000을 취득하고 금융회사에 수표를 발행하여 입금하다.

05. 다음 중 회계상 유가증권으로 분류될 수 없는 것은?

① 주식　　　　　② 사채　　　　　③ 국·공채　　　　　④ 어음

06. 다음 중 당기손익—공정가치측정 금융자산계정에 속하지 않은 것은?

① 수표　　　　② 공채　　　　③ 사채　　　　④ 주식

07. 대한상사는 단기적 자금 운용을 목적으로 A사 상장 주식을 다음과 같이 취득하였다. 이 경우 당기손익—공정가치측정 금융자산의 취득원가는 얼마인가?

> 가. A사 주식 100주를 주당 ₩6,000에 취득
> 나. A사 주식의 주당 액면금액 ₩5,000
> 다. 취득 시 매매수수료 ₩6,000 지급

① ₩500,000　　　　　　　　② ₩506,000
③ ₩600,000　　　　　　　　④ ₩606,000

08. (주)상공기업은 단기시세차익을 목적으로 1주 액면 ₩5,000의 주식 1,000주를 ₩6,000에 취득하고 수수료 ₩30,000과 함께 현금으로 지급하였다. 주식의 취득원가는 얼마인가?

① ₩5,000,000　　　　　　　② ₩6,000,000
③ ₩5,030,000　　　　　　　④ ₩6,030,000

09. 단기 매매차익 목적으로 (주)인천의 주식을 1주당 ₩12,000(액면 @₩5,000)에 500주를 매입하고 매입수수료 ₩50,000과 함께 수표를 발행하여 지급하다. 옳은 분개는?

①	(차) 당기손익금융자산	6,000,000	(대) 당 좌 예 금	6,050,000
	수 수 료 비 용	50,000		
②	(차) 당기손익금융자산	6,050,000	(대) 당 좌 예 금	6,050,000
③	(차) 당기손익금융자산	2,550,000	(대) 당 좌 예 금	2,550,000
④	(차) 당기손익금융자산	2,500,000	(대) 당 좌 예 금	2,550,000
	수 수 료 비 용	50,000		

10. (주)상공은 20×1년 중에 당기손익차익 목적으로 A회사 주식을 ₩550,000에 취득하였고, 20×1년 말 현재 A회사 주식의 공정가치는 ₩520,000이다. (주)상공은 20×2년 3월 1일에 A회사주식 전부를 ₩580,000에 매각하였다. (주)상공이 20×2년 3월 1일에 인식해야할 A회사주식에 대한 당기손익금융자산처분이익은 얼마인가?

① ₩30,000　　　　　　　　② ₩40,000
③ ₩50,000　　　　　　　　④ ₩60,000

11. (주)상공은 아래와 같이 (주)대한상사의 주식을 매입하고 순차적으로 매각하였다. (주)상공의 당기순손익에 미치는 영향으로 옳은 것은?

가. 주식 20주를 주당 ₩3,000에 매입	나. 주식 5주를 주당 ₩3,000에 매각
다. 주식 10주를 주당 ₩2,000에 매각	라. 주식 5주를 주당 ₩4,000에 매각

① 순손실 ₩5,000 　　　　　② 순이익 ₩5,000

③ 순이익 ₩20,000 　　　　　④ 순손실 ₩20,000

12. "(주)대한상사는 결산시에 소유하고 있던 국채 액면 ₩1,000,000(매입원가 ₩950,000)을 공정가치 ₩940,000으로 평가하였다." 옳은 분개는?

① (차) 당기손익금융자산평가손실　60,000　　(대) 당기손익금융자산　60,000
② (차) 당기손익금융자산평가손실　50,000　　(대) 당기손익금융자산　50,000
③ (차) 당기손익금융자산평가손실　10,000　　(대) 당기손익금융자산　10,000
④ (차) 당기손익금융자산　10,000　　(대) 당기손익금융자산평가이익　10,000

13. (주)한국은 주주총회 결의에 따라 5%의 현금배당금을 지급하였다. (주)한국의 주식(200주, 취득가액 @₩6,000, 액면가액 @₩5,000)을 보유중인 (주)건국의 배당금 수취와 관련된 회계처리이다. 다음 중 옳은 것은?

① (차) 현　　　금　60,000　　(대) 이 자 수 익　60,000
② (차) 현　　　금　60,000　　(대) 배 당 금 수 익　60,000
③ (차) 현　　　금　50,000　　(대) 이 자 수 익　50,000
④ (차) 현　　　금　50,000　　(대) 배 당 금 수 익　50,000

14. 시장성이 있는 당기손익금융자산의 설명으로 옳지 <u>않은</u> 것은? 단, 당기손익금융자산은 20×1년 중에 취득했다.

종목	취득원가	20×1년 말 공정가액	20×2년 말 공정가액
(주)상공	₩2,000,000	₩2,500,000	₩2,200,000

① 20×1년 말 당기손익금융자산평가이익은 ₩500,000이다.
② 20×2년 말 당기손익금융자산평가손실은 ₩300,000이다.
③ 20×1년 말 재무상태표에 반영될 당기손익금융자산의 가액은 ₩2,000,000이다.
④ 20×2년 말 재무상태표에 반영될 당기손익금융자산의 가액은 ₩2,200,000이다.

15. (주)상공은 단기시세 차익을 목적으로 시장성이 있는 (주)대한이 발행한 주식을 ₩2,000,000(100주, 1주당 ₩20,000)에 구입 하였던 바, 결산시 주식의 공정가치가 ₩2,500,000(100주, 1주당 ₩25,000)이 되었다. 이에 대한 결산시 분개로 옳은 것은?

① (차) 당 기 손 익 금 융 자 산   500,000   (대) 당기손익금융자산평가이익   500,000
② (차) 당 기 손 익 금 융 자 산   500,000   (대) 당기손익금융자산처분이익   500,000
③ (차) 기타포괄손익금융자산   500,000   (대) 기타포괄손익금융자산평가이익   500,000
④ (차) 기타포괄손익금융자산   500,000   (대) 기타포괄손익금융자산처분이익   500,000

16. 다음은 상공상사의 상장주식 매입 관련 자료이다. 결산 시 포괄손익계산서에 표시될 기타수익의 금액으로 옳은 것은? 단, 제시된 자료만 고려한다.

> 가. 매입목적 : 당기손익시세차익(매입·매도가 적극적이고 빈번하게 이루어진다.)
> 나. 매   입 : 10/1 A사 100주 매입단가 @₩5,000 (액면가 @₩2,000)
>   취득 시 수수료 ₩10,000이 발생되어 현금으로 지급하다.
> 다. 매   도 : 12/1 A사 100주 매도단가 @₩7,000 (액면가 @₩2,000)
>   매도 시 수수료 ₩15,000이 차감되어 당좌예입하다.

① ₩185,000   ② ₩190,000
③ ₩195,000   ④ ₩200,000

17. 다음 자료에서 금융자산의 합계액을 계산하면 얼마인가?

> • 선급금   ₩3,000   • 매출채권   ₩20,000
> • 선급비용   ₩1,000   • 당기손익금융자산   ₩4,000
> • 현금 및 현금성자산 ₩10,000

① ₩14,000   ② ₩23,000
③ ₩34,000   ④ ₩38,000

MEMO

제4장

재고자산

01 상품매매에 관한 회계처리

02 상품계정의 분할(3분법)

03 상품에 관한 보조장부

01 상품매매에 관한 회계처리

1. 재고자산의 뜻

재고자산이란 기업의 정상적인 영업활동과정에서 판매목적(상품, 제품)으로 소유하고 있거나, 판매할 제품의 생산을 위하여 소유하고 있는 저장품(소모품), 원재료와 생산중에 있는 재공품 등을 말한다. 또한 재고자산의 수익인식(매출)시점은 상품 또는 제품을 인도한날 인식하게 되어있다.

2. 순수계정처리법(분기법)

상품매출시 원가와 이익(손실)을 구분하여 기록한다.

구 분	차 변		대 변	
상품 매입시	상 품	10,000	외 상 매 입 금	10,000
상품 매출시	외 상 매 출 금	12,000	상 품	10,000
			상 품 매 출 이 익	2,000

상품(자산)

전 기 이 월 (기 초 잔 액)	매 출 액 (원 가)
매 입 액	**차 기 이 월** (기 말 잔 액)

상품매출이익(수익)

	상 품 매 출 이 익

[용어해설]

• **인수운임** : 상품 매입시 지급한 운임으로 상품의 원가에 가산한다.
• **발송운임** : 상품 매출시 지급한 운임으로 운반비 계정으로 처리한다.

3. 혼합계정처리법(총기법)

상품매출시 원가와 이익(손실)을 묶어서 판매가격으로 기록한다. 상품계정 마감시 정리분개법은 상품매출이익 또는 상품매출손실로 마감하고 직접법은 손익으로 마감한다.

구 분	차 변		대 변	
상품 매입시	상 품	10,000	외 상 매 입 금	10,000
상품 매출시	외 상 매 출 금	12,000	상 품	12,000

상품		상품매출이익
기 초 상 품 재 고 액	총 매 출 액	
총매입액(매입제비용) 매 출 환 입 매 출 에 누 리 매 출 할 인	매 입 환 출 매 입 에 누 리 매 입 할 인	상 품
상 품 매 출 이 익	기 말 상 품 재 고 액	

4. 상품계정의 조정항목

(1) 환   출 : 매입했던 상품 중 파손이나 견본상이품 등을 돌려보낸 것

(2) 매입에누리 : 매입했던 상품 중 파손이나 불량 및 견본상이품 등에 대해 값을 깎은 것

(3) 매 입 할 인 : 외상대금의 약정기일 이전에 지급으로 할인받은 금액

(4) 환   입 : 매출했던 상품 중 파손이나 견본상이품 등이 되돌아 온 것

(5) 매출에누리 : 매출했던 상품 중 파손이나 불량 및 견본상이품 등에 대해 값을 깎아 준 것

(6) 매 출 할 인 : 외상대금의 약정기일 이전에 회수함으로써 할인해 준 금액

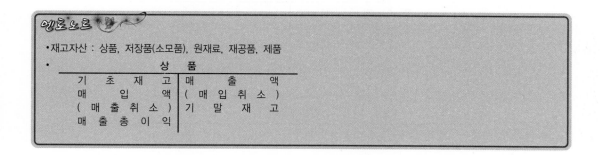

멘토노트
• 재고자산 : 상품, 저장품(소모품), 원재료, 재공품, 제품
•

상 품	
기 초 재 고 매 입 액 (매 출 취 소) 매 출 총 이 익	매 출 액 (매 입 취 소) 기 말 재 고

01. 다음 중 재고자산인 것은 (○) 하고 <u>아닌</u> 것은 (×) 하시오.

(1) (　　) 상품　　　　　　　　　(2) (　　) 제품

(3) (　　) 원재료　　　　　　　　(4) (　　) 비품

(5) (　　) 저장품　　　　　　　　(6) (　　) 건물

(7) (　　) 재공품　　　　　　　　(8) (　　) 반제품

02. 재고자산의 수익인식(매출)시점은 상품 또는 제품을 (　　　　　)한날 인식하게 되어있다.

03. 다음 거래를 분기법으로 분개하여 계정에 기입한후 마감하시오.(단, 기초 상품은 ₩15,000이다.)

4월 6일 상품₩150,000을 외상으로 매입하고 인수운임 ₩10,000을 현금으로 지급하다.

　　10일 상품 ₩70,000(원가₩50,000)을 외상으로 매출하다

　　30일 상품매출이익을 손익계정에 대체하다. (단, 기말상품재고액은 각자계산)

월일	차변과목	금 액	대변과목	금 액
4/6				
10				
30				

상　　품

4/1 전 월 이 월	15,000	

상품매출이익

04. 다음 거래를 총기법으로 분개하여 계정에 기입한후 정리분개법으로 마감하시오. (단, 월초 상품은 ₩15,000이다.)

4월 6일 상품 ₩150,000을 외상으로 매입하고 인수운임 ₩10,000을 현금으로 지급하다.

　　10일 상품 ₩70,000을 외상으로 매출하고 발송운임 ₩5,000을 현금으로 지급하다.

　　30일 월말상품재고액은 ₩125,000이다.

월일	차변과목	금 액	대변과목	금 액
4/6				
10				
30				

상　　품

4/1 전 월 이 월　15,000		

상품매출이익

01. 다음 중 재고자산에 해당되지 않는 것은?

① 비품　　　　　　　　　　　② 상품

③ 제품　　　　　　　　　　　④ 재공품

02. 다음 자료에서 재고자산을 구하시오.

제품	₩5,000,000	재공품	₩2,500,000
매출채권	₩1,000,000	원재료	₩1,200,000

① ₩7,500,000　　　　　　　　② ₩6,200,000

③ ₩9,700,000　　　　　　　　④ ₩8,700,000

03. 다음 중 재고자산에 포함될 수 없는 것은?

① 제품생산에 투입되기 위하여 보관중인 원재료

② 건설회사가 분양목적으로 공사 중인 아파트

③ 생산이 완료되어 창고에 보관 중인 제품

④ 공장신축을 위하여 보유중인 공장부지

04. 다음은 재고자산에 대한 설명이다. 옳지 않은 것은?

① 정상적인 영업활동에서 판매를 목적으로 소유하는 자산이다.

② 영업용으로 사용중인 컴퓨터 등은 재고자산이다.

③ 부동산매매업에서 판매를 목적으로 소유하는 토지, 건물 등은 재고자산이다.

④ 상품, 저장품 등은 재고자산이다.

05. 판매한 상품이 주문한 상품과 품질상의 차이가 있어 값을 깎아주었을 경우 관련 있는 항목은?

① 매출환입　　　　　　　　　② 매출할인

③ 매출에누리　　　　　　　　④ 매입에누리

06. 상품 원가 ₩100,000을 ₩120,000에 외상으로 매출하였다. 이 거래에서 발생하지 않는 거래요소는? (분기법으로 처리)

① 자산의 증가　　　　　　　② 부채의 증가

③ 수익의 발생　　　　　　　④ 자산의 감소

07. 다음 중 상품의 매출수익이 실현되는 시점을 바르게 나타낸 것은?

① 상품을 판매하여 인도하는 시점

② 상품을 판매하기로 하고 계약금을 받은 시점

③ 상품의 견본품을 발송한 시점

④ 상품을 판매하기로 계약을 체결한 시점

08. 다음 중 매출로 인식하는 거래는?

① 외상매출금 ₩10,000을 현금으로 회수하다.

② 다음 달에 상품을 인도하기로 하고 현금 ₩12,000을 미리 받다.

③ 상품 ₩30,000을 외상으로 매출하다.

④ 다음 달에 상품을 인수하기로 하고, 현금 ₩15,000을 미리 지급하다.

09. 거래처로부터 2월에 상품 100개를 매입하겠다는 주문을 받고, 3월에 이 상품을 거래처에 발송하였다. 그리고 대금 ₩200,000(100개 @₩2,000)은 거래처로부터 4월에 현금으로 받았다면 이 거래에 대한 수익은 어느 시점에 인식하는 것이 가장 타당한가?

① 2월

② 3월

③ 4월

④ 결산시

10. 주어진 자료에서 기초상품재고액을 계산하면?

당 기 매 출 액	3,800,000원	당 기 매 입 액	3,000,000원
기 말 상 품 재 고 액	1,000,000원	매 출 총 이 익	500,000원

① 1,000,000원

② 1,100,000원

③ 1,300,000원

④ 1,500,000원

11. 대륙상사의 다음 자료에 의해 총매출액을 계산하면 얼마인가?

기 초 상 품 재 고 액	₩250,000	당 기 총 매 입 액	₩7,450,000
매 입 환 출 액	300,000	매 입 부 대 비 용	250,000
기 말 상 품 재 고 액	430,000	매 출 총 이 익	2,380,000
매 출 에 누 리	180,000	매 출 환 입 액	340,000

① ₩10,120,000

② ₩10,270,000

③ ₩9,940,000

④ ₩9,600,000

12. 다음 자료로 매출총이익을 계산한 금액으로 옳은 것은?

가. 당기 상품 순매출액	₩200,000	나. 기초상품재고액	₩20,000
다. 당기 상품 순매입액	₩150,000	라. 기말상품재고액	₩30,000

① ₩20,000

② ₩30,000

③ ₩50,000

④ ₩60,000

13. 당기순매입액이 ₩300,000 기말상품재고액이 ₩50,000 기초상품재고액은 없고, 매출총이익이 ₩60,000일 경우 당기매출액은 얼마인가?

① ₩250,000

② ₩290,000

③ ₩310,000

④ ₩410,000

02 상품계정의 분할(3분법)

1. 3분법에 의한 분개

상품계정을 이월상품, 매입, 매출 계정으로 분할하는 것을 3분법이라 한다.

(1) 상품 매입시

구 분	차 변		대 변	
상품매입시	매 입	×××	외 상 매 입 금	×××
매입환출 및 매입에누리시	외 상 매 입 금	×××	매 입	×××
매입할인시	외 상 매 입 금	×××	매 입	×××
			현 금	×××

(2) 상품 매출시

구 분	차 변		대 변	
상품매출시	외 상 매 출 금	×××	매 출	×××
매출환입 및 매출에누리시	매 출	×××	외 상 매 출 금	×××
매출할인시	매 출	×××	외 상 매 출 금	×××
	현 금	×××		

(3) 상품운임

구 분	차 변		대 변	
상품매입시(인수운임)	매 입	×××	현 금	×××
상품매출시(발송운임)	운 반 비	×××	현 금	×××

※운임을 대신 지급시는 외상에서 조정합니다.

2. 3분법계정

상품계정의 분할 방법 중 가장 많이 사용하는 것이 3분법으로 상품계정을 이월상품, 매입, 매출의 3계정으로 구분하는 방법이다.

이월상품(자산)	
전 기 이 월 (기 초 잔 액)	
	차 기 이 월 (기 말 잔 액)

매입(비용)	
총 매 입 액 (매 입 제 비 용)	매 입 환 출 매 입 에 누 리 매 입 할 인
	순 매 입 액

매출(수익)	
매 입 환 입 매 입 에 누 리 매 입 할 인	총 매 출 액
순 매 출 액	

손익(집합계정)	

(1) 총액법대체분개

매출총이익을 손익계정에서 계산한다.

구 분	차 변		대 변	
기초상품 재고액	매 입	×××	이 월 상 품	×××
기말상품 재고액	이 월 상 품	×××	매 입	×××
매출원가	손 익	×××	매 입	×××
순매출액	매 출	×××	손 익	×××

(2) 순액법대체분개

매출총이익을 매출계정에서 계산한다.

구 분	차 변		대 변	
기초상품 재고액	매 입	×××	이 월 상 품	×××
기말상품 재고액	이 월 상 품	×××	매 입	×××
매출원가	매 출	×××	매 입	×××
매출총이익	매 출	×××	손 익	×××

3. 상품공식

(1) 총매입액(매입제비용) − (매입환출 +매입에누리 + 매입할인) = 순매입액

(2) 총매출액 − (매출환입 + 매출에누리 + 매출할인) = 순매출액

(3) 기초상품재고액 + 순매입액 − 기말상품재고액 = 매출원가

(4) 순매출액 − 매출원가 = 매출총이익(−는 매출총손실)

[용어해설]
• 판매가능액 = 기초상품재고액 + 순매입액 또는 기말상품재고액 + 매출원가

4. 매입할인과 매출할인

매입할인이란 매입자가 외상매입금을 일정기간 이내에 지급할 경우 감액 받은 것을 말한다.
매출할인이란 매출자가 외상매출금을 일정기간 이내에 회수할 경우 감액해 주는 것을 말한다.

구 분	차 변		대 변	
외상매입금을 약정기일 전에 지급시	외 상 매 입 금	×××	매 입 당 좌 예 금	××× ×××
외상매출금을 약정기일 전에 회수시	매 출 당 좌 예 금	××× ×××	외 상 매 출 금	×××

[용어해설]
• 거래조건 : 2/10, n/30 이란 외상대금을 10일 이내에 현금으로 결제하면 2%를 할인하고, 할인기간이 경과
하면 할인혜택이 없으며 30일은 대금 결제기한을 의미한다. 2/10, E.O.M은 당월 매입대금을 당월 말 시점
(end-of-month)부터 10일 이내에 현금결제하면 2%를 할인한다는 의미이다.

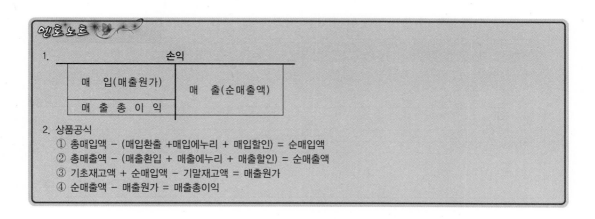

엔로노트

1.
	손익	
매 입(매출원가)	매 출(순매출액)	
매 출 총 이 익		

2. 상품공식
① 총매입액 − (매입환출 +매입에누리 + 매입할인) = 순매입액
② 총매출액 − (매출환입 + 매출에누리 + 매출할인) = 순매출액
③ 기초재고액 + 순매입액 − 기말재고액 = 매출원가
④ 순매출액 − 매출원가 = 매출총이익

01. 다음 거래를 분개하시오.(단, 상품계정은 3분법)

(1) 상품 ₩200,000을 외상으로 매입하고, 인수운임 ₩10,000은 현금으로 지급하다.

(2) 위 상품 중 불량품이 있어 ₩10,000을 반품시키다.

(3) 위 상품 중 견본과 틀린 상품이 있어 ₩10,000을 에누리해 받다.

(4) 매입처에 대한 외상매입금 ₩200,000을 약정한 기일보다 미리 지급하게 되어 10%을 할인 받고, 잔액은 소지하고 있던 자기앞수표로 지급하다.

NO	차변과목	금 액	대변과목	금 액
(1)				
(2)				
(3)				
(4)				

02. 다음 거래를 분개하시오.(단, 상품계정은 3분법)

(1) 상품 ₩300,000을 외상으로 매출하고, 발송운임 ₩20,000은 현금으로 지급하다.

(2) 위 상품 중 불량품이 있어 ₩20,000을 반품되어오다.

(3) 위 상품 중 견본과 틀린 상품이 있어 ₩30,000을 에누리해 주다.

(4) 매출처에 대한 외상매출금 ₩300,000을 약정한 기일보다 미리 회수하게 되어 10%를 할인 해 주고 잔액은 동점이 발행한 수표로 받다.

NO	차변과목	금 액	대변과목	금 액
(1)				
(2)				
(3)				
(4)				

03. 다음 상품에 관한 자료로 총액법에 의하여 마감하시오.(손익계정은 제외)

(1) 기초상품재고액	₩80,000	(2) 총매입액	₩470,000
(3) 매입에누리	₩12,500	(4) 환입액	₩45,000
(5) 매출에누리액	₩40,000	(6) 총매출액	₩730,000
(7) 환출액	₩17,500	(8) 기말상품재고액	₩105,000

※ 모든 거래는 외상거래임

이월상품

매 입

매 출

손 익

[대 체 분 개]

NO	차변과목	금 액	대변과목	금 액
(1)				
(2)				
(3)				
(4)				

04. 다음 혼합상품계정을 자료로 순액법에 의하여 마감·분개하시오.

상 품

전 기 이 월	150,000	외 상 매 출 금	670,000
현 금	280,000	외 상 매 입 금	10,000
외 상 매 입 금	400,000	현 금	300,000
외 상 매 출 금	20,000	**차 기 이 월**	**80,000**

이월상품

매 입

매 출

손 익

[대 체 분 개]

NO	차변과목	금 액	대변과목	금 액
(1)				
(2)				
(3)				
(4)				

05. 다음거래를 분개하시오.(단, 상품계정은 3분법)

(1) 상품 ₩30,000을 외상매입하고 인수운임 ₩2,000은 현금으로 지급하다.

(2) 상품 ₩30,000을 외상매입하고 동점부담의 운임 ₩2,000을 당점이 현금으로 대신 지급하다.

(3) 상품 ₩30,000을 외상매입하고 당점부담의 운임 ₩2,000을 동점이 대신 지급하다.

(4) 상품 ₩50,000을 외상매출하고 발송운임 ₩3,000은 현금으로 지급하다.

(5) 상품 ₩50,000을 외상매출하고 동점부담의 운임 ₩3,000을 당점이 현금으로 대신 지급하다.

(6) 상품 ₩50,000을 외상매출하고 당점부담의 운임 ₩3,000을 동점이 대신 지급하다.

NO	차변과목	금 액	대변과목	금 액
(1)				
(2)				
(3)				
(4)				
(5)				
(6)				

06. 다음 ( )속에 알맞은 금액을 기입하시오.

상 점	기초상품	총매입액	매입에누리 및 환출	순매입액	총매출액	매출에누리 및 환입	순매출액	기말상품	매출원가	매출총이익
한라상점	80,000	200,000	20,000	(①)	310,000	15,000	(②)	45,000	(③)	(④)
태백상점	35,000	(⑤)	25,000	120,000	(⑥)	35,000	210,000	(⑦)	140,000	(⑧)
백두상점	(⑨)	350,000	(⑩)	325,000	410,000	(⑪)	(⑫)	40,000	350,000	20,000

01. 상품계정의 분할에서 3분법이란 상품계정 하나를 3개의 계정으로 나누어서 사용하는 것인데 다음 중 3분법 계정과목이 <u>아닌</u> 것은?

① 이월상품   ② 상품매출이익

③ 매　입   ④ 매　출

02. 상품계정과 관련하여 매입계정은 계정과목의 성격상 무엇으로 분류되는가?

① 자산   ② 부채

③ 수익   ④ 비용

03. 다음 거래를 분개할 때 차변 계정과목과 금액으로 옳은 것은? 단, 상품에 관한 거래는 3분법에 의한다.

> 상공가구는 거래처로부터 판매용 의자 100개 @₩2,000을 외상으로 매입하고 인수운임 ₩10,000 은 현금으로 지급하였다.

① 매입 ₩210,000   ② 상품 ₩200,000

③ 운반비 ₩10,000   ④ 외상매입금 ₩200,000

04. (주)경남은 2014년 8월 1일에 상품 ₩50,000을 매입하고 대금은 2개월 후에 지급하기로 하였다. 상품매입과정에서 운임 ₩2,000은 현금으로 지급하였다. 3분법에 의할 경우 (주)경남의 회계처리로 옳은 것은?

① (차) 상　　품　　52,000   (대) 외 상 매 입 금　　52,000

② (차) 상　　품　　50,000   (대) 외 상 매 입 금　　50,000

③ (차) 매　　입　　50,000   (대) 미 지 급 금　　50,000

　　　 운　　임　　 2,000   현　　　金　　 2,000

④ (차) 매　　입　　52,000   (대) 외 상 매 입 금　　50,000

　　　　　　　　　　　　　　　 현　　　金　　 2,000

05. 상품 매입시에 발생하는 운임을 매입자가 부담하는 경우, 운임에 대한 매입자의 회계처리로 옳은 것은?

① 운반비로 처리한다.

② 매출액에서 차감한다.

③ 상품의 매입 원가에 포함한다.

④ 외상매입금에서 차감한다.

06. 다음 계정에 대한 설명으로 바른 것은?

외상매입금		
	매 입	80,000

① 외상매입한 상품 80,000원을 상품으로 다시 갚다.
② 상품 80,000원을 외상으로 매출하다.
③ 외상매입한 상품 80,000원을 매출하다.
④ 상품 80,000원을 외상으로 매입하다.

07. 상공상회에서 외상으로 매입하였던 갑상품에 파손품이 있어 ₩1,500을 반품하였을 경우의 옳은 분개는? (단, 상품은 3분법으로 처리하였음)

① (차) 외 상 매 입 금　1,500　　(대) 매　　　　　입　1,500
② (차) 매　　　　　입　1,500　　(대) 외 상 매 입 금　1,500
③ (차) 매　　　　　입　1,500　　(대) 매 입 환 출　1,500
④ (차) 매 입 환 출　1,500　　(대) 외 상 매 입 금　1,500

08. 다음 거래의 분개가 옳은 것은? (단. 3분법에 의함)

> 상공상점으로부터 외상매입한 상품₩500,000을 반품하다. 그리고 동점부담의 운반비 ₩10,000을 현금으로 대신 지급하다.

① (차) 외 상 매 입 금　500,000　　(대) 매　　　　　입　500,000
② (차) 외 상 매 입 금　510,000　　(대) 매　　　　　입　510,000
③ (차) 외 상 매 입 금　510,000　　(대) 매　　　　　입　500,000
　　　　　　　　　　　　　　　　　　　　　　현　　　　　금　 10,000
④ (차) 외 상 매 입 금　500,000　　(대) 매 입 할 인　490,000
　　　　　　　　　　　　　　　　　　　　　　현　　　　　금　 10,000

09. 다음 계정의 ㉠을 추정한 거래내용으로 알맞은 것은?

매		입	
외 상 매 입 금	100,000	㉠ 외상매입금	50,000
현　　　　금	200,000		

① 환출액은 ₩50,000이다.　　　② 환입액은 ₩50,000이다.
③ 외상대금 지급액은 ₩50,000이다.　　　④ 외상대금 잔액은 ₩50,000이다.

10. 다음은 (주)상공의 상품매매와 관련된 거래이다. 이를 분개한 것으로 옳은 것은? 단, 상품매매는 3분법에 의한다.

수원상회에 상품 ₩70,000을 외상으로 매출하고 당점 부담 운임 ₩3,000을 현금으로 지급하다.

① (차) 외 상 매 출 금   73,000   (대) 매   출   70,000
                                                현   금   3,000

② (차) 외 상 매 출 금   70,000   (대) 매   출   73,000
       운   반   비   3,000

③ (차) 외 상 매 출 금   73,000   (대) 매   출   73,000

④ (차) 외 상 매 출 금   70,000   (대) 매   출   70,000
       운   반   비   3,000   현   금   3,000

11. 상공상회에 외상으로 매출하였던 갑상품에 등급착오가 있어 ₩10,000을 에누리해 주었을 경우의 옳은 분개는? (단, 상품은 3분법으로 처리하였음)

① (차) 매   출   10,000   (대) 외 상 매 출 금   10,000
② (차) 외 상 매 출 금   10,000   (대) 매   출   10,000
③ (차) 외 상 매 출 금   10,000   (대) 매 출 할 인   10,000
④ (차) 외 상 매 출 금   10,000   (대) 매 출 에 누 리   10,000

12. 다음 자료에 의하여 순매입액을 계산하면 얼마인가?

가. 기초상품재고액	₩30,000	나. 총매입액	₩500,000
다. 매입환출액	₩30,000	라. 매입에누리액	₩10,000
마. 매입할인액	₩40,000	바. 인수운임	₩20,000
사. 매출할인액	₩10,000		

① ₩400,000   ② ₩420,000
③ ₩440,000   ④ ₩500,000

13. 매출원가를 산출하는데 있어 관계가 없는 항목은?

① 기초재고액   ② 기말재고액
③ 매입환출액   ④ 매출액

14. 순매출액을 계산하면 얼마인가?

• 총매출액	₩20,000	• 매입환출	₩600
• 매출에누리	2,400	• 매출환입	1,000
• 매출할인	1,200	• 매입에누리	1,600

① ₩16,600　　　　　　　　　　② ₩15,400
③ ₩14,800　　　　　　　　　　④ ₩13,200

15. 다음 자료에 의하여 매출원가를 계산하면 얼마인가?

• 총매출액	₩15,000	• 매출환입 및 에누리액	₩1,500
• 매출할인액	1,000	• 매출총이익	4,000

① ₩11,000　　　　　　　　　　② ₩10,000
③ ₩ 9,500　　　　　　　　　　④ ₩ 8,500

16. 다음 자료에 의하여 계산된 매출원가는 얼마인가?

• 기초재고액	₩10,000	• 당기매입액	₩70,000
• 기말재고액	15,000	• 당기매출액	90,000

① ₩45,000　　　　　　　　　　② ₩65,000
③ ₩185,000　　　　　　　　　　④ ₩25,000

17. 당기매출액이 ₩260,000 당기매입액이 ₩130,000 기말상품재고액이 ₩90,000 매출총이익이 ₩50,000일 때 판매가능액과 기초상품재고액을 구하면 얼마인가?

① 판매가능액　₩300,000　　　　　기초상품재고액　₩430,000
② 판매가능액　₩170,000　　　　　기초상품재고액　₩300,000
③ 판매가능액　₩210,000　　　　　기초상품재고액　₩170,000
④ 판매가능액　₩300,000　　　　　기초상품재고액　₩170,000

18. 당기의 상품 매출원가가 ₩260,000이고 당기의 상품매입액이 ₩300,000인 경우 기말시점에서의 상품재고액은 기초시점에서의 상품재고액에 비해 어떠한가?

① ₩40,000만큼 크다.　　　　　　② ₩40,000만큼 적다.
③ ₩10,000만큼 적다.　　　　　　④ 동일하다.

19. 다음 자료에 의하여 매출손익을 계산하면 얼마인가?

손 익					
매 입	100,000	매 출	150,000

① 손실 ₩ 50,000
② 이익 ₩ 50,000
③ 손실 ₩100,000
④ 이익 ₩150,000

20. 다음은 (주)대한상공의 20×1년도 손익계정과 잔액시산표(수정 후)의 일부이다. 이에 대한 설명으로 옳은 것은? 단, 기초상품재고액은 ₩30,000이다.

손 익			
매 입	200,000	매 출	350,000

잔액시산표(수정후)		
이 월 상 품	20,000	

① 순매출액은 ₩200,000이다.
② 매출원가는 ₩180,000이다.
③ 상품매출이익은 ₩70,000이다.
④ 당기순매입액은 ₩190,000이다.

21. 다음의 거래에 대한 분개로 옳은 것은? (단, 상품은 3분법으로 처리함)

> 상공상회에 대한 외상매입금 ₩300,000을 기일전에 지급함에 따라 ₩30,000을 할인 받고 잔액은 수표발행하여 지급한다.

① (차) 외 상 매 입 금　270,000　　(대) 당 좌 예 금　300,000
　　　 매 입 할 인　 30,000
② (차) 외 상 매 입 금　300,000　　(대) 당 좌 예 금　270,000
　　　　　　　　　　　　　　　　　　　 매 　 출　 30,000
③ (차) 외 상 매 입 금　300,000　　(대) 당 좌 예 금　270,000
　　　　　　　　　　　　　　　　　　　 매 　 입　 30,000
④ (차) 외 상 매 입 금　300,000　　(대) 당 좌 예 금　300,000

03 상품에 관한 보조장부

1. 매입장

매입장은 상품매입에 관한 자세한 내역을 거래일자 순서로 기록하는 보조기입장이다. 매입장에는 날짜, 매입처명, 품명, 수량, 단가, 대금지급 조건 등을 기록하며 매입장을 통해 총계정원장에 나타나지 않는 상세한 정보를 얻을 수 있다. 환출 및 매입에누리·매입할인은 붉은 글씨로 기입하다.

매 입 장

월 일		적 요			금 액
7	1	(나경상점)	현금 및 외상		
		A상점　　10개	@₩2,000	20,000	
		B상점　　20개	@₩2,100	42,000	62,000
		〰〰〰 중략 〰〰〰			
	31	총　　　매　　　입　　　액			100,000
	"	**환출 및 매입에누리·매입할인**			**26,000**
	"	순　　　매　　　입　　　액			74,000

총매입액(매입제비용) − (매입환출 + 매입에누리 + 매입할인) = 순매입액

2. 매출장

매출장은 상품매출에 관한 자세한 내역을 거래일자 순서로 기록하는 보조기입장이다. 매출장에는 날짜, 매출처명, 품명, 수량, 단가, 대금수취 조건 등을 기록하며 매출장을 통해 총계정원장에 나타나지 않는 상세한 정보를 얻을 수 있다. 환입 및 매출에누리·매출할인은 붉은 글씨로 기입한다.

매 출 장

월 일		적 요			금 액
3	5	(대한상사)	외상		
		갑상품　　20개	@₩1,000	20,000	
		을상품　　10개	@₩1,500	15,000	35,000
		〰〰〰 중략 〰〰〰			
	31	총　　　매　　　출　　　액			90,000
	"	**환입 및 매출에누리·매출할인**			**35,000**
	"	순　　　매　　　출　　　액			55,000

총매출액 − (매출환입 + 매출에누리 + 매출할인) = 순매출액

3. 재고자산의 수량결정방법

(1) 계속기록법 : 장부에 남아있는 재고자산 수량을 기말재고자산 수량으로 결정한다.

> 기초재고수량 + 당기매입수량 - 당기매출수량 = 기말재고(장부)수량

(2) 실제재고조사법 : 기말에 실제 조사한 재고수량을 기말재고자산 수량으로 결정한다.

> 기초재고수량 + 당기매입수량 - 기말재고(실제)수량 = 당기매출수량

[용어설명]
• **재고자산감모손실** : 수량이 부족한 경우로 계속기록법과 실제재고조사법을 병행해야 파악 할 수 있다.

4. 상품재고장

상품재고장은 상품의 재고관리를 위하여 종류별로 입고와 출고를 수량, 단가, 금액으로 구분 하여 그 변동내역을 기록하는 보조원장이다.

상 품 재 고 장

선입선출법 품명 : 갑상품 (단위 : 개)

월일		적요	인수			인도			잔액		
			수량	단가	금액	수량	단가	금액	수량	단가	금액
7	1	전 월 이 월	10	10	100				10	10	100
	3	매 입	10	10	100				20	10	200
	5	매 출				10	10	100	10	10	100
	31	차 월 이 월				10	10	100			

멘토노트
• 상품재고장 작성시 주의사항
  ① 단일상품 원가 기장
  ② 매출에누리·매출할인·매출제비용 기장 생략

5. 재고자산 매출단가 결정방법

(1) 개별법(specific identification method)

재고자산의 원가를 개별적으로 파악하여 매출원가와 기말재고액을 결정하는 방법이다. 주로 고가품이나 귀중품에 적용이 가능하고, 실제물량흐름과 일치하고 이론적으로 가장 이상적인 방법이며 수익과 비용이 정확하게 대응되어 정확한 이익을 측정할 수 있다. 재고자산의 종류와 거래가 빈번한 경우 실무에서 적용이 어렵다는 단점이 있다.

(2) 선입선출법(First In First Out, FIFO)

실제 물량흐름과 상관없이 먼저 매입(입고)한 상품을 먼저 매출(출고)된다는 가정으로 기말재고액과 매출원가를 산정하는 방법이다. 즉, 매출원가는 과거에 매입한 상품의 원가로 구성되며 기말재고액은 최근에 구입한 상품의 원가로 구성된다.

(3) 후입선출법(Last In First Out, LIFO)

실제 물량흐름에 관계없이 가장 최근에 매입(입고)한 상품을 먼저 매출(출고)된다는 가정으로 기말재고액과 매출원가를 산정하는 방법이다.

[용어해설]

한국채택국제회계기준(K-IFRS)에서 후입선출법은 인정하지 않는 방법이나, 일반기업회계기준(K-GAAP)에서는 인정하는 방법이다.

(4) 이동평균법(Moving Average Method, MAM)

계속기록법에서 적용가능한 방법으로 상품을 매입할 때마다 평균 단가를 계산하여 인도단가로 적용하는 방법이다.

$$\frac{(매입금액 + 매입직전금액)}{(매입수량 + 매입직전수량)} = 이동평균단가$$

(5) 총평균법(Total Average Method, TAM)

실지재고조사법에서 적용이 가능한 방법으로 기초재고액과 일정기간에 대한 순매입액의 합계액을 기초수량과 순매입수량을 합산한 수량으로 나누어서 총평균단가를 구하고 이를 인도단가로 결정하는 방법이다. 적용은 간편하나 결산 시점에서 평균 단가가 결정되므로 기말(월말) 시점 이외에는 재고자산의 원가를 알 수 없다는 단점이 있다.

$$\frac{(기초재교액 + 순매입액)}{(기초재고수량 + 순매입수량)} = 총평균단가$$

[용어해설]

• 물가상승시 원가배분결과 상대적 크기
  ① 기말재고(순이익)크기 : 선입선출법 〉이동평균법 ≥ 총평균법 〉후입선출법
  ② 매출원가 크기 : 선입선출법 〈 이동평균법 ≤ 총평균법 〈 후입선출법
• 가중평균법 = 이동평균법 + 총평균법

01. 다음 거래에 의하여 매입장을 작성하시오.

7월 1일 : 평택상점에서 다음과 같이 매입하고 대금 중 ₩400,000은 현금지급하고
잔액은 외상으로 하다.

A상품   100개   @₩2,000   ₩200,000
B상품   200개   @₩2,100   ₩420,000

7일 : 7월 1일에 매입한 B상품 중 불량품이 있어 10개를 반품하다.

26일 : 안산상점에서 다음과 같이 매입하고 수표발행 하여 지급하고
인수운임 ₩3,000은 현금으로 지급하다.

A상품   50개   @₩2,200   ₩110,000

27일 : 7월 26일에 매입할 A상품 중 불량품으로 인하여 ₩5,000을 에누리하여 에누
리대금은 현금으로 받다.

매 입 장

월일	적 요		금 액

02. 다음 거래를 매출장에 기입하시오.

3월 5일 : 대한상사에 다음 상품을 외상으로 매출하다.

        갑상품 200개   @₩1,000   ₩200,000

        을상품 100개   @₩1,500   ₩150,000

6일 : 3월 5일에 대한상사에 매출한 갑상품 중 불량품으로 인하여 20개가 반품되어 오다.

23일 : 한국상점에 다음 상품을 외상매출하고 발송운임 ₩2,000은 현금으로 지급하다.

        갑상품 100개   ₩1,200   ₩120,000

26일 : 3월 23일에 한국상점에 매출한 갑상품 중 불량품이 있어서 ₩15,000을 에누리하여 주다.

매 출 장

월일	적 요		금 액

03. 다음의 갑상품에 대한 자료에 의하여 선입선출법으로 상품재고장을 작성하시오.

3월 1일 :	전월이월	10개	@₩10	₩100
8일 :	매 입	50개	@₩12	₩600
14일 :	매 출	50개	@₩15	₩750
20일 :	매 입	20개	@₩13	₩260
25일 :	매 출	20개	@₩15	₩300

상 품 재 고 장

[선입선출법]　　　　　　　　　품명 : 갑상품　　　　　　　　　(단위 : 개)

월일	적 요	인　수			인　도			잔　액		
		수량	단가	금액	수량	단가	금액	수량	단가	금액

매출액 : (₩　　　　　) 매출원가 : (₩　　　　　) 매출총이익 : (₩　　　　　)

04. 다음의 갑상품에 대한 자료에 의하여 후입선출법으로 상품재고장을 작성하시오.

3월 1일 :	전월이월	10개	@₩10	₩100
8일 :	매 입	50개	@₩12	₩600
14일 :	매 출	50개	@₩15	₩750
20일 :	매 입	20개	@₩13	₩260
25일 :	매 출	20개	@₩15	₩300

상 품 재 고 장

[후입선출법]   품명 : 갑상품   (단위 : 개)

월일	적 요	인 수			인 도			잔 액		
		수량	단가	금액	수량	단가	금액	수량	단가	금액

매출액 : (₩   ) 매출원가 : (₩   ) 매출총이익 : (₩   )

05. 다음 갑상품의 자료로 이동평균법과 총평균법에 의한 상품재고장을 작성하시오.

6월 1일 :	전월이월	100개	@₩200	₩20,000
5일 :	매 입	100개	@₩240	₩24,000
22일 :	매 출	100개	@₩300	₩30,000
27일 :	매 입	100개	@₩280	₩28,000

상 품 재 고 장

[이동평균법]　　　　　　　　　품명 : 갑상품　　　　　　　(단위 : 개)

월일	적 요	인 수			인 도			잔 액		
		수량	단가	금액	수량	단가	금액	수량	단가	금액

매출액 : (₩　　　　　) 매출원가 : (₩　　　　　) 매출총이익 : (₩　　　　　)

상 품 재 고 장

[총평균법]　　　　　　　　　　품명 : 갑상품　　　　　　　(단위 : 개)

월일	적 요	인 수			인 도			잔 액		
		수량	단가	금액	수량	단가	금액	수량	단가	금액

매출액 : (₩　　　　　) 매출원가 : (₩　　　　　) 매출총이익 : (₩　　　　　)

01. 다음 매입장에 기입된 내용과 관련하여 설명한 것 중 옳지 <u>않은</u> 것은?

매 입 장

월	일	적 요			금 액
4	2	(서울상점)	외상		
		갑상품 100개	@100	10,000	
		인수운임은 현금 지급		1,000	11,000
	10	(부산상점)	현금 및 외상		
		갑상품 300개	@120	36,000	
		을상품 200개	@300	60,000	96,000
	12	(부산상점)	환출		
		갑상품 10개	@120		1,200

① 보조기입장으로서 매입장의 순매입액은 매입계정의 차변잔액과 일치한다.
② 매입장에는 상품매입, 매입운임, 매입에누리 및 환출, 매입 할인의 내용을 기입한다.
③ 매입장에 기입된 내용으로 보아 당월 총매입액은 ₩107,000이다.
④ 매입장에 기초상품재고액과 기말상품재고액을 기입한다.

02. 다음 7월중 기입된 매출장을 마감하였을 경우의 순매출액은 얼마인가?

매 출 장

날짜		적 요			금 액
7	5	(대한상사)	외상		270,000
		A상품 30개	@₩9,000		
	6	**(대한상사)**	**환입**		18,000
		A상품 2개	**@₩9,000**		
	19	(상공상사)	수표 및 외상		
		A상품 80개	@₩6,000	480,000	
		B상품 50개	@₩4,000	200,000	680,000
	22	**(상공상사)**	**에누리**		30,000
		B상품에 대하여			

① ₩902,000   ② ₩950,000
③ ₩920,000   ④ ₩998,000

03. 다음 중 매입장과 매출장에 관한 설명으로 틀린 것은?

① 매출환입액은 매출장에 기입하지 않는다.

② 매입운임은 매입장에 기입한다.

③ 매출운임은 매출장에 기입하지 않는다.

④ 매입에누리액은 매입장에 기입한다.

04. 재고자산 수량결정 방법에 대한 설명이다. 옳지 않은 것은?

① 실지재고조사법을 사용할 경우 재고자산 감모손실 파악이 어렵다.

② 계속기록법을 사용할 경우 기중에도 재고수량 및 금액의 파악이 가능하다.

③ 계속기록법의 경우 재고자산의 기록유지비용이 적게 발생한다.

④ 일반적으로 계속기록법은 내부관리목적에 부합하는 방법 이다.

05. 다음 상품재고장에 대한 설명 중 잘못된 것은?

① 상품재고장은 회계장부 중 보조부에 속하는 장부이다.

② 상품 종류마다 각각 별도로 작성한다.

③ 잔액란은 장부상 현재의 상품 재고액을 표시한다.

④ 상품을 매출할 때에는 인도란에 매출단가로 기입한다.

06. 계속기록법에 의하여 재고자산을 평가할 경우, 장부상의 기말재고액에 영향을 주는 항목으로 옳지 않은 것은?

① 매입할인   ② 매입에누리

③ 매입환출   ④ 매출할인

07. 다음의 자료에서 갑상품의 7월 29일의 매출원가를 구하면 얼마인가? 단, 상품재고장의 작성방법은 선입선출법에 의한다.

7월	1일	전기이월	100개	@₩150	₩15,000
	13일	매 입	100개	@₩200	₩20,000
	26일	매 입	200개	@₩250	₩50,000
	29일	매 출	100개	@₩400	₩40,000

① ₩15,000   ② ₩20,000

③ ₩25,000   ④ ₩40,000

08. 계속기록법과 선입선출법을 적용하는 경우, 다음 자료를 기초로 계산한 7월의 매출원가는 얼마인가?

가.	7월	5일	전월이월	수량	50개	단가	₩500
나.	7월	10일	상품매입	수량	100개	단가	₩550
다.	7월	16일	상품판매	수량	120개		
라.	7월	21일	상품매입	수량	30개	단가	₩520
마.	7월	31일	상품판매	수량	40개		

① ₩88,600　　　　　　　② ₩85,200
③ ₩84,600　　　　　　　④ ₩83,600

09. (주)서울의 당 회계연도의 상품에 대한 변동내역이 다음과 같을 때, 선입선출법으로 계산된 기말재고액은 얼마인가?

가. 기초 상품 : 100개 (@₩100)
나. 기중 매입 : 300개 (@₩200)
다. 기중 판매 : 320개

① ₩8,000　　　　　　　② ₩10,000
③ ₩12,000　　　　　　　④ ₩16,000

10. 다음의 회계자료를 이용하여 선입선출법에 의한 기말재고액을 계산하면 얼마인가?

일자	적요	수량(개)	취득 단가	금액
5/ 1	기 초 재 고	1,000	₩2,000	₩2,000,000
5/ 5	매 입	4,000	₩2,500	₩10,000,000
5/10	매 출	4,000	₩3,000	
5/25	매 입	1,000	₩3,000	₩3,000,000
5/31	기 말 재 고	2,000		

① ₩5,500,000　　　　　② ₩5,400,000
③ ₩5,200,000　　　　　④ ₩5,000,000

11. 기말상품재고액이 가장 최근의 시가로 반영되는 재고자산평가방법은?

① 선입선출법　　　　　　② 후입선출법
③ 이동평균법　　　　　　④ 총평균법

12. 다음 상품재고장을 이용하여 이동평균법에 의한 기말재고액을 계산하면 얼마인가?

6월 1일	전 월 이 월	100개	@₩600	₩60,000
5일	매 출	60개	@₩800	₩48,000
22일	매 입	40개	@₩650	₩26,000
27일	매 출	60개	@₩800	₩48,000

① ₩13,000　　　　　　　　　② ₩12,500

③ ₩12,300　　　　　　　　　④ ₩12,000

13. 다음 4월 중의 갑상품에 대한 거래 내역을 보고, 이동평균법에 의하여 월말재고액을 계산하면 얼마인가?

일자	적요	수량	단가	금액
1일	전 월 이 월	40개	₩100	₩4,000
3일	매 입	50개	₩118	₩5,900
10일	매 출	70개	₩400	₩28,000
15일	매 입	40개	₩140	₩5,600

① ₩6,700　　　　　　　　　② ₩7,800

③ ₩8,800　　　　　　　　　④ ₩9,900

14. 다음은 아산상점의 9월 중 상품거래내역이다. 아산상점이 총평균법을 사용하고 있을 때, 9월 중의 매출원가와 기말재고액은 각각 얼마인가?

날 짜	거래내용	단 위	단위당원가	합 계
9월 1일	기초재고	10개	@₩50	₩500
5일	매 입	10개	60	600
10일	매 입	20개	80	1,600
13일	매 출	15개		
20일	매 입	10개	100	1,000

　　매출원가　　　　　　　　　기말재고액

① ₩1,110　　　　　　　　　₩2,590

② ₩2,590　　　　　　　　　₩1,110

③ ₩800　　　　　　　　　　₩2,900

④ ₩2,900　　　　　　　　　₩1,800

15. 상품의 효율적 재고관리를 위해서 상품의 종류별로 계좌를 설정하고 그 증감을 상세히 기록하는 장부는?

① 매출장　　　　　　　　　　② 매출처원장
③ 상품재고장　　　　　　　　　④ 총계정원장

16. 다음 중 재고자산의 평가방법으로 틀린 것은?

① 선입선출법　　　　　　　　　② 총평균법
③ 이동평균법　　　　　　　　　④ 유동성배열법

17. 다음 중 상품의 인도단가를 결정하는 방법에 대한 설명으로 틀린 것은?

① 선입선출법은 먼저 매입한 상품을 먼저 인도하는 형식으로 인도단가를 결정하는 방법이다.
② 후입선출법은 최근에 매입한 상품을 먼저 인도하는 형식으로 인도단가를 결정하는 방법이다.
③ 이동평균법은 매출시 마다 판매가액이 다른 경우 인도단가를 결정하는 방법이다.
④ 총평균법은 기초재고액과 일정기간에 대한 순매입액의 합계액을 기초수량과 순매입수량을 합한 수량으로 나누어서 총평균단가를 구하고, 이를 인도단가로 결정하는 방법이다.

18. 다음은 상품재고장 작성 방법 중 이동평균법에 대한 설명이다. 옳은 것은?

① 상품매입시마다 평균단가를 구하여 인도단가를 결정하는 방법이다.
② 기말재고는 가장 최근에 매입한 신상품이다.
③ 일정기간의 순매입액을 순매입 수량으로 나누어 평균단가를 산출한다.
④ 인도단가의 계산방법이 간단하여 번거롭지 않다는 특징이 있다.

19. 물가가 지속적으로 상승할 때 재고자산의 평가방법을 선입선출법에서 총평균법으로 변경하였을 경우 포괄손익계산서의 각 항목에 미치는 영향으로 옳은 것은?

① 매출액이 상승한다.
② 매출원가가 상승한다.
③ 당기순이익이 상승한다.
④ 기말상품재고액이 상승한다.

MEMO

제5장

채권과 채무

01. 외상매출금과 외상매입금

02. 받을어음과 지급어음

03. 기타 채권과 채무

04. 대손(손상)

01 외상매출금과 외상매입금

1. 인명계정

거래처의 수가 적을 경우 외상매출금·외상매입금을 대신하여 각 거래처의 상점 혹은 회사명을 계정과목으로 사용하는 방법

구 분	차 변		대 변	
상품 외상매입시	매 입	10,000	청 주 상 점	10,000
상품 외상매출시	충 주 상 점	12,000	매 출	12,000

2. 통제계정

거래처의 수가 많을 경우, 상품매매에 관한 채권·채무의 발생액을 외상매출금, 외상매입금으로 계정과목을 사용하는 방법

구 분	차 변		대 변	
상품 외상매입시	매 입	10,000	외 상 매 입 금	10,000
상품 외상매출시	외 상 매 출 금	12,000	매 출	12,000

(1) 매출처원장
외상매출금계정에 기입된 내용을 거래처별로 기입하기 위한 보조원장

(2) 매입처원장
외상매입금계정에 기입된 내용를 거래처별로 기입하기 위한 보조원장

외상매출금(자산)

전 기 이 월 (기 초 잔 액)	회 수 액
	환입및매출에누리·매출할인
	대 손 발 생 액
외 상 매 출 액	차 기 이 월 (기 말 잔 액)

외상매입금(부채)

지　　　　급　　　　액 환출및매입에누리·매입할인	전 기 이 월 (기 초 잔 액)
차 기 이 월 (기 말 잔 액)	외　상　매　입　액

[용어해설]

•채권과 채무의 구분

채 권	매 출 채 권	외상매출금, 받을어음
(자산)	기 타 채 권	대여금, 미수금

채 무	매 입 채 무	외상매입금, 지급어음
(부채)	기 타 채 무	차입금, 미지급금

•외상

외 상 매 출 금	상품의 외상매출
미　수　금	상품이 아닌 것의 외상채권

상품의 외상매입	외 상 매 입 금
상품이 아닌 것의 외상채무	미 지 급 금

•대금을 신용카드로 받거나, 신용카드로 결제한 경우 외상으로 처리한다.

01. 다음 거래를 분개하고 전기하여 마감하시오. (단, 상품거래는 3분법, 채권, 채무는 통제계정에 의할 것)

4월 2일 인천상점에서 상품 ₩500,000을 매입하고, 대금 중 ₩100,000은 현금으로 지급하고 잔액은 외상으로 하다.

5일 인천상점에서 외상으로 매입하였던 상품 중 불량품으로 ₩30,000을 반품하다.

9일 부평상점에서 상품 ₩800,000을 매입하고, ₩200,000은 약속어음을 발행하여 지급하고, 잔액은 외상으로 하다.

14일 인천상점의 외상매입금 ₩300,000과 부평상점의 외상매입금 ₩200,000을 수표를 발행하여 지급하다.

날짜	차변과목	금 액	대변과목	금 액
4/2				
5				
9				
14				

외 상 매 입 금

		4/1 전 월 이 월	150,000

매 입 처 원 장

인천상점

	4/1 전월이월 100,000

부평상점

	4/1 전월이월 50,000

02. 다음 거래를 통제계정으로 분개 한 다음 각 계정에 기입한 후 마감하시오.
(단 상품계정은 3분법에 의할 것.)

6월 3일 : 은하상점에 상품 ₩400,000을 외상으로 매출하다.
　　 6일 : 은하상점에 매출하였던 상품 ₩20,000이 반품되어 오다.
　 20일 : 대한상점에 상품 ₩700,000을 외상으로 매출하다.
　 23일 : 대한상점의 외상매출금 ₩500,000을 약속어음으로 회수하다.
　 27일 : 은하상점의 외상매출금 ₩100,000을 현금으로 회수하다.

날짜	차변과목	금 액	대변과목	금 액
6/3				
6				
20				
23				
27				

외 상 매 출 금

6/1	전 월 이 월	150,000		

매 출 처 원 장

은하상점

6/1	전월이월	100,000		

대한상점

6/1	전월이월	50,000		

01. 다음의 거래 중 외상매출금으로 처리할 수 없는 것은?

① 상기업의 상품 판매액   ② 가구회사의 책상 판매액
③ 제약회사의 약품 판매액   ④ 상기업의 업무용 컴퓨터 판매액

02. 다음 중 매출채권계정에 해당하는 것은?

① 외상매입급과 받을어음   ② 외상매출금과 받을어음
③ 외상매출금과 지급어음   ④ 외상매입금과 지급어음

03. 다음 중 매입채무계정에 해당하는 것은?

① 외상매출금과 받을어음   ② 외상매입금과 지급어음
③ 외상매입금과 받을어음   ④ 외상매출금과 지급어음

04. 매출처원장의 잔액을 무엇이라 의미하는가?

① 외상매출금 총액   ② 매출총액
③ 환입및에누리액   ④ 외상매출금 미회수액

05. (주)상공은 외상으로 판매했던 상품에 대한 대금 ₩300,000을 현금으로 받아 즉시 당좌예입하였다. 옳은 분개는?

① (차) 외 상 매 출 금   300,000   (대) 당 좌 예 금   300,000
② (차) 당 좌 예 금   300,000   (대) 외 상 매 출 금 300,000
③ (차) 당 좌 예 금   300,000   (대) 지 급 어 음   300,000
④ (차) 받 을 어 음   300,000   (대) 당 좌 예 금   300,000

06. 다음의 거래 중 매입채무로 계상할 수 있는 거래는?

① 제품 생산용 기계를 구입하고 대금을 지급하지 못한 경우
② 상품판매를 약속하고 대금의 10%를 미리 받은 경우
③ 판매용 자동차를 인수하고 그 대금을 지급하지 못한 경우
④ 구입한 기계에 대해서 수선유지비를 지급하지 못한 경우

07. 다음 (주) 상공의 9월 매출처원장의 기록내용으로 옳은 것은?

대한상사

9/ 1	전 기 이 월	20,000	9/ 3	현 금	( )
9/10	매 출	( )	9/30	차 기 이 월	240,000
		250,000			250,000

민국상사

9/ 1	전 기 이 월	( )	9/ 3	현 금	100,000
9/12	매 출	30,000	9/30	차 기 이 월	( )
		120,000			120,000

① 9월 외상매출금 기초잔액은 ₩240,000 이다.
② 9월 외상매출금 기말잔액은 ₩40,000 이다.
③ 9월에 회수한 외상매출금은 ₩110,000 이다.
④ 9월에 외상으로 매출한 상품은 ₩230,000 이다.

08. 다음 매입처원장의 기입 내용 중 설명이 <u>잘못된</u> 것은?

갑 상 점

4/16	수 표 지 급	100,000	4/1	전 월 이 월	50,000
4/30	차 월 이 월	90,000	4/9	상 품 매 입	140,000
		190,000			190,000

을 상 점

4/20	현 금 지 급	160,000	4/6	상 품 매 입	120,000
4/30	차 월 이 월	90,000	4/15	상 품 매 입	130,000
		250,000			250,000

① 4월 중에 외상으로 매입한 상품총액은 ₩440,000이다.
② 4월 중 외상매입금 지급총액은 ₩260,000이다.
③ 4월말 외상매입금 잔액은 ₩180,000이다.
④ 외상매입금의 4월초 잔액은 ₩50,000이다.

09. 다음 자료를 사용하여 당 회계기간의 외상매출액을 추정 하면 얼마인가?

기초의 외상매출금 잔액	₩30,000	기말의 외상매출금 잔액	50,000
외상매출금 회수액	200,000	현금매출액	150,000

① ₩220,000
② ₩30,000
③ ₩70,000
④ ₩100,000

10. 다음 자료에 의하여 매출채권 기말재고액을 계산하면 얼마인가?

• 매출채권 기초재고액	₩20,000	• 당기 외상매출액	₩100,000
• 매출채권 현금회수액	40,000	• 매출채권 회수불능액	30,000

① ₩40,000   ② ₩70,000

③ ₩60,000   ④ ₩50,000

11. 다음 자료에 의하여 당기 중의 매출채권 회수액을 구하면 얼마인가?(단, 상품의 모든 거래는 외상이다.)

• 기초 매출채권	₩ 40,000	• 기말 매출채권	₩ 60,000
• 기초상품재고액	40,000	• 기말상품재고액	50,000
• 당기총매입액	80,000	• 매 출 총 이 익	35,000

① ₩50,000   ② ₩85,000

③ ₩90,000   ④ ₩125,000

12. 다음 자료에 의하여 매출채권 기말잔액을 계산하면 얼마인가?

• 매출채권 기초잔액 : ₩250,000	
• 당기매출액 : ₩650,000	
(현금매출액 ₩150,000, 외상매출액 ₩400,000, 어음매출액 ₩100,000)	
• 매출채권 회수액 : ₩200,000	

① ₩700,000   ② ₩550,000

③ ₩450,000   ④ ₩500,000

13. 다음의 외상매입금계정 관련 자료이다. 당기의 외상매입금 지급액을 계산하면 얼마인가?

• 기초잔액	₩100,000	• 당기 외상매입액	₩150,000
• 기말잔액	₩110,000		

① ₩140,000   ② ₩220,000

③ ₩150,000   ④ ₩180,000

02 받을어음과 지급어음

1. 어음의 뜻

일정한 금액을 일정인에게 정해진 날짜까지 지급할 것을 약속한 증서.

2. 어음의 종류

(1) 약속어음

약속어음은 발행인이 수취인에게 약정기일에 약정한 장소에서 어음에 표시한 금액을 지급할
것을 약속한 증권이다. 약속어음의 발행인은 어음상 채무자가 되고, 약속어음 수취인은 어음
상 채권자가 된다.

구 분	차 변		대 변	
수 취 인	받 을 어 음	10,000	매출(외상매출금)	10,000
발 행 (지 급) 인	매입(외상매입금)	10,000	지 급 어 음	10,000

(2) 환어음

환어음은 발행인이 지명인(지급인)에게 약정기일에 약속한 장소에서 어음에 표시된 금액을
어음의 수취인에게 지급할 것을 위탁하는 증권이다. 환어음의 발행인은 어음상 채권·채무가
발생하지 않고, 환어음의 지급인으로 지명된 인수인이 환어음의 인수란에 서명을 함으로써
어음상의 채무자가 된다.

구 분	차 변		대 변	
수 취 인	받 을 어 음	30,000	매출(외상매출금)	30,000
발 행 인	매입(외상매입금)	30,000	외 상 매 출 금	30,000
발 행 (지 급) 인	외 상 매 입 금	30,000	지 급 어 음	30,000

(3) 어음대금의 결제

구 분	차 변		대 변	
추심위임배서양도 추 심 료 지 급	수 수 료 비 용	2,000	현 금	2,000
추 심 완 료 시	당 좌 예 금	30,000	받 을 어 음	30,000
어 음 대 금 지 급 시	지 급 어 음	30,000	당 좌 예 금	30,000

3. 어음의 배서와 할인 및 개서

(1) 어음의 배서양도

상품의 매입대금이나 외상매입금을 지급하기 위해 소유하고 있던 어음뒷면에 양도자의 인적사항을 기재하여 양도하는 말한다.

(2) 어음의 할인

자금이 필요한 경우 소유하고 있던 어음을 만기일 이전에 은행에 양도하고 어음 할인일부터 만기일까지의 이자(할인료)를 차감한 실수금을 받는 것이다. 이때 할인료는 매출채권처분손실계정으로 한다.

구 분	차 변		대 변	
어 음 배 서 양 도 시	매입(외상매입금)	50,000	받 을 어 음	50,000
어 음 할 인 시	당 좌 예 금 매출채권처분손실	47,000 3,000	받 을 어 음	50,000

할인료계산

$$할인료 = 어음의\ 액면금액 \times \frac{할인일수}{365(윤년은\ 366)일}$$

(3) 어음의 개서

어음의 지급인이 어음의 만기일에 지급할 능력이 없어 어음의 소지인에게 지급일의 연기를 요청하고, 소지인이 이를 승낙하여 새로운 어음을 발행하여 구어음과 교환하는 것을 말한다. 이때 지급인은 연기일수에 해당하는 이자를 지급해야 한다.

구 분	차 변		대 변	
받을어음의 개서시(수취인)	받을어음(신어음) 현 금	50,000 3,000	받을어음(구어음) 이 자 수 익	50,000 3,000
지급어음의 개서시(지급인)	지급어음(구어음) 이 자 비 용	50,000 3,000	지급어음(신어음) 현 금	50,000 3,000

4. 받을어음계정과 받을어음 기입장

(1) 받을어음계정

받을어음(자산)

전기이월(기초잔액)	어음대금추심(회수)액 어음의 배서양도 어음의 할인
약속어음수취 환어음수취	**차기이월**(기말잔액)

(2) 받을어음기입장

받을어음 기입장은 상업어음을 받을 때 그 어음에 대한 명세를 기입하는 장부로서, 받을어음계정의 보조기입장이다. 어음상의 채권이 발생하면 그 어음에 대한 내용을 상세히 기입하고 어음상의 채권이 소멸되면 그 내용을 간단히 전말란에 기입한다. 따라서 전말란에 기입되지 않은 금액의 합계액은 받을어음 계정의 잔액과 일치한다.

받을어음기입장

월일	적요	금액	어음 종류	어음 번호	지급인	발행인·	발행일	만기일	지급장소	전 말	
										월일	적요

5. 지급어음계정과 지급어음기입장

(1) 지급어음계정

지급어음(부채)

어음대금 지급액	전기이월(기초잔액)
	약속어음 발행
차기이월(기말잔액)	환어음 인수

(2) 지급어음 기입장

지급어음기입장은 지급어음 계정의 보조기입장이다. 어음상의 채무가 발생하면 그 어음에 대한 상세한 내용을 지급어음기입장에 기입하고, 어음상의 채무가 소멸되면 그 내용을 간단히 전말란에 기입한다.

지급어음기입장

월일	적요	금액	어음 종류	어음 번호	지급인	발행인·	발행일	만기일	지급장소	전 말	
										월일	적요

6. 금융어음(기타어음)

구 분	차 변		대 변	
현금을 대여하고 약속어음을 수취하면	단 기 대 여 금	50,000	현 금	50,000
현금을 차입하고 약속어음을 발행하면	현 금	50,000	단 기 차 입 금	50,000

구 분	차 변		대 변	
토지을 처분하고 약속어음을 수취하면	미 수 금	80,000	토 지	10,000
토지를 취득하고 약속어음을 발행하면	토 지	80,000	미 지 급 금	80,000

엔토노트
- 어음을 받으면 받을어음, 약속어음 발행하면 지급어음
- 환어음 발행하면 외상매출금, 환어음 인수하면 (차)외상매입금 (대)지급어음

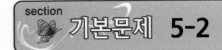

01. 다음 거래를 분개하시오. (단 상품계정은 3분법 채권·채무는 통제계정에 의할 것)

(1) 상품 ₩500,000을 매출하고 대금은 약속어음으로 받다.
(2) 상품 ₩500,000을 매입하고 대금은 약속어음 발행하여 지급하다.
(3) 외상매출금 ₩300,000을 약속어음으로 받다.
(4) 외상매입금 ₩100,000을 약속어음을 발행하여 지급하다.

NO	차변과목	금 액	대변과목	금 액
(1)				
(2)				
(3)				
(4)				

02. 다음 거래를 분개 하시오. (단 상품계정은 3분법 채권·채무는 통제계정에 의할 것)

(1) 상품 ₩500,000을 경기상점에 매출하고 대금은 경기상점 발행 인천상점 인수의 환어음로 받다.
(2) 상품 ₩500,000을 수원상점에서 매입하고 대금은 매출처 인천상점앞 환어음을 발행하여 인수받아 지급하다.
(3) 매입처 경기상점발행 부산상점수취의 당점앞 환어음 ₩500,000에 대하여 제시가 있어 이를 인수하다.
(4) 매출처 강남상점의 외상매출금 ₩300,000을 강동상점앞 환어음으로 받다.
(5) 매입처 강서상점의 외상매입금 ₩300,000을 매출처 강동상점앞 환어음을 발행하여 인수받아 지급하다.
(6) 매입처 강남상점발행 강서상점수취의 환어음 ₩300,000에 대하여 제시가 있어 이를 인수하다.

NO	차변과목	금 액	대변과목	금 액
(1)				
(2)				
(3)				
(4)				
(5)				
(6)				

03. 다음 거래를 분개하시오. (단 상품계정은 3분법 채권·채무는 통제계정에 의할 것)

(1) 소지하고 있는 어음 ₩120,000을 거래은행에 추심의뢰하고 추심료 ₩2,000을 현금으로 지급하다.

(2) 거래은행에 추심의뢰한 약속어음 ₩120,000이 추심되어 당점의 당좌예금에 입금되었다는 통지를 받았다.

(3) 당점이 발행한 약속 어음 ₩120,000이 만기일이 되어 당점의 당좌예금 계좌에서 차감되었다는 통지를 받다.

NO	차변과목	금 액	대변과목	금 액
(1)				
(2)				
(3)				

04. 다음 거래를 분개하시오.

(1) (주)마포기업의 외상매입금 15,000,000원을 결제하기 위하여 당사가 상품매출 대가로 받아 보유하고 있던 (주)한국기업의 약속어음 15,000,000원을 배서하여 지급하였다.

(2) 태백상사로부터 수취한 받을어음 10,000,000원을 은행에서 할인하였다.(단, 매각거래로 간주하며, 어음할인료는 1,000,000원이고 나머지는 보통예금계좌에 입금하였다.)

(3) 소유하고 있는 아이상점의 약속어음 ₩50,000을 아이상점의 1개월 지급연기 요청을 받아 승낙하고, 새로운 어음으로 개서하여 받다. 그리고 이자 ₩3,000은 현금으로 받다.

(4) 능환상점에 상품대금으로 발행한 약속어음 ₩50,000이 금일이 만기일이나 당점의 자금사정으로 1개월 지급연기를 요청하여 승낙받고, 이자 ₩3,000은 현금으로 지급하다.

NO	차변과목	금 액	대변과목	금 액
(1)				
(2)				
(3)				
(4)				

05. 다음 거래를 분개하시오.

(1) 현금 ₩500,000을 빌려주고 차용증서 대신에 약속어음으로 받다.

(2) 현금 ₩500,000을 빌려오고 차용증서 대신에 약속어음을 발행하여 주다.

(3) 비품 ₩100,000을 처분하고 대금은 약속어음으로 받다.

(4) 비품 ₩100,000을 구입하고 대금은 약속어음 발행하여 지급하다.

(5) 신라상점이 가야상점에 약속어음을 받고 3개월간 대여한 원금 ₩200,000과 이자 ₩6,000을 현금으로 회수한 경우 신라상점의 입장에서 분개하시오.

(6) 건물 ₩20,000,000을 구입하고 ₩15,000,000의 약속어음을 발행하여 지급하고 잔액은 월말에 지급하기로 하다.

NO	차변과목	금 액	대변과목	금 액
(1)				
(2)				
(3)				
(4)				
(5)				
(6)				

01. 다음 중 약속어음 관한 설명이 옳지 <u>않은</u> 것은?

① 발행인이 수취인에게 어음에 기재한 금액을 약정한 기일과 장소에서 지급할 것을 약속한 증서이다.

② 수취인은 어음상의 채권이 발생한다.

③ 발행인은 어음상의 채무가 발생한다.

④ 약속어음의 당사자는 발행인, 수취인, 인수인등 3인이다.

02. 다음은 약속어음과 환어음에 대한 설명이다. 옳은 것은?

① 약속어음은 발행인이 어음상의 채권자가 된다.

② 약속어음은 발행인, 지급인의 관계로 이루어진다.

③ 환어음은 발행인, 지급인, 지명인의 관계로 이루어진다.

④ 환어음에서 어음대금의 지급을 승낙하는 것을 인수라고 한다.

03. 거래은행에 추심의뢰한 약속어음 ₩100,000이 추심되어 당점의 당좌예금에 입금되었다는 통지를 받았을 경우의 옳은 분개는?

① (차) 당 좌 예 금　100,000　　(대) 받 을 어 음　100,000
② (차) 받 을 어 음　100,000　　(대) 당 좌 예 금　100,000
③ (차) 지 급 어 음　100,000　　(대) 당 좌 예 금　100,000
④ (차) 당 좌 예 금　100,000　　(대) 지 급 어 음　100,000

04. 외상매입금 ₩100,000을 약속어음을 발행하여 지급하다. 의 결합관계로 옳은 것은?

① 부채의 감소와 부채의 증가　　② 자산의 감소와 부채의 감소

③ 비용의 발생과 자산의 감소　　④ 자산의 증가와 수익의 발생

05. 상품 ₩100,000을 매입하고 그 대금은 1개월 후의 약속어음을 발행하여 지급하였을 경우의 옳은 분개는? (단, 상품은 3분법으로 처리할 것)

① (차) 매　　　　입　100,000　　(대) 지 급 어 음　100,000
② (차) 지 급 어 음　100,000　　(대) 매　　　　입　100,000
③ (차) 매　　　　입　100,000　　(대) 약 속 어 음　100,000
④ (차) 매　　　　입　100,000　　(대) 받 을 어 음　100,000

06. 다음 제시된 두 계정의 기입 내용에서 추정할 수 있는 거래는?

지급어음		외상매입금	
	3,000,000	3,000,000	

① 외상매입금 ₩3,000,000을 동점발행 약속어음으로 받다.
② 외상매입금 ₩3,000,000을 약속어음으로 발행하여 지급하다.
③ 상품 ₩3,000,000을 매출하고 대금은 동점발행 약속어음으로 받다.
④ 상품 ₩3,000,000을 매입하고 대금은 약속어음으로 발행하여 지급하다.

07. 다음 지급어음의 총계정원장에 대한 일부분이다. 거래의 내용이 맞은 것은?

지급어음		
당 좌 예 금	500,000	

① 소지하고 있던 어음이 만기가 되어, 그 대금을 당좌수표로 받다.
② 소지하고 있던 어음이 만기가 되어, 그 대금을 현금으로 지급하다.
③ 거래처에 발행해 주었던 어음이 만기가 되어, 그 대금을 당좌수표로 받다.
④ 거래처에 발행해 주었던 어음이 만기가 되어, 그 대금을 당좌수표를 발행하여 지급하다.

08. '인천상점에서 상품 ₩500,000을 매입하고, 대금은 매출처 부산상회 앞 환어음을 발행하여 인수받아 지급하다.'의 분개로 알맞은 것은?

① (차) 매　　입　　500,000　　(대) 지 급 어 음　　500,000
② (차) 매　　입　　500,000　　(대) 받 을 어 음　　500,000
③ (차) 매　　입　　500,000　　(대) 외 상 매 입 금　　500,000
④ (차) 매　　입　　500,000　　(대) 외 상 매 출 금　　500,000

09. 다음 중 받을어음계정 차변에 기입하는 내용은?

① 어음의 부도　　　　　　② 어음의 수취
③ 어음의 배서양도　　　　④ 어음대금의 회수

10. 다음 거래에 대하여 당점에서 행할 분개로 옳은 것은?

> 매입처 강서상회 발행, 강남상회 수취의 당점앞 환어음 ₩200,000에 대하여 제시가 있어 이를 인수하다.

① (차) 외 상 매 입 금　200,000　　(대) 지 급 어 음　200,000
② (차) 받 을 어 음　200,000　　(대) 지 급 어 음　200,000
③ (차) 외 상 매 출 금　200,000　　(대) 지 급 어 음　200,000
④ (차) 받 을 어 음　200,000　　(대) 외 상 매 입 금　200,000

11. 다음은 ㈜상공의 받을어음 계정의 기입 내용을 보고 거래를 추정한 것으로 옳지 <u>않은</u> 것은?

받을어음				
1/10	매 출	100,000	7/5 당 좌 예 금	150,000
5/7	외상매출금	200,000	8/21 매 입	50,000

① 1월 10일 상품 ₩100,000을 매출하고 대금은 동점발행 약속어음으로 받다.
② 5월 7일 거래처의 외상대금 ₩200,000을 동점발행 약속어음으로 받다.
③ 7월 5일 소지하고 있던 약속어음 ₩150,000을 현금으로 받아 은행에 당좌예입하다.
④ 8월 21일 상품 ₩50,000을 매입하고 2개월 만기 약속어음을 발행하여 지급하다.

12. 다음 중 계정기입이 <u>잘못된</u> 것은?

지 급 어 음	
[채무 소멸] 어음 대금 지급 거래처 발행의 약속어음 수취	**[채무 발생]** 약속어음 당점 발행 거래처발행의 환어음 인수

① 어음 대금 지급　　　　　　② 약속어음 당점 발행
③ 거래처 발행의 약속어음 수취　　④ 거래처발행의 환어음 인수

13. 다음 중 건물 ₩10,000,000을 구입하고 ₩5,000,000의 약속어음을 발행하여 지급한 거래가 재무상태에 미치는 영향을 바르게 나타낸 것은?

① 자산은 ₩10,000,000 증가하고, 부채는 ₩5,000,000 증가한다.
② 자산은 ₩5,000,000 증가하고, 자본은 동액만큼 감소한다.
③ 총자산은 변동이 없고, 부채가 ₩5,000,000 증가하고, 자본이 동액만큼 감소한다.
④ 자본은 변동이 없으나, 자산과 부채가 각각₩10,000,000씩 증가한다.

14. 고려상점이 백제상점에 약속어음을 받고 3개월간 대여한 원금 ₩1,000,000과 이자 ₩30,000을 현금으로 회수한 경우 분개로서 옳은 것은?

① (차) 현　　　　금　　1,030,000　　(대) 단 기 대 여 금　　1,000,000
　　　　　　　　　　　　　　　　　　　　　이 자 수 익　　　　30,000

② (차) 현　　　　금　　1,030,000　　(대) 받 을 어 음　　1,000,000
　　　　　　　　　　　　　　　　　　　　　이 자 수 익　　　　30,000

③ (차) 현　　　　금　　1,030,000　　(대) 단 기 차 입 금　　1,000,000
　　　　　　　　　　　　　　　　　　　　　이 자 수 익　　　　30,000

④ (차) 현　　　　금　　1,030,000　　(대) 지 급 어 음　　1,030,000

15. 다음 (가)와 (나)의 거래를 분개할 경우, 차변에 기입될 계정과목으로 옳은 것은?

> (가) A상점에 상품 ₩100,000을 매출하고, 대금은 당점이 발행하였던 약속어음으로 받다.
> (나) B상점의 외상매출금 ₩250,000을 회수하기 위하여 자기수취환어음을 발행하여 동점의 인수를 받다.

　　　(가)　　　　　　　　　　　　　　(나)
① 받을어음　　　　　　　　　　　　지급어음
② 받을어음　　　　　　　　　　　　받을어음
③ 지급어음　　　　　　　　　　　　받을어음
④ 지급어음　　　　　　　　　　　　외상매출금

03 기타채권과 채무

1. 단기대여금(자산)과 단기차입금(부채)

단기대여금은 차용증서나 어음 등을 받고 금전을 결산일로부터 1년 이내로 빌려 준것
단기차입금은 차용증서나 어음 등을 발행하고 금전을 결산일로부터 1년 이내로 빌려 온것

구 분	차 변		대 변	
현금을 빌려주면	단 기 대 여 금	50,000	현 금	50,000
단기대여금과 이자를 회수시	현 금	52,000	단 기 대 여 금 이 자 수 익	50,000 2,000

구 분	차 변		대 변	
현금을 빌려 오면	현 금	50,000	단 기 차 입 금	50,000
단기차입금과 이자를 지급시	단 기 차 입 금 이 자 비 용	50,000 2,000	현 금	52,000

◈ 결산일(보고기간종료일)로부터 대여(차입)기간이 1년 이내이면 단기대여금, 단기차입금으로 결산일(보고기간종료일)로부
터 대여(차입)기간이 1년을 초과하면 장기대여금, 장기차입금으로 처리한다.

2. 미수금(자산)과 미지급금(부채)

미수금은 **상품이외에 자산**을 매각하고 대금을 받지 못하였거나 어음으로 받은 경우
미지급금은 **상품이외의 자산**을 구입하고 대금을 지급하지 못하였거나 약속어음을 발행하여
지급한 경우

구 분	차 변		대 변	
비품 외상 처분시	미 수 금	100,000	비 품	100,000
비품 외상 구입시	비 품	100,000	미 지 급 금	100,000

3. 선급금(자산)과 선수금(부채)

선급금은 상품 계약금 (착수금, 주문대금)을 **미리 준 경우**
선수금은 상품 계약금 (착수금, 주문대금)을 **미리 받은 경우**

구 분	차 변		대 변	
상품 계약금 지급시	선 급 금	10,000	현 금	10,000
상품 인수시	매 입	100,000	선 급 금 외 상 매 입 금	10,000 90,000

구 분	차 변		대 변	
상품 계약금 수입시	현 금	10,000	선 수 금	10,000
상품 인도시	선 수 금 외 상 매 출 금	10,000 90,000	매 출	100,000

4. 가지급금과 가수금

가지급금은 **현금이 지급**되었으나 처리할 **계정과목이나 금액이 불확실**하여 확정될 때 까지 일시적으로 처리하는 자산성격을 가진 **가계정**이다.

가수금은 **현금이 수입**되었으나 처리할 **계정과목이나 금액이 불확실**하여 확정될 때 까지 일시적으로 처리하는 부채성격을 가진 **가계정**이다.

구 분	차 변		대 변	
여비 개산액 지급시	가 지 급 금	200,000	현 금	200,000
출장비 정산하면	여 비 교 통 비 현 금	180,000 20,000	가 지 급 금	200,000

구 분	차 변		대 변	
출장사원의 송금시	보 통 예 금	600,000	가 수 금	600,000
가수금 내용 판명시	가 수 금	600,000	외 상 매 출 금	600,000

5. 예수금(부채), 상품권선수금(부채)

예수금이란 급여지급시 소득세, 연금, 건강보험료, 고용보험료 등을 **일시적으로 보관**한 경우
상품권이란 할인점이나 백화점등에서 상품을 인도할 것을 전제로 발행되는 상품교환권을 말한다.

구 분	차 변		대 변	
급여지급시	급 여	1,500,000	단 기 대 여 금 소 득 세 예 수 금 보 험 료 예 수 금 현 금	30,000 30,000 10,000 1,430,000
해당기관에 납부시	소 득 세 예 수 금 보 험 료 예 수 금	30,000 10,000	현 금	40,000

구 분	차 변		대 변	
상품권 발행시	현 금	50,000	상 품 권 선 수 금	50,000
상품 인도시	상 품 권 선 수 금	50,000	매 출	50,000

엔토노트
- 상품 계약금 : (주면)선급금, (받으면)선수금
- 출장시 : (주면)가지급금, (받으면)가수금

01. 다음 거래를 분개하시오.

(1) 거래처 태평상점에 현금 ₩500,000을 6개월 상환조건으로 대여하고 차용증서를 받다.

(2) 대여금 ₩500,000과 이에 대한 이자 ₩10,000을 현금으로 회수하다.
    (단, 대여기간은 6개월임)

(3) 거래처 동성상점에 현금 ₩300,000을 빌려주고 3년 후에 받기로 하다.

(4) 현금 ₩150,000을 단기간 차입하고 차용증서를 써주다.

(5) 차입금 ₩150,000과 그 이자 ₩15,000을 현금으로 지급하다.(단, 차입기간은 9개월임)

(6) 거래처 보미상점에서 현금 ₩300,000을 빌려오고 2년 후에 갚기로 하다.

NO	차변과목	금 액	대변과목	금 액
(1)				
(2)				
(3)				
(4)				
(5)				
(6)				

02. 다음 거래를 분개하시오.

(1) 소지하고 있던 당기손익금융자산을 ₩300,000에 처분하고 대금은 월말에 받기로 하다.
    (단, 장부금액은 ₩250,000임)

(2) 미수금 ₩300,000을 현금으로 받아 즉시 당좌예입하다.

(3) 영업용 복사기 ₩800,000을 구입하고 대금은 외상으로 하다.

(4) 미지급금 ₩800,000을 수표발행하여 지급하다.

NO	차변과목	금 액	대변과목	금 액
(1)				
(2)				
(3)				
(4)				

03. 다음 거래를 분개하시오.(단 상품은 3분법, 채권·채무에 관한 기장은 통제계정에 의함)

(1) 천안상사에서 상품 ₩500,000을 매입하기로 하고, 계약금 ₩100,000을 현금으로 지급하다.

(2) 위 상품 ₩500,000을 매입하고 계약금을 제외한 잔액은 수표발행하여 지급하다.

(3) 아산상사로부터 상품 ₩300,000을 매출하기로 주문 받고 계약금 ₩50,000을 현금으로 받다.

(4) 위 상품₩300,000을 매출하고 계약금을 제외한 잔액은 외상으로 한다.

NO	차변과목	금 액	대변과목	금 액
(1)				
(2)				
(3)				
(4)				

04. 다음 거래를 분개하시오.

(1) 영업사원 조인성을 대구에 출장을 보내고 여비 개산액 ₩100,000을 현금으로 지급하다.

(2) 출장간 조인성이 귀사 하여 여비개산액 ₩100,000중 ₩80,000을 사용하고 잔액은 현금으로 반납하다.

(3) 출장간 조인성이 귀사하여 여비개산액 ₩100,000인데 ₩130,000을 사용하여 ₩30,000을 현금으로 추가 지급하다.

(4) 출장중에 있는 영업사원으로부터 내용불명으로 본사와 거래중인 은행의 당좌계좌에 ₩300,000이 입금되었다.

(5) 출장간 사원이 보내온 ₩300,000은 외상매출금 회수액 이다.

(6) 출장간 사원이 보내온 ₩300,000은 상품주문대금을 받은 것으로 확인되다.

NO	차변과목	금 액	대변과목	금 액
(1)				
(2)				
(3)				
(4)				
(5)				
(6)				

05. 다음 거래를 분개하시오.

(1) 종업원에게 급여에서 차감하기로 하고 현금 ₩50,000을 가불해 주다.

(2) 급여 ₩2,000,000을 지급함에 있어서 가불금 ₩50,000과 소득세 ₩100,000과 국민연금 ₩200,000을 차감한 후 현금으로 지급하다.

(3) 종업원의 급여 지급시 원천징수한 소득세 ₩100,000과 국민연금 ₩200,000을 현금으로 해당기관에 납부하다.

(4) 상품권 ₩100,000을 발행하고 현금으로 받다.

(5) 상품 ₩100,000을 매출하고 대금은 상품권으로 받다.

NO	차변과목	금 액	대변과목	금 액
(1)				
(2)				
(3)				
(4)				
(5)				

06. 다음 내용에 알맞은 계정과목을 기입하시오.

(1) 현금을 빌려주면 (1년이내)　　　　　　(차) (　　　　　) /

(2) 현금을 빌려오면(1년이내)　　　　　　　　　　　　 / (대) (　　　　　)

(3) 상품이 아닌 것을 팔고 대금을 못받은 것 (차) (　　　　　) /

(4) 상품이 아닌 것을 구입하고 대금을 지급하지 않으면　　 / (대) (　　　　　)

(5) 상품 계약금을 주면　　　　　　　　　(차) (　　　　　) /

(6) 상품 계약금을 받으면　　　　　　　　　　　　　 / (대) (　　　　　)

(7) 출장가는 직원에게 여비개산액을 주면　(차) (　　　　　) /

(8) 출장간 직원이 내용불명으로 돈을 보내오면　　　　 / (대) (　　　　　)

(9) 급여지급시 소득세를 차감하면　　　　　　　　　 / (대) (　　　　　)

(10) 상품권을 발행하면　　　　　　　　　　　　　 / (대) (　　　　　)

01. '거래처 선린상점에 현금 ₩200,000을 6개월 상환조건으로 대여하고 차용증서를 교부받다'의 회계 처리시 차변 계정과목은?

① 단기대여금　　　　　　　　　　　② 어음미수금
③ 미수금　　　　　　　　　　　　　④ 장기대여금

02. 다음 거래의 회계처리로 옳은 것은?

> 거래처 문화상점에 9개월 약정으로 대여하였던 대여금의 회수일이 도래하여 대여금 ₩200,000을 이자 ₩1,000과 함께 현금으로 받아 즉시 당좌예입하다.

① (차) 당 좌 예 금　201,000　　(대) 장 기 대 여 금　200,000
　　　　　　　　　　　　　　　　　　　 이 자 수 익　　　1,000

② (차) 당 좌 예 금　201,000　　(대) 단 기 대 여 금　200,000
　　　　　　　　　　　　　　　　　　　 이 자 수 익　　　1,000

③ (차) 장 기 대 여 금　200,000　　(대) 당 좌 예 금　201,000
　　　 이 자 수 익　　 1,000

④ (차) 단 기 대 여 금　200,000　　(대) 당 좌 예 금　201,000
　　　 이 자 수 익　　 1,000

03. 다음 거래에 대한 요소의 결합관계를 나타낸 것으로 옳은 것은?

> 주식회사 상공은 차입금 ₩1,000,000과 그 이자 ₩120,000을 현금으로 지급했다.

① (차) 자 산 의 증 가　　　　　　(대) 부 채 의 증 가
　　　　　　　　　　　　　　　　　　　 수 익 의 발 생

② (차) 자 산 의 증 가　　　　　　(대) 자 산 의 감 소
　　　　　　　　　　　　　　　　　　　 수 익 의 발 생

③ (차) 부 채 의 감 소　　　　　　(대) 자 산 의 감 소
　　　 비 용 의 발 생

④ (차) 자 산 의 증 가　　　　　　(대) 자 산 의 감 소
　　　 비 용 의 발 생

04. "외상으로 구입하였던 업무용 책상과 의자 대금 ₩80,000을 수표발행하여 지급하다." 의 회계처리로 옳은 것은?

① (차) 외 상 매 입 금　80,000　　(대) 당 좌 예 금　80,000
② (차) 미 지 급 금　80,000　　(대) 비　　　품　80,000
③ (차) 미 지 급 금　80,000　　(대) 당 좌 예 금　80,000
④ (차) 외 상 매 입 금　80,000　　(대) 비　　　품　80,000

05. 거래처로부터 상품의 주문을 받고, 계약금을 받은 경우 대변에 기입할 계정과목은?

① 가수금　　　　　　　　　② 미수금
③ 예수금　　　　　　　　　④ 선수금

06. "거래처 시흥상점으로부터 상품 ₩85,000을 주문받고, 계약금으로 ₩15,000을 현금으로 받다" 의 회계처리로 옳은 것은?

① (차) 현　　　　　금　15,000　　(대) 매　　　출　80,000
　　　　외 상 매 출 금　70,000
② (차) 현　　　　　금　15,000　　(대) 선　수　금　15,000
③ (차) 현　　　　　금　15,000　　(대) 가　수　금　15,000
④ (차) 현　　　　　금　15,000　　(대) 매　　　출　85,000
　　　　외 상 매 입 금　70,000

07. 다음 거래를 분개한 것 중 옳은 것은?

> 앞서 주문한 상품 ₩250,000을 인수하고, 계약금 ₩30,000을 차감한 잔액은 수표를 발행하여 지급하다. 단, 상품은 3분법으로 처리하며, 당좌예금잔액 ₩500,000이 있다.

① (차) 매　　　입　250,000　　(대) 선 급 금　30,000
　　　　　　　　　　　　　　　　　　당 좌 예 금　220,000
② (차) 매　　　입　250,000　　(대) 선 수 금　30,000
　　　　　　　　　　　　　　　　　　당 좌 예 금　220,000
③ (차) 매　　　입　250,000　　(대) 예 수 금　30,000
　　　　　　　　　　　　　　　　　　당 좌 예 금　220,000
④ (차) 매　　　입　250,000　　(대) 가 지 급 금　30,000
　　　　　　　　　　　　　　　　　　당 좌 예 금　220,000

08. 현금의 지급이 있었으나 회계 처리할 계정과목이나 금액이 불확실하여 확정이 될 때까지 일시적으로 처리하는 가계정은 다음 중 어는 것인가?

① 가수금   ② 가지급금

③ 미결산   ④ 예수금

09. 다음 거래의 회계처리시 차변 계정과목으로 옳은 것은?

> 사원 김대리를 제주도로 출장을 명하고 여비개산액 ₩100,000을 현금으로 지급하다.

① 출장비   ② 여비교통비

③ 현금   ④ 가지급금

10. 다음 거래의 분개에서 공통적으로 사용되는 계정과목은?

> 가. 사원에게 출장을 명하고 여비 개산액 ₩200,000을 수표를 발행하여 지급하다.
> 나. 출장 간 사원이 돌아와 출장비를 정산하고 잔액 ₩50,000은 현금으로 반납하다.

① 가수금   ② 선급금

③ 가지급금   ④ 여비교통비

11. 다음 기중 거래를 바르게 분개한 것은?

> 출처를 알 수 없는 금액 ₩250,000이 본사 보통예금 계좌에 입금되었다.

① (차) 보 통 예 금	250,000	(대) 선 급 금	250,000
② (차) 보 통 예 금	250,000	(대) 선 수 금	250,000
③ (차) 보 통 예 금	250,000	(대) 가 지 급 금	250,000
④ (차) 보 통 예 금	250,000	(대) 가 수 금	250,000

12. 종업원급여 ₩1,000,000 중 근로소득세 ₩30,000을 공제하고 잔액을 현금으로 지급하는 거래를 분개할 시 대변에 기입되는 계정과목으로 옳은 것은?

① 복리후생비   ② 세금과공과

③ 종업원급여   ④ 소득세예수금

13. 다음 거래의 분개로 옳은 것은?

> 출장 중인 사원 이대한으로 부터 내용 불명의 송금액 ₩300,000중 ₩270,000은 매출처 상공상점
> 에 대한 외상매출금 회수분이고, 나머지는 상품 주문 대금으로 받은 것임이 확인되다.

① (차) 가　　수　　금　　300,000　　(대) 외 상 매 출 금　　270,000
　　　　　　　　　　　　　　　　　　　　　 선　　수　　금　　 30,000

② (차) 외 상 매 출 금　　270,000　　(대) 가　지　급　금　　300,000
　　　 선　　수　　금　　 30,000

③ (차) 가　지　급　금　　300,000　　(대) 외 상 매 출 금　　270,000
　　　　　　　　　　　　　　　　　　　　　 선　　수　　금　　 30,000

④ (차) 외 상 매 출 금　　270,000　　(대) 가　　수　　금　　300,000
　　　 선　　수　　금　　 30,000

14. 다음 거래의 분개로 옳은 것은?

> (주)상공기업은 10월분 종업원급여 ₩2,000,000 중 근로소득세 ₩100,000, 국민건강보험료
> ₩50,000, 국민연금 ₩50,000을 원천징수하고 잔액은 보통예금 계좌에서 종업원 계좌로 이체하다.

① (차) 종 업 원 급 여　　1,800,000　　(대) 보 통 예 금　　1,800,000

② (차) 종 업 원 급 여　　1,800,000　　(대) 보 통 예 금　　1,800,000
　　　 세 금 과 공 과　　 200,000　　　　 예　수　금　　 200,000

③ (차) 종 업 원 급 여　　2,000,000　　(대) 보 통 예 금　　1,800,000
　　　　　　　　　　　　　　　　　　　　　 예　수　금　　 200,000

④ (차) 종 업 원 급 여　　2,000,000　　(대) 보 통 예 금　　1,800,000
　　　　　　　　　　　　　　　　　　　　　 가　수　금　　 200,000

15. 중앙상사는 사원들의 급여에서 차감하였던 국민연금 ₩50,000을 현금으로 납부하였다. 분개로 옳은
것은?

① (차) 현　　　　　금　　50,000　　(대) 예　수　금　　50,000

② (차) 예　수　금　　50,000　　(대) 현　　　　　금　　50,000

③ (차) 미 지 급 금　　50,000　　(대) 현　　　　　금　　50,000

④ (차) 예　수　금　　50,000　　(대) 미 지 급 금　　50,000

16. 다음 거래에 대한 분개를 수정 분개한 것으로 옳은 것은?

> • 거래 : 종업원의 급여 ₩1,000,000을 지급할 때 종업원이 부담 할 소득세 ₩50,000을 차감하고
> 현금으로 지급하였다.
> • 분개 : (차) 종업원급여 950,000   (대) 현   금 950,000

① (차) 종 업 원 급 여   50,000   (대) 현   금   50,000
② (차) 종 업 원 급 여   50,000   (대) 소 득 세 예 수 금   50,000
③ (차) 소   득   세   50,000   (대) 현   금   50,000
④ (차) 소   득   세   50,000   (대) 소 득 세 예 수 금   50,000

17. 상품권 ₩10,000권 8매를 발행하여 판매하고 대금은 현금으로 받았을 경우의 옳은 분개는? (단, 3
분법으로 회계처리 할 것)

① (차) 현   금   80,000   (대) 상 품 권 선 수 금   80,000
② (차) 상 품 권 선 수 금   80,000   (대) 현   금   80,000
③ (차) 현   금   80,000   (대) 상   품   80,000
④ (차) 상 품 권 선 수 금   80,000   (대) 매   출   80,000

18. 상공상점에 상품 ₩100,000을 매출하고, 대금은 당점이 발행한 상품권으로 받은 경우를 분개할 때,
차변에 기입될 계정과목은?

① 예수금   ② 외상매출금
③ 미수금   ④ 상품권선수금

19. 대한백화점은 상품 ₩1,000,000을 매출하고, 대금 중 ₩700,000은 대한백화점 발행 상품권으로 받
고, 잔액은 현금으로 받다. 옳은 분개는?

① (차) 상 품 권   700,000   (대) 매   출   1,000,000
       현   금   300,000
② (차) 상 품 권 예 수 금   700,000   (대) 매   출   1,000,000
       현   금   300,000
③ (차) 상 품 권 선 수 금   700,000   (대) 매   출   1,000,000
       현   금   300,000
④ (차) 상 품 권 가 수 금   700,000   (대) 매   출   1,000,000
       현   금   300,000

20. 다음 채권, 채무의 기장에 대한 설명 중 틀린 것은?

① 급여에서 차감한 조합비나 소득세 등을 일시적으로 보관하고 있는 것을 예수금계정의 차변에 기록한다.

② 실제로 현금의 지출이 있었으나 계정과목이나 금액이 확정되지 않은 경우에는 가지급금 차변에 기입한다.

③ 상품권을 발행한 때에는 상품권선수금계정의 대변에 기입한다.

④ 상품권선수금계정의 잔액은 대변에 남는다.

21. 채권 채무에 관한 내용 중 틀린 것은?

① 상품을 주문하고 계약금을 지급 → (차) 선급금

② 비품을 외상으로 구입하면 → (대) 외상매입금

③ 비품을 처분하고 월말에 받기로 하면 → (차) 미수금

④ 상품을 주문하고 계약금을 수입 → (대) 선수금

22. 다음 중 부채를 발생시키는 거래로 옳지 않은 것은?

① 화재보험에 가입하면서 2년간의 보험료로 현금 ₩20,000을 지급하다.

② 상품 매출을 계약하고 계약금으로 ₩200,000을 자기앞수표로 받다.

③ 업무용 책상을 ₩200,000에 구입하고 대금은 월말에 지급 하기로하다.

④ 은행으로부터 현금 ₩200,000을 차입하다.

04 대손(손상)

1. 대손의 뜻

대손(또는 손상)이란 매출채권(외상매출금, 받을어음), 기타채권(단기대여금, 미수금)이 거래처의 파산이나 폐업 등으로 회수불가능하게 되는 경우를 말한다.

2. 대손의 회계처리

기말 결산 시점에 매출채권 및 기타채권에 대하여 손상발생에 대한 객관적인 증거가 있는지를 평가하고, 그러한 증거가 있으며, 미래현금흐름에 영향을 미치는 경우에는 손상차손(대손상각비)을 인식하여 채권에서 직접차감하거나 대손충당금을 설정한다.

(1) 직접상각법

직접상각법이란 손상차손금액을 매출채권에서 직접차감하는 방법을 말한다.

구 분	차 변		대 변	
손상 발생(설정)시	대 손 상 각 비	×××	외 상 매 출 금	×××
손상 회복시	현 금	×××	대 손 상 각 비	×××

(2) 충당금 설정법

충당금설정법이란 대손충당금계정을 사용하여 손상차손금액을 매출채권에서 차감하는 방법을 말한다.

① 결산시 대손(손상)을 예상(설정)하다.

기말결산시 매출채권에 대하여 손상발생을 검토하여 대손충당금잔액이 부족하면 대손상각비로 대손충당금 잔액이 초과하면 대손충당금환입계정으로 처리한다.

> • 대손계산공식 : 매출채권 × 대손율 − 대손충당금 잔액 = 대손추가설정액

구 분	차 변		대 변	
대손충당금 부족시	대 손 상 각 비	×××	대 손 충 당 금	×××
대손충당금 과잉시	대 손 충 당 금	×××	대 손 충 당 금 환 입	×××

② 대손(손상) 발생시

특정 채권이 회수가 불가능하다고 판단될 경우, 즉, 손상사건이 발생한 경우 손상차손금액을 대손충당금과 상계하고 대손충당금이 부족한 경우 대손상각비로 인식한다.

구 분	차 변		대 변	
대손충당금 있다.	대 손 충 당 금	×××	외 상 매 출 금	×××
대손충당금 없다.	대 손 상 각 비	×××	외 상 매 출 금	×××

③ 대손(손상)된 것 회수시

이미 대손처리 하였던 채권을 다시 회수할 때에 대손충당금으로 처리한다.

구 분	차 변		대 변	
전기 손상된 것 회수시	현 금	×××	대 손 충 당 금	×××
당기 손상된 것 회수시	현 금	×××	대 손 충 당 금 (대 손 상 각 비	××× ×××)

3. 대손충당금 계정과 재무상태표 표시

대손충당금

대손 발생액 대손충당금 환입액	전기이월(기초잔액)
차기이월(기말잔액)	대손추가 설정액 대손된 것 회수액

■ 매출채권 ₩20,000이고, 대손충당금 ₩1,000이 있는 경우 재무상태표 표시방법은 다음의 두가지 방법이 있다.

재무상태표

자 산	금 액	부채·자본	금 액
매 출 채 권	19,000		

재무상태표

자 산	금 액		부채·자본	금 액
매 출 채 권 대손충당금	20,000 (1,000)	19,000		

01. 다음 거래를 분개하시오.

(1) 천안상사는 외상매출금 ₩2,000,000에 대하여 2%의 대손충당금을 설정하다. (단, 대손충당금 잔액은 없다.)

(2) 천안상사는 외상매출금 ₩2,000,000에 대하여 2%의 대손충당금을 설정하다. (단, 대손충당금 잔액이 ₩30,000이다.)

(3) 천안상사는 외상매출금 ₩2,000,000에 대하여 2%의 대손충당금을 설정하다. (단, 대손충당금 잔액이 ₩40,000이다.)

(4) 천안상사는 외상매출금 ₩2,000,000에 대하여 2%의 대손충당금을 설정하다. (단, 대손충당금 잔액이 ₩50,000이다.)

NO	차변과목	금 액	대변과목	금 액
(1)				
(2)				
(3)				
(4)				

02. 다음 거래를 분개하시오.

(1) 거래처의 파산으로 인하여 외상매출금 ₩50,000이 회수가 불가능하게 되었다. 단, 대손충당금 계정 잔액은 없다.

(2) 거래처의 파산으로 인하여 외상매출금 ₩50,000이 회수가 불가능하게 되었다. 단, 대손충당금 계정 잔액이 ₩60,000이 있다.

(3) 거래처의 파산으로 인하여 외상매출금 ₩50,000이 회수가 불가능하게 되었다. 단, 대손충당금 계정 잔액이 ₩30,000이 있다.

NO	차변과목	금 액	대변과목	금 액
(1)				
(2)				
(3)				

03. 다음 거래를 분개하라.

(1) 전기에 대손처리한 외상매출금 ₩30,000을 현금으로 받다. 단, 대손처리 당시 대손충당금 잔액 ₩20,000이 있었다.

(2) 당기에 대손처리한 외상매출금 ₩30,000을 현금으로 받다. 단, 대손처리 당시 대손충당금 잔액 ₩20,000이 있었다.

NO	차변과목	금 액	대변과목	금 액
(1)				
(2)				

04. 다음 연속된 거래를 분개하고, 아래 계정에 전기하고, 마감하시오. 단 결산은 6월과 12월이다. (손익 대체분개는 생략할 것)

6월 30일 기말 결산시 외상매출금 잔액 ₩2,000,000에 대하여 1%를 대손충당금을 설정하다.

8월 16일 거래처 파산으로 외상매출금 ₩5,000이 회수가 불가능하게 되었다.

12월 31일 기말 결산시 외상매출금 잔액 ₩1,000,000에 대하여 1%를 대손충당금을 설정하다.

1월 15일 거래처 파산으로 외상매출금 ₩25,000이 회수가 불가능하게 되었다.

월일	차변과목	금 액	대변과목	금 액
6/30				
8/16				
12/31				
1/15				

대 손 상 각 비

대 손 충 당 금

대손충당금환입

01. 다음 계정 중 대손충당금을 설정 할 수 없는 것은?

① 장기차입금   ② 외상매출금
③ 받을어음   ④ 단기대여금

02. 다음과 같은 거래가 발생하였을 경우의 옳은 분개는? (직접상각법)

기말 결산시 외상매출금 잔액 ₩100,000 이며, 이 금액 중 ₩2,000이 회수불가능하다고 추정되었다.

① (차) 대 손 상 각 비   2,000   (대) 대 손 충 당 금   2,000
② (차) 대 손 충 당 금   2,000   (대) 대 손 상 각 비   2,000
③ (차) 대 손 상 각 비   2,000   (대) 외 상 매 출 금   2,000
④ (차) 외 상 매 출 금   2,000   (대) 대 손 충 당 금   2,000

03. 다음과 같은 거래가 발생하였을 경우의 옳은 분개는? (직접상각법)

거래처 상공상회가 파산하여 외상매출금 ₩100,000이 회수불능 되다.

① (차) 대 손 상 각 비   100,000   (대) 외 상 매 출 금   100,000
② (차) 외 상 매 출 금   100,000   (대) 대 손 상 각 비   100,000
③ (차) 대 손 충 당 금   100,000   (대) 외 상 매 출 금   100,000
④ (차) 외 상 매 출 금   100,000   (대) 대 손 충 당 금   100,000

04. 다음 거래의 회계처리로 올바른 것은? (충당금설정법)

결산일에 매출채권 잔액 ₩500,000에 대하여 2% 대손을 설정하다. 단, 대손충당금 ₩20,000이 설정되어 있다.

① (차) 대 손 충 당 금   10,000   (대) 대 손 상 각 비   10,000
② (차) 대 손 상 각 비   10,000   (대) 대 손 충 당 금   10,000
③ (차) 대손충당금환입   10,000   (대) 대 손 충 당 금   10,000
④ (차) 대 손 충 당 금   10,000   (대) 대손충당금환입   10,000

05. 다음 결산 재무상태표와 포괄 손익계산서의 일부 자료에 의하여 결산 전 대손충당금 잔액을 추정한 것으로 옳은 것은?

재무상태표

:			
매 출 채 권	100,000		
대 손 충 당 금	5,000	95,000	
:			

포괄손익계산서

:		
대 손 상 각 비	3,000	

① ₩2,000   ② ₩3,000
③ ₩5,000   ④ ₩8,000

06. 거래처의 파산으로 인하여 외상매출금 ₩500이 회수가 불능되다. 단, 대손충당금 계정 잔액이 ₩600이 있다. 옳은 분개는?

① (차) 대 손 상 각 비 500   (대) 외 상 매 출 금 500
② (차) 대 손 상 각 비 500   (대) 대 손 충 당 금 500
③ (차) 대 손 충 당 금 500   (대) 외 상 매 출 금 500
④ (차) 대 손 충 당 금 100   (대) 대손충당금환입 500

07. 다음 거래에 대한 회계처리로 옳은 것은?

> 상공상사는 소지하고 있던 약속어음(지급인 : 경기상사) ₩30,000이 경기상사의 파산으로 회수불능 되었다. (단, 대손충당금 잔액은 ₩20,000이 있다.)

① (차) 대 손 충 당 금 20,000   (대) 받 을 어 음 30,000
　　　대 손 상 각 비 10,000
② (차) 대 손 충 당 금 20,000   (대) 받 을 어 음 20,000
③ (차) 대 손 상 각 비 10,000   (대) 받 을 어 음 10,000
④ (차) 대 손 충 당 금 30,000   (대) 받 을 어 음 30,000

08. 20×1년 1월 3일에 대동상점은 전년도 외상매출금 중 ₩1,000이 대손발생(확정) 되었으나, 이 금액을 5월 8일에 현금으로 회수할 수 있었다. 5월 8일의 회계처리로 가능한 것은?

① (차) 대 손 상 각 비   1,000   (대) 외 상 매 출 금   1,000
       현   금   1,000   대 손 충 당 금   1,000
② (차) 대 손 상 각 비   1,000   (대) 외 상 매 출 금   1,000
③ (차) 현   금   1,000   (대) 대 손 충 당 금   1,000
④ (차) 현   금   1,000   (대) 외 상 매 출 금   1,000

09. 다음 거래에 대한 회계처리로 옳은 것은?

거래처의 파산으로 인하여 전기에 대손처리 하였던 매출채권 ₩50,000을 동점발행 당좌수표로 회수하였다.

① (차) 대 손 상 각 비   50,000   (대) 대 손 충 당 금   50,000
② (차) 대 손 충 당 금   50,000   (대) 당 좌 예 금   50,000
③ (차) 현   금   50,000   (대) 대 손 충 당 금   50,000
④ (차) 당 좌 예 금   50,000   (대) 대 손 충 당 금   50,000

10. 다음은 결산 후 총계정원장의 일부이다. 이에 대한 설명으로 옳은 것은?

대손상각비

12/31	대손충당금	3,000	12/31	손	익	3,000

대손충당금

12/31	차 기 이 월	13,000	1/1	전 기 이 월		10,000
			12/31	대손상각비		3,000

① 당기 대손 추정액은 ₩10,000이다.
② 당기 대손상각비는 ₩3,000이다.
③ 당기 대손충당금 잔액은 ₩10,000이다.
④ 당기에 판매비와관리비로 처리되는 금액은 ₩13,000이다.

제6장

비유동자산

01. 유형자산

02. 무형자산

01 유형자산

1. 비유동자산의 뜻과 분류

장기적인 투자수익을 얻을 목적이나 장기간 영업활동에 사용할 목적으로 보유하고 있는 자산으로 장기대여금 및 장기수취채권, 기타장기금융자산, 투자부동산, 유형자산, 무형자산, 기타비유동자산으로 분류한다.

유형자산	토지, 건물, 기계장치, 비품, 차량운반구, 건설중인자산, 구축물
무형자산	영업권, 산업재산권(특허권, 실용신안권, 디자인권, 상표권), 저작권, 광업권, 어업권, 개발비, 라이선스와 프랜차이즈, 컴퓨터소프트웨어

2. 유형자산

(1) 유형자산의 뜻

유형자산은 재화의 생산이나 용역의 제공, 타인에 대한 임대, 또는 자체적으로 사용할 목적으로 보유하고 있으며, 물리적 형태가 있는 비화폐성자산으로 토지, 건물, 구축물, 기계장치, 건설중인자산, 기타의 유형자산(비품, 차량운반구)등을 포함한다.

(2) 유형자산의 구입

구 분	차 변		대 변	
영업용 건물구입	건　　　물	×××	당 좌 예 금	×××

◈ 취득원가 = 구입가액 + 취득세·등록세 + 설치비 + 기타구입제비용

[용어해설]
• **투자부동산** : 임대수익이나 시세차익을 얻기 위해 보유하고 있는 부동산(토지, 건물)을 말한다.
• **건물과 토지의 보유목적에 따른 구분**
　– 판매목적으로 구입한 건물과 토지　　　　　　　　　 : 재고자산(상품)
　– 임대수익이나 시세차익 목적으로 구입한 건물과 토지 : 투자부동산
　– 영업용으로 구입한 건물과 토지　　　　　　　　　　 : 유형자산(건물, 토지)

(3) 유형자산의 감가상각

토지와 건설중인자산을 제외한 유형자산은 사용에 의한 소모, 시간의 경과와 기술의 변화에 따른 진부화 등에 의해 경제적 가치가 감소되어 간다. 즉, 유형자산의 경제적효익이 발생하는 기간(내용연수) 동안 체계적이고 합리적으로 배분하는 과정의 회계절차를 감가상각이라고 한다.

① 감가상각비의 계산방법

감가상각의 계산방법에는 정액법, 체감잔액법(정률법, 이중체감법, 연수합계법), 생산량비례법 등이 있다.

　　㉠ 정액법 : 유형자산의 내용연수에 걸쳐 매기 균등액을 감가상각비로 인식하므로 직선법이라고도 한다.

$$\frac{\text{취득원가} - \text{잔존가액}}{\text{내용연수}} = 1\text{년분 감가상각비}$$

　　㉡ 정률법 : 내용연수 초기 연도에 많은 금액을 상각하고 내용연수가 경과할수록 감가상각비를 적게 계산하는 체감잔액법 중 하나이다. 취득원가에서 감가상각누계액을 차감한 미상각잔액에 정률(상각률)을 곱하여 계산한다.

$$(\text{취득원가} - \text{감가상각누계액}) \times \text{정률} = 1\text{년분 감가상각비}$$

$$1 - \sqrt{\text{내용연수}} \ of \ \frac{\text{잔존가치}}{\text{취득원가}} = \text{정률(상각률)}$$

② 기장방법

유형자산의 감가상각기장은 취득금액과 현재의 장부금액을 파악할 수 있는 간접법으로 기장하여야 한다.

구 분	차 변		대 변	
① 직 접 법	감 가 상 각 비	×××	(건　　　물)	×××
② 간 접 법	감 가 상 각 비	×××	감 가 상 각 누 계 액	×××

재무상태표

자 산	금 액		부채·자본	금 액
건　　　　　물	500,000			
감 가 상 각 누 계 액	(200,000)	300,000		

(4) 유형자산의 처분

구 분	차 변		대 변	
처분가액 〉 장부금액	감가상각누계액 미 수 금	20,000 40,000	건 물 유형자산처분이익	50,000 10,000
처분가액 〈 장부금액	감가상각누계액 미 수 금 유형자산처분손실	20,000 20,000 10,000	건 물	50,000

◈ 처분시 제비용은 처분가액에서 직접 차감하여 기록한다.

[용어해설]

•유형자산의 장부금액 = 취득원가 - 감가상각누계액

---

3. 유형자산의 취득후 지출

자산으로 처리하는 경우(자본적 지출)	비용으로 처리하는 경우(수익적 지출)
① 본래의 용도를 변경하기 위한 개조 ② 건물에 에스컬레이터 또는 엘리베이터설치 ③ 냉난방 장치의 설치나 내용연수 연장 ④ 빌딩에 피난시설 등의 설치 ⑤ 중고품을 구입하고 사용 전 수리비지급 ⑥ 개량, 확장, 증설 등 가치를 증가시키는 것	① 오래된 건물 또는 벽의 도색(페인트칠) ② 파손된 유리나 기와의 대체 ③ 기계의 소모된 부속품과 벨트의 대체 ④ 오래 사용한 자동차의 타이어 또는 배터리 교체 ⑤ 건물내부의 조명기구 교환 ⑥ 조업가능한 상태의 유지나 원상회복 등

구 분	차 변		대 변	
자산으로 처리한 경우	건 물	×××	현 금	×××
비용으로 처리한 경우	수 선 비	×××	현 금	×××

┤ 자본적지출과 수익적지출

•한국채택국제회계기준(K-IFRS)에서는 더 이상 자본적지출과 수익적지출이라는 용어를 사용하지 않는다.

4. 건설중인자산

건물을 신축하는 경우 공사착수금이나 중도금을 지급하면 건설중인자산으로 하였다가 건물이 완공되면 건물계정에 대체한다. 또한 건물 등을 취득하기 위하여 지급된 계약금도 선급금계정이 아닌 건설중인자산으로 처리 한다.

구 분	차 변		대 변	
건물 완공전 지급	건 설 중 인 자 산	×××	당 좌 예 금	×××
건물 완공시	건 물	×××	건 설 중 인 자 산 당 좌 예 금	××× ×××

01. 다음 거래를 분개하시오.

(1) 영업용 건물 ₩500,000을 구입하고 중개수수료 ₩30,000과 함께 수표 발행하여 지급하다.

(2) 영업용 토지 ₩700,000을 구입하고 대금은 월말에 지급하기로 하고 취득세 ₩21,000과 등록세 ₩14,000은 현금으로 지급하다.

(3) 영업용 자동차 ₩400,000을 구입하고 대금은 수표발행하여 지급하다.

(4) 영업용 토지 ₩300,000을 구입하고 대금은 수표발행하여 지급하고, 즉시 땅고르기 작업비용 ₩50,000을 현금으로 지급하다.

NO	차변과목	금 액	대변과목	금 액
(1)				
(2)				
(3)				
(4)				

02. 취득원가 ₩600,000이고, 잔존가치 ₩0이며 내용연수 3년인 건물을 정액법으로 감가상각을 하면 감가상각비와 감가상각누계액은 얼마인가? (결산 연1회)

공 식	$\dfrac{취득원가 - 잔존가액}{내용연수}$ = 감가상각비	
년 도	감가상각비 계산과정	감가상각누계액
20×1년		
20×2년		
20×3년		

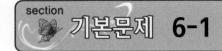
03. 취득원가 ₩1,000,000인 기계장치를 정률법(정률 40%)로 감가상각을 하면 감가상각비와 감가상각 누계액은 얼마인가? (결산 연1회)

공 식	(취득원가 – 감가상각누계액) × 정률 = 감가상각비	
년 도	감가상각비 계산과정	감가상각누계액
20×1년		
20×2년		
20×3년		

04. 다음 거래를 분개하시오.

(1) 취득원가 ₩5,000,000(내용연수 10년, 잔존가치 ₩0)의 건물에 대하여 계산방법은 정액법, 기장방법은 간접법으로 감가상각을 하다.(결산 연1회)

(2) 취득원가 ₩5,000,000(내용연수 5년, 잔존가치 ₩0)의 건물을 정률법(정률 40%)간접법으로 감가상각하다. 단, 감가상각누계액은 ₩2,000,000이다.(결산 연1회)

(3) 취득원가 ₩400,000의 건물(감가상각누계액 ₩120,000)을 ₩360,000에 매각하고 대금은 6개월 후에 받기로 하다.

(4) 취득원가 ₩400,000의 비품(감가상각누계액 ₩120,000)을 ₩180,000에 매각하고 대금은 동점발행수표로 받아 즉시 당좌예입하다.

(5) 원가 ₩20,000,000의 토지를 ₩50,000,000에 처분하고 대금은 동점발행 약속어음으로 받다.

NO	차변과목	금 액	대변과목	금 액
(1)				
(2)				
(3)				
(4)				
(5)				

05. 다음 중 자산으로 처리하는 경우 (자), 비용으로 처리하는 경우는 (비)를 기입하시오.

(1) (　　　) 본래의 용도를 변경하기 위한 개조

(2) (　　　) 승강기 또는 냉난방장치의 설치

(3) (　　　) 건물 또는 벽의 도장

(4) (　　　) 파손된 유리나 기와 등의 교체

(5) (　　　) 빌딩 등에 있어서 피난시설 등의 설치

(6) (　　　) 기타 개량, 증설 확장등

(7) (　　　) 기계의 소모된 부속품의 대체

(8) (　　　) 천재지변 등으로 훼손되어 자산 본래의 이용 가치가 없는 것의 복구

(9) (　　　) 자동차의 타이어튜브의 교체

(10) (　　　) 기타 조업 가능한 상태의 현상 유지 등

06. 다음 거래를 분개하시오.

(1) 현대건설과 건물 신축계약을 체결하고, 도급대금 ₩5,000,000 중 계약금으로 ₩1,000,000을 보통예금으로 지급하다.

(2) 신축중인 건물이 완공되어 인수하고, 공사비 잔액 ₩4,000,000을 당좌수표를 발행하여 지급하다. 단, 지금까지 건물 신축을 위해 지급한 공사비는 ₩1,000,000이다.

(3) 본사 건물의 수선비 ₩100,000을 현금으로 지급하다. 단 ₩70,000은 자산으로 처리하고, 나머지는 비용으로 처리 하였다.

(4) 판매용 컴퓨터 ₩1,500,000(원가 ₩1,000,000)을 업무용으로 사용하다.

(5) 사무용 복사기를 취득하고 지급한 ₩50,000이 운반비 계정에 잘못 기입되었다.

NO	차변과목	금 액	대변과목	금 액
(1)				
(2)				
(3)				
(4)				
(5)				

01. 다음 중 유형자산에 속하지 않는 것은?

① 비품
② 소모품
③ 차량운반구
④ 구축물

02. 다음 중 감가상각의 대상에서 제외되는 자산으로 옳은 것은?

① 건물
② 차량운반구
③ 기계장치
④ 토지

03. 다음 유형자산에 대한 설명 중 틀린 것은?

① 물리적인 형태가 있다.
② 1년 이상 장기에 걸쳐 사용된다.
③ 모든 유형자산은 감가상각의 대상이 된다.
④ 취득시 부대비용은 취득원가에 포함된다.

04. 다음은 상공상사의 업무용 주차장으로 사용할 목적으로 구입한 토지의 지출내역이다. 토지의 취득원가를 계산한 금액으로 옳은 것은?

가. 토지 구입 대금	₩15,000,000	나. 토지정지비용	₩1,000,000
다. 취득세	₩500,000	라. 매입수수료	₩300,000
마. 재산세	₩200,000		

① ₩15,700,000
② ₩16,000,000
③ ₩16,800,000
④ ₩17,000,000

05. 아래 자료를 보고 차량운반구의 취득원가를 계산하시오.

가. 승용차 구입	₩10,000,000	나. 차량취득세	₩110,000
다. 자동차세	₩200,000		

① ₩10,000,000
② ₩10,110,000
③ ₩10,200,000
④ ₩10,310,000

06. 경기(주)는 기계장치를 구입하였다. 기계의 대금은 ₩1,000,000이며 공장까지의 운임은 ₩120,000, 구입수수료 ₩100,000, 공장 내 설치비 ₩50,000이 발생하였다. 기계장치의 취득원가는 얼마인가?

① ₩1,000,000

② ₩1,120,000

③ ₩1,220,000

④ ₩1,270,000

07. 다음은 (주)상공기업이 사용 중이던 영업용 차량의 처분과 관련된 자료이다. 아래 거래 관련 회계처리로 옳은 것은?

가. 취득원가	₩5,000
나. 감가상각누계액(차량운반구)	₩1,500
다. 현금판매금액	₩3,000

① (차) 현   금   3,000   (대) 차 량 운 반 구   3,000

② (차) 현   금   3,000   (대) 차 량 운 반 구   3,500
　　　유형자산처분손실   500

③ (차) 현   금   3,000   (대) 차 량 운 반 구   5,000
　　　유형자산처분손실   2,000

④ (차) 현   금   3,000   (대) 차 량 운 반 구   5,000
　　　감 가 상 각 누 계 액   1,500
　　　유형자산처분손실   500

08. "영업을 목적으로 하는 취득원가 ₩2,000,000의 건물을 ₩1,500,000에 처분하고, 대금은 월말에 받기로 하다."의 분개로 옳은 것은? 단, 처분한 건물의 감가상각누계액은 ₩800,000이다.

① (차) 미   수   금   1,500,000   (대) 건   물   1,500,000

② (차) 미   수   금   1,500,000   (대) 건   물   2,000,000
　　　유형자산처분손실   500,000

③ (차) 미   수   금   1,500,000   (대) 건   물   2,000,000
　　　감 가 상 각 누 계 액   800,000   유형자산처분이익   300,000

④ (차) 미   수   금   1,500,000   (대) 건   물   1,500,000
　　　감 가 상 각 누 계 액   800,000   유형자산처분이익   800,000

09. 다음의 자료를 토대로 2014년 1월 1일 건물 처분시 유형자산처분손익은 얼마인가?

> 가. 2011년 1월 1일 ₩10,000,000에 건물 취득
>   (내용연수 10년, 잔존가치 0, 감가상각방법 : 정액법)
> 나. 2014년 1월 1일 ₩9,000,000에 현금을 받고 건물 처분

① 유형자산처분손실 ₩1,000,000
② 유형자산처분손실 ₩2,000,000
③ 유형자산처분이익 ₩1,000,000
④ 유형자산처분이익 ₩2,000,000

10. 정액법에 의한 감가상각시 3요소에 해당하지 않는 것은?

① 취득원가
② 내용연수
③ 미상각잔액
④ 잔존가액

11. 다음의 경우 감가상각비는 얼마인가?

* 취득원가	10,000,000원	* 잔존가액	1,000,000원
* 내용연수	5년	* 감가상각방법	: 정액법

① 2,000,000원
② 1,800,000원
③ 1,600,000원
④ 1,000,000원

12. 오산상사는 20×1년 1월 1일 ₩50,000에 취득한 건물에 대하여 20×1년과 20×2년 결산일(12월 31일)에 각각 정액법으로 감가상각을 하였다. 간접법으로 기장할 경우, 20×2년말 재무상태표에 표시될 감가상각누계액은 얼마인가?(내용연수 10년, 결산 연 1회, 잔존가치 ₩0)

① ₩ 5,000
② ₩10,000
③ ₩15,000
④ ₩20,000

13. 다음은 아래 거래 내용을 바탕으로 설명한 것이다. 옳지 <u>않은</u> 것은?

> (주)문식상사는 당기(제1기) 결산 시 취득원가 ₩10,000의 비품을 정률법으로 감가상각 하였다.
> (내용년수 5년, 정률 30%, 기장방법 : 간접법, 결산 연1회)

① 상기비품의 제2기 감가상각액은 제1기 감가상각액보다 적을 것이다.

② 비용이 ₩3,000발생하고 자산이 ₩3,000감소하였다.

③ 비품의 원가 ₩10,000중 ₩3,000을 비용을 전환하였다.

④ 매기 ₩3,000 씩 균등하게 상각된다.

14. 20×1년도 초에 원가 ₩100,000인 비품을 구입하여 정률법에 의해 상각하여 왔다. 20×2년도말 재무상태표상에 계상될 비품의 감가상각누계액은 얼마인가? (단, 정률은 20%, 연 1회 결산, 기장은 간접법에 의한다.)

① ₩100,000   ② ₩80,000

③ ₩64,000   ④ ₩36,000

15. 다음 거래를 분개한 것으로 옳은 것은?

> 신축중인 건물이 완공되어 인수하고, 공사비 잔액 ₩5,000을 수표를 발행하여 지급하다.
> 단, 지금까지 건물 신축을 위해 지급된 공사비는 ₩1,000이다.

①	(차) 건 물	5,000	(대) 당 좌 예 금	4,000
			건설중인자산	1,000
②	(차) 건 물	6,000	(대) 당 좌 예 금	5,000
			건설중인자산	1,000
③	(차) 건 물	5,000	(대) 당 좌 예 금	5,000
	미 지 급 금	1,000	건설중인자산	1,000
④	(차) 건 물	5,000	(대) 당 좌 예 금	5,000
	건설중인자산	1,000	미 지 급 금	1,000

16. 본사 건물의 수선비 ₩200,000을 수표 발행하여 지급하다. 단,₩150,000은 자산으로 처리하고 ₩50,000은 비용으로 처리하였다. 차변에 나타나는 계정과목 금액이 옳은 것은?

① 건물 ₩150,000, 수선비₩50,000   ② 수선비 ₩150,000, 건물 ₩50,000

③ 건물 ₩200,000   ④ 당좌예금 ₩200,000

17. 유형자산에 대한 설명 중 틀린 것은?

① 자산의 원상회복을 위한 지출액은 비용으로 처리한다.
② 모든 유형자산에 대해 감가상각을 한다.
③ 유형자산의 취득원가는 순수구입대금에 부대비용을 가산하여 산정한다.
④ 자산의 내용연수 연장을 위한 지출액은 취득원가에 가산한다.

18. 다음 중 건물의 원가에 가산할 수 없는 것은?

① 건물의 승강기 설치비용
② 건물 용도변경을 위한 개조비용
③ 파손된 유리 교체비용
④ 공장 건물의 증설 확장 공사비용

19. 유형자산과 관련된 지출 중 수익적 지출에 해당하는 것은?

① 건물 증축비　　　　　　　　　② 기계의 시운전비
③ 토지 정지비　　　　　　　　　④ 유리창 파손 교체비

20. 다음 중 계정기입 내용의 설명으로 옳은 것은?

비 품

1/1 전 기 이 월	300,000	12/31 차 기 이 월	300,000

감가상각누계액

12/31 차 기 이 월	40,000	1/1 전 기 이 월	20,000
		12/31 감 가 상 각 비	20,000
	40,000		40,000

감가상각비

12/31 감가상각누계액	20,000	12/31 손　　　익	20,000

① 당기분 감가상각비 계상액은 ₩20,000이다.
② 비품의 취득원가는 ₩260,000이다.
③ 결산일 현재 비품의 미상각액은 ₩300,000이다.
④ 감가상각비를 직접법으로 기장한 것이다.

21. 판매용 책상과 의자 ₩150,000(원가 ₩100,000)을 업무용으로 사용한 경우의 옳은 분개는?

① (차) 비   품   100,000   (대) 매   입   100,000
② (차) 비   품   150,000   (대) 매   입   150,000
③ (차) 비   품   150,000   (대) 매   출   150,000
④ (차) 비   품   100,000   (대) 매   출   100,000

22. 다음은 충남상점의 재무상태표 중 일부이다. 이에 대한 설명으로 잘못된 것은?

	재무상태표		(단위:원)
....			
건 물	100,000		
감가상각누계액	(30,000)	70,000	
....			

① 이 건물은 ₩100,000에 취득한 것이다.
② 그 동안 인식한 감가상각비의 합계는 ₩30,000이다.
③ 이 건물의 장부금액은 ₩70,000이다.
④ 이 건물의 현재 처분가치는 ₩70,000이다.

02 무형자산

1. 무형자산의 특성

(1) 무형자산은 기업이 통제하고 있으며 미래경제적효익이 기업에 유입되리라고 기대되는 비화폐성자산이다

(2) 무형자산은 물리적 형체가 없다.

(3) 무형자산은 식별가능하다.

2. 무형자산의 분류

무형자산은 기업의 영업활동에서 유사한 성격과 용도를 가진 자산끼리 묶어서 분류한다. 이러한 종류의 예는 다음과 같다.

(1) 브랜드명

(2) 제호와 출판표제

(3) 컴퓨터소프트웨어

(4) 라이선스와 프랜차이즈

(5) 저작권, 특허권, 기타 산업재산권, 용역운영권

(6) 기법, 방식, 모형, 설계 및 시제품

(7) 개발 중인 무형자산 등을 포함한다.

▣ 사업결합에서 발생하는 영업권은 별도로 표시한다.
▣ 내부적으로 창출된 브랜드, 고객목록 등에 대한 지출은 무형자산으로 인식하지 않는다.

---

3. 무형자산의 종류

(1) 영업권

영업권(goodwill)이란 우수한 경영진, 뛰어난 판매조직, 양호한 신용, 원만한 노사관계, 기업의 좋은 이미지 등 동종의 다른 기업에 비하여 특별히 유리한 사항들의 집합한 무형의 자원을 말한다. 영업권은 다른 무형자산과 달리 식별가능하지 않고, 개별적으로 판매되거나 교환할 수 없고, 기업전체와 관련지어서 확인가능하다는 특징이 있다.

(2) 산업재산권

산업재산권은 법률에 의하여 일정기간 독점적, 배타적으로 이용할 수 있는 권리를 말한다.

① 특 허 권 : 새로운 발명품을 특허법에 등록하여 일정기간 독점적·배타적으로 이용할 수 있는 권리

② 실 용 신 안 권 : 물건의 모양·구조 또는 결합 등을 실용적인 고안을 법률에 등록하여 일정기간 독점적·배타적으로 이용할 수 있는 권리

③ 디 자 인 권 : 물건의 디자인을 고안하여 법률에 등록하고 일정기간 독점적·배타적으로 이용할 수 있는 권리

④ 상 표 권 : 특정 상표를 법률에 등록하여 일정기간 독점적·배타적으로 이용할 수 있는 권리

(3) 개발비

개발활동과 관련하여 발생한 지출액 중 미래경제적효익이 기업에 유입될 가능성이 높으며, 취득원가를 신뢰성 있게 측정 가능한 것을 말한다.

(4) 기타무형자산

① 라 이 선 스 : 다른 기업의 제품을 독점적으로 사용할 수 있는 권리를 말한다.

② 프 랜 차 이 즈 : 특정 체인사업에 가맹점을 얻어 일정한 지역에서 특정 상표나 제품을 독점적으로 판매영업을 할 수 있는 권리를 말한다.

③ 저 작 권 : 저작자가 자기 저작물의 복제·번역·방송·공연 등을 독점적으로 이용할 수 있는 권리를 말한다.

④ 컴퓨터소프트웨어 : 상용소프트웨어 구입을 위하여 지출한 금액을 말한다.(컴퓨터는 운영체제 없이 가동이 불가능하므로 Windows는 하드웨어의 일부로 보아 유형자산으로하고, 하드웨어의 일부가 아닌 흔글, Excel등은 무형자산으로 회계처리 한다.)

⑤ 임 차 권 리 금 : 토지나 건물 등을 임차할 때 그 이용권을 갖는 대가로 빌려 준 사람에게 보증금 이외에 지급하는 금액을 말한다.

⑥ 어 업 권 : 일정한 수면에서 독점적·배타적으로 어업을 경영할 수 있는 권리를 말한다.

⑦ 시 추 권 (광 업 권) : 특정 지역에서 광물자원을 추출할 수 있는 권리를 말한다.

멘토노트
• 무형자산 : ○○권, 개발비
• 유상 취득한 영업권만 인정하고 내부적으로 창출한 영업권은 인정하지 않는다.

01. 다음 중 유형자산인 것은 (유), 무형자산인 것에 (무) 하시오.

(1) (　　　　) 영업권

(2) (　　　　) 상표권

(3) (　　　　) 광업권

(4) (　　　　) 차지권

(5) (　　　　) 산업재산권

(6) (　　　　) 개발비

(7) (　　　　) 저작권

(8) (　　　　) 컴퓨터소프트웨어

(9) (　　　　) 어업권

(10) (　　　　) 특허권

(11) (　　　　) 기계장치

(12) (　　　　) 건설중인자산

01. 다음 중 무형자산에 속하지 않는 것은?

① 연구비
② 산업재산권
③ 프랜차이즈
④ 개발비

02. 다음 중 산업재산권에 속하는 계정과목은?

① 영업권
② 상표권
③ 광업권
④ 차지권

03. 다음은 무형자산을 설명한 것이다. 옳지 않은 것은?

① 법률상의 권리 또는 경제적 권리를 나타내는 자산이다
② 물리적인 형태가 있는 자산이다.
③ 무형자산의 종류에는 영업권, 산업재산권 등이 있다.
④ 미래에 걸쳐 기업의 수익창출에 기여할 것으로 예상되는 자산이다.

04. 다음 무형자산에 대한 설명 중 틀린 것은?

① 내부적으로 창출된 영업권은 미래 경제적 효익이 예상되는 경우에 무형자산으로 인식한다.
② 물리적 실체가 없는 자산이라도 판매를 목적으로 보유하는 자산은 무형자산이 아닌 재고자산으로 분류한다.
③ 무형자산은 물리적 형체가 없지만 식별가능하고, 기업이 통제하고 있으며, 미래 경제적 효익이 있는 비화폐성자산을 말한다.
④ 다른 종류의 무형자산과 교환으로 무형자산을 취득하는 경우에는 교환으로 제공한 자산의 공정가치를 무형자산의 취득 원가로 하는 것이 원칙이다.

05. 무형자산에 대한 다음 설명 중 잘못된 것은?

① 물리적인 실체가 없다.
② 법률상의 권리 또는 사실상의 가치를 나타내는 자산이다.
③ 무형자산 상각비는 판매비(물류원가)와 관리비이다.
④ 무형자산을 상각할 때는 간접법으로 상각한다.

MEMO

처음부터 시작하는 회계원리

제7장

부채와 자본의 회계처리

01. 부채

02. 자본

03. 장부

01 부채

1. 부채의 뜻과 분류

부채란 과거의 거래나 사건의 결과로서 기업이 미래에 타인에게 지급해야할 채무를 말한다. 보고기간말(결산일)로부터 1년 또는 정상적인 영업주기 이내에 갚아야 하는 것을 유동부채로 하고, 그 이후에 갚아도 되는 것을 비유동부채라 한다.

유 동 부 채	외상매입금, 지급어음, 단기차입금, 선수금, 선수수익, 미지급금, 미지급비용, 미지급법인세, 예수금 등
비유동부채	퇴직급여부채, 사채, 장기차입금, 장기선수금, 장기미지급금 등

2. 사채

(1) 사채의 뜻

사채란 회사가 거액의 장기자금을 조달하기 위하여 발행하는 것으로 일정한 이자를 지급하고 만기에 원금을 상환해야 하는 확정채무증권으로 사채발행 방법은 아래와 같다.

(2) 사채의 발행

구 분	차 변		대 변		비 고
평가발행	당 좌 예 금	10,000	사 채	10,000	시장이자율 = 액면이자율
할인발행	당 좌 예 금 사채할인발행차금	9,000 1,000	사 채	10,000	시장이자율 〉 액면이자율
할증발행	당 좌 예 금	12,000	사 채 사채할증발행차금	10,000 2,000	시장이자율 〈 액면이자율

[용어해설]
• 금융부채 : 부채의 정의에 충족하는 계약상의 의무로서 현금 또는 자기지분상품 등의 금융자산으로 결제되는 부채를 말한다.(선수금과 선수수익은 재화나 용역을 제공해야 하는 것이므로 금융부채가 아니다.)
• 금융부채의 분류

　　- 매입채무 및 기타채무 ┌ 매입채무 : 외상매입금, 지급어음
　　　　　　　　　　　　　 └ 기타채무 : 차입금, 미지급금
　　- 기타금융부채 : 사채

01. 다음 중 유동부채인 것은 (유) 비유동부채인 것은 (비)를 쓰시오.

    (1) 외 상 매 입 금 (　　　　)

    (2) 사　　　　　채 (　　　　)

    (3) 매 입 채 무 (　　　　)

    (4) 퇴 지 급 여 부 채 (　　　　)

    (5) 미 지 급 금 (　　　　)

    (6) 장 기 차 입 금 (　　　　)

    (7) 선 수 금 (　　　　)

    (8) 예 수 금 (　　　　)

02. 다음거래를 분개하시오.

    (1) (주)대명은 사채 ₩10,000,000(권당 액면금액 @₩10,000 연이율 10% 상환기간 5년)을 액면금액으로 발행하고 납입금은 현금으로 받아 즉시 당좌예입 하였다.

    (2) 액면금액 ₩1,000,000, 사채이자율 연 10%, 유효이자율 12%, 이자지급 연1회, 상환기간 5년의 사채를 ₩970,000에 발행하고, 납입금은 전액 당좌예입하다.

    (3) 사채(액면금액 ₩3,000,000, 만기 5년, 액면이자율 10%, 유효이자율 8%)를 ₩3,500,000에 발행하고 대금은 보통예금계좌로 입금되었다.

    (4) 사채 액면 총액 ₩5,000,000에 대한 사채이자 ₩600,000을 수표발행하여 지급하다.

NO	차변과목	금 액	대변과목	금 액
(1)				
(2)				
(3)				
(4)				

01. 다음 거래를 바르게 분개한 것은?

> 직원 갑에게 이달분 급여 ₩3,000,000을 지급함에 있어 국민연금 ₩100,000, 건강보험료 ₩100,000을 제외한 금액을 수표 발행하여 지급하다.

① (차) 급   여   3,000,000   (대) 당 좌 예 금   3,000,000
② (차) 급   여   3,000,000   (대) 예 수 금   200,000
                                            당 좌 예 금   2,800,000
③ (차) 급   여   2,800,000   (대) 당 좌 예 금   3,000,000
       예 수 금   200,000
④ (차) 급   여   2,800,000   (대) 당 좌 예 금   2,800,000

02. 거래요소의 결합관계가 다음과 같은 거래는?

> (차) 자산의 증가   (대) 부채의 증가

① 일진상사에 대한 대여금 ₩100,000을 현금으로 회수하다.
② 영우상사로부터 3개월 후 상환을 조건으로 현금 ₩300,000을 빌려오다.
③ 영업용 컴퓨터 ₩300,00을 구입하고 대금은 자기앞수표로 지급하다.
④ 거래처에 대한 외상매입금 ₩250,000을 지급하기 위하여 약속어음을 발행하여 주다.

03. 다음에서 유동부채와 비유동부채의 분류가 바르게 짝지어진 것은?

유동부채	비유동부채
① 사 채	선수수익
② 매입채무	미지급비용
③ 선수수익	미지급법인세
④ 예 수 금	퇴직급여부채

04. 다음 중 부채에 대한 설명으로 옳지 않은 것은?

① 기업의 과거의 거래 또는 회계사건의 결과로 미래에 경제적 자원을 유출시키는 현재의 의무이다.
② 부채에는 차입금, 외상매입금, 지급어음 등이 있다.
③ 비유동부채에는 사채, 장기차입금 등이 있다.
④ 기업이 자본주 이외에 타인에게 조달한 금액을 말하며, 자본금과 마찬가지로 반드시 상환할 필요가 없다.

05. 다음 중 금융부채에 대한 설명으로 옳은 것은?

① 금융기관의 상품 종류를 뜻하는 것으로 선수금 등이 있다.
② 기업의 지분상품을 뜻하는 것으로 기업이 매입한 다른 회사의 주식 등이 있다.
③ 거래 상대방에게 현금 등 금융자산을 수취할 계약상의 권리를 뜻하는 것으로 매출채권 등이 있다.
④ 거래 상대방에게 현금 등 금융자산을 인도하기로 한 계약상의 의무를 뜻하는 것으로 매입채무 등이 있다.

06. 다음 중 사채의 발행 방법으로 옳지 <u>않은</u> 것은?

① 평가발행
② 할인발행
③ 분할발행
④ 할증발행

07. "사채 액면 ₩1,000,000에 대한 사채이자 ₩50,000을 현금으로 지급하였다."의 분개로 옳은 것은?

① (차) 이 자 수 익	50,000	(대) 현	금	50,000
② (차) 현 금	50,000	(대) 이 자 비 용		50,000
③ (차) 이 자 비 용	50,000	(대) 현	금	50,000
④ (차) 사 채 이 자	50,000	(대) 현	금	50,000

08. (주)인천은 사채 ₩10,000,000(권당 액면가액 @₩10,000 연이율 10% 상환기간 5년)을 액면가액으로 발행하고 납입금은 현금으로 받아 즉시 당좌예입 하였다. 옳은 분개는?

① (차) 당 좌 예 금	10,000,000	(대) 사 채	10,000,000
② (차) 당 좌 예 금	5,000,000	(대) 사 채	5,000,000
③ (차) 당기손익금융자산	10,000,000	(대) 당 좌 예 금	10,000,000
④ (차) 당기손익금융자산	5,000,000	(대) 당 좌 예 금	5,000,000

09. "(주)카임상사는 20×1년 1월 1일에 사채 ₩1,000,000을 상환연수 5년, 연이율 8%의 이자를 지급하기로 하고, 액면 발행하였다." 20×2회계연도의 포괄손익계산서상에 계상될 사채 이자비용은 얼마인가?(단, 이자 지급은 연1회, 매년 12월 31일)

① ₩ 40,000   ② ₩ 80,000

③ ₩120,000   ④ ₩160,000

10. 사채에 관한 다음 설명 중 옳은 것은?

① 사채는 재무상태표에 반드시 비유동부채로 표시해야 한다.

② 사채액면이자율과 시장이자율이 동일한 경우 액면발행 한다.

③ 사채이자는 1회계년도에 단 1회만 지급한다.

④ 사채는 국가기관이 도로건설 등 공공사업에 필요한 자금을 조달하기 위하여 발행하는 채권이다.

02 자본

1. 개인기업의 자본금계정

개인이 출자하여 경영하는 기업을 개인기업이라 한다. 개인이 기업을 설립하기 위하여 출자한 자금을 자본금이라 한다.

구 분	차 변		대 변	
원시 출자시	현 금	×××	자 본 금	×××
추가 출자시	현 금	×××	자 본 금	×××

2. 인출금계정

개인기업에서 기업주가 사적인 목적으로 기업의 현금이나 상품등을 개인용도로 사용하는 경우 설정하는 자본금의 평가계정으로 기말 결산시는 자본금 계정에 대체한다.

구 분	차 변		대 변	
기업주 인출시	인 출 금	×××	현 금	×××
기업주가 판매용 사용시	인 출 금	×××	매 입	×××
결산시 인출금을 정리하다	자 본 금	×××	인 출 금	×××

3. 당기순손익의 처리

구 분	차 변		대 변	
당기순이익 발생시	손 익	×××	자 본 금	×××
당기순손실 발생시	자 본 금	×××	손 익	×××

4. 자본금 계정

자 본 금

인출액(감자)	전기이월(기초자본금)
당기순손실	추가출자액(증자)
차기이월(기말자본금)	당기순이익

[용어해설]
- **손익법** : 총수익 − 총비용 = 순이익 (−는 순손실)
- **재산법** : 기말자본 − (기초자본 + 추가출자액 − 인출액) = 순이익 (−는 순손실)

5. 주식회사의 자본

(1) 주식회사의 자본의 뜻과 분류

회사가 발행한 주식의 총수에 1주의 액면금액을 곱한 금액으로, 상법에서 정하는 법정 자본금을 말한다.

주식발행수 × 주당액면금액 = 자본금

자　　본　　금	보통주자본금, 우선주자본금
자 본 잉 여 금	주식발행초과금, 감자차익, 자기주식처분이익
자　본　조　정	주식할인발행차금, 감자차손 및 자기주식처분손실, 자기주식, 신주청약증거금, 미교부주식배당금
기타포괄손익누계액	기타포괄손익증권평가손익, 해외사업환산손익, 재평가잉여금, 현금흐름위험회피 파생상품평가손익
이 익 잉 여 금	법정적립금 : 이익준비금 임의적립금 : 사업확장적립금, 감채적립금, 배당평균적립금, 퇴직급여적립금, 결손보존적립금, 별도적립금, 미처분이익잉여금(전기이월미처분이익잉여금, 당기순이익)

■ 재무상태표의 자본표시
  ① 납입자본 : 자본금, 주식발행초과금
  ② 이익잉여금 : 법정적립금, 임의적립금, 미처분이익잉여금
  ③ 기타자본구성요소 : 기타자본잉여금, 자본조정, 기타포괄손익누계액

(2) 주식의 발행

구 분	차 변	대 변	비 고
평가발행	당 좌 예 금 10,000	자 본 금 10,000	발행가액 = 액면가액
할증발행	당 좌 예 금 12,000	자 본 금 10,000 주 식 발 행 초 과 금 2,000	발행가액 〉 액면가액
할인발행	당 좌 예 금 9,000 주식할인발행차금 1,000	자 본 금 10,000	발행가액 〈 액면가액

엔토노트

• 자본잉여금 : 감자차익, 자기주식처분이익, 주식발행초과금(감 자 주)
•

자본금 계정			
인 출 액	×××	기 초 자 본	×××
당 기 순 손 실	×××	추 가 출 자	×××
기 말 자 본	×××	당 기 순 이 익	×××

01. 다음 거래를 분개하시오.

(1) 기업주가 현금 ₩500,000을 출자하여 영업 개시하다.
(2) 기업주가 현금 ₩10,000을 가져가다.
(3) 기업주가 판매용 상품 ₩30,000(원가 ₩20,000)을 개인적으로 가져가다.
(4) 기업주의 개인 사업소득세 ₩50,000을 현금으로 납부하다.
(5) 기말 결산시 인출금계정 차변잔액 ₩80,000을 정리하다.
(6) 결산 결과 당기순이익 ₩100,000을 계상하다.
(7) 결산결과 당기순손실 ₩150,000을 계상하다.

NO	차변과목	금 액	대변과목	금 액
(1)				
(2)				
(3)				
(4)				
(5)				
(6)				
(7)				

2. 다음 표의 (   )속을 채우시오.(–표시는 순손실임)

구 분	기초자본금	추가출자액	인 출 액	기말자본금	총 수 익	총 비 용	순 손 익
천안상점	300,000	140,000	160,000	(①)	(②)	40,000	100,000
분당상점	(③)	140,000	120,000	1,280,000	380,000	(④)	160,000
일산상점	280,000	40,000	100,000	340,000	(⑤)	160,000	(⑥)

3. 다음거래를 분개하시오.

(1) 자본금을 증자하기 위해 액면금액 ₩5,000인 보통주 신주 1,500주를 액면금액으로 발행하고 보통예금으로 납입 받다.

(2) (주)한일이 신주 100주(액면가액 @₩10,000)를 @₩11,000에 발행하고, 납입금은 당좌예금하다.

(3) (주)한일이 신주 100주(액면가액 @₩10,000)를 @₩9,000에 발행하고 납입금은 당좌예금하다.

NO	차변과목	금 액	대변과목	금 액
(1)				
(2)				
(3)				

01. '(주)상공상사는 1월 1일에 현금 ₩100,000을 출자하여 영업을 시작하다'의 분개로 옳은 것은?

① (차) 현   금   100,000   (대) 자 본 금   100,000
② (차) 자 본 금   100,000   (대) 현   금   100,000
③ (차) 손   익   100,000   (대) 자 본 금   100,000
④ (차) 자 본 금   100,000   (대) 손   익   100,000

02. "결산시에 인출금계정 차변잔액 ₩30,000을 자본금 계정에 대체하다."의 분개로 옳은 것은?

① (차) 인 출 금   30,000   (대) 손   익   30,000
② (차) 손   익   30,000   (대) 인 출 금   30,000
③ (차) 인 출 금   30,000   (대) 자 본 금   30,000
④ (차) 자 본 금   30,000   (대) 인 출 금   30,000

03. 인출금 계정은 다음 중 어디에 해당하는가?

① 부채계정   ② 자산계정
③ 평가계정   ④ 수익계정

04. 다음 중 자본의 통상적 개념이 <u>아닌</u> 것은?

① 소유주 지분   ② 채권자 지분
③ 주주 지분   ④ 잔여 지분

05. 개인 사업을 하는 사업주가 관할 세무서에 본인 소유 주택에 대한 재산세 100,000원을 현금으로 납부한 경우 차변계정과목으로 가장 올바른 것은?

① 인출금   ② 소득세예수금
③ 세금과공과   ④ 잡비

06. 개인기업을 운영하는 기업주의 세금 납부내역을 나타낸 것이다. (가), (나)를 분개할 때 차변 계정과목을 주어진 자료에서 가장 바르게 짝지은 것은?

(가) 기업주의 소득세 납부	(나) 기업의 건물재산세 납부

　　　(가)　　　　(나)　　　　　　　　　　(가)　　　　(나)
① 세금과공과 – 세금과공과   ② 세금과공과 – 인 출 금
③ 인 출 금 – 인 출 금   ④ 인 출 금 – 세금과공과

07. 다음 거래를 분개할 때 차변 계정과목으로 옳은 것은?

> "충무로 상회는 점주에 부과하는 소득세를 신고하고, 현금으로 납부하였다."

① 소득세예수금　　　　　　　　② 세금과공과
③ 잡 비　　　　　　　　　　　　④ 인 출 금

08. 다음은 개인기업의 상품매매에 관한 거래 내용이다. 분개로 옳은 것은?

> 상공전자를 운영하는 사장 홍길동은 본인의 가정에서 사용하기 위하여 컴퓨터(판매가격 ₩200,000, 매입원가 ₩150,000)를 가져갔다. 단, 거래는 회계기간 중에 발생했다.

① (차) 미　　　수　　　금　150,000　　(대) 매　　　　출　150,000
② (차) 인　　　출　　　금　150,000　　(대) 매　　　　입　150,000
③ (차) 미　　　수　　　금　200,000　　(대) 매　　　　출　200,000
④ (차) 인　　　출　　　금　200,000　　(대) 매　　　　입　200,000

09. 다음 거래에 대한 분개 내용 중 틀린 것은?

① 현금 ₩100,000을 출자하여 영업을 개시하다.

　　(차) 현　　　　　금　100,000　　(대) 자　　본　　금　100,000

② 기업주가 개인용도로 현금 50,000을 인출하다.

　　(차) 인　　출　　금　50,000　　(대) 현　　　　　금　50,000

③ 결산시 당기순이익 ₩20,000을 자본금으로 대체하다.

　　(차) 손　　　　　익　20,000　　(대) 자　　본　　금　20,000

④ 기업주의 소득세 ₩10,000을 현금으로 지급하다.

　　(차) 소 득 세 비 용　10,000　　(대) 현　　　　　금　10,000

10. 동해안 상점의 다음 자료를 이용해서 인출액을 구하면 얼마인가?

기초자본금	₩450,000	기말자본금	₩500,000
총 수 익	₩600,000	총 비 용	₩400,000

① ₩ 50,000　　　　　　　　② ₩200,000
③ ₩150,000　　　　　　　　④ ₩100,000

11. 다음 자료를 이용하여 개인기업인 서울상사의 기말자본금을 계산하면 얼마인가?

| 기 초 자 본 금 | ₩50,000 | 기업주인출액 | ₩5,000 | 추 가 출 자 액 | ₩10,000 |
| 총 수 익 | 35,000 | 총 비 용 | 25,000 | | |

① ₩65,000　　　　　　　　　　　② ₩85,000
③ ₩75,000　　　　　　　　　　　④ ₩55,000

12. 다음은 개인 기업인 상공상점의 기초 재무상태와 그 변화를 나타낸 것이다. 기말자본을 계산한 금액으로 옳은 것은?

| 가. 기초재무상태　: 자산 ₩100,000　부채 ₩70,000 |
| 나. 기중 변동사항　: 추가 출자액 ₩20,000 |
| 다. 기말 결산결과　: 당기순이익 ₩30,000 |

① ₩50,000　　　　　　　　　　　② ₩80,000
③ ₩100,000　　　　　　　　　　　④ ₩120,000

13. 20×1년 중 보통주를 발행한 (주)상공이 자본금으로 회계처리 할 금액을 계산하는 방법으로 옳은 것은?

① 주당 액면금액 × 발행주식수　　　② 주당 발행금액 × 발행주식수
③ 주당 액면금액 × 수권주식수　　　④ 주당 발행금액 × 수권주식수

14. 다음은 서울(주)의 주식발행과 관련된 거래이다. 이에 대한 설명 중 옳지 <u>않은</u> 것은?

| 1주당 액면 ₩5,000의 보통주 주식 1,000주를 1주당 ₩5,500에 발행하고 대금은 현금으로 납입받다. |

① 현금 ₩5,500,000이 증가한다.
② 자본금 ₩5,500,000이 증가한다.
③ 주식발행초과금 ₩500,000이 증가한다.
④ 액면금액보다 높은 금액으로 발행하므로 할증발행이다.

15. 다음 중 이익잉여금을 증가시키는 거래는? 단, 상품 매매는 3분법으로 처리한다.

① 차입금에 대한 이자를 현금으로 지급하였다.
② 상품을 외상으로 판매하였다.
③ 차입금의 일부를 현금으로 상환하였다.
④ 외상대금의 일부를 현금으로 받았다.

03 장부

1. 장부의 종류

```
장부 ┬ 주요부 : 분개장, 총계정원장
     └ 보조부 ┬ 보조원장   : 상품재고장, 매출처원장, 매입처원장
              └ 보조기입장 : 현금출납장, 매입장, 받을어음기입장,
                            당좌예금출납장, 매출장, 지급어음기입장
```

2. 주요부

기업의 경영활동에서 일어나는 경제적사건을 빠짐없이 모두 기록하는 장부로 분개장과 총계
정원장이 있다.

(1) 분개장

거래가 발생하면 거래 내용을 분석하여 **거래발생 순서대로** 기입하는 장부이다. 이는 거래의
내용을 총계정원장의 각 계정 계좌에 전기하기 위한 준비 또는 매개 역할을 한다.

(2) 총계정원장

계정과목별로 계정을 설정하여 거래를 분개장으로 부터 계정별로 정리하는 장부이다.

3. 보조부

주요부의 기록을 보조하는 장부로 보조원장과 보조기입장이 있다.

(1) 보조원장
- 상품재고장 : 상품의 재고와 입고, 출고를 원가로 기장한 장부
- 매출처원장 : 외상매출금을 거래처별로 기입한 장부
- 매입처원장 : 외상매입금을 거래처별로 기입한 장부

(2) 보조기입장

- **현금출납장** : 현금계정을 상세히 기록한 장부

- **당좌예금출납장** : 당좌예금계정을 상세히 기록한 장부

- **매입장** : 매입계정을 상세히 기록한 장부

- **매출장** : 매출계정을 상세히 기록한 장부

- **받을어음기입장** : 받을어음계정을 상세히 기록한 장부

- **지급어음기입장** : 지급어음계정을 상세히 기록한 장부

멘토노트

- **주　요　부** : 분개장, 총계정원장
- **상품재고장** : 원가로 기장하고, 매출에누리, 매출할인, 매출제비용은 기장하지 않는다.

01. 다음거래를 분개하고 해당 보조부의 빈칸에 해당 금액을 기입하시오.

(1) 매출처 진솔상점에 갑상품 50개 @₩1,000을 @₩1,200에 매출하고, 대금중 반은 동점 발행 약속어음으로 받고, 잔액은 외상으로 하다.

(2) 매출처 진솔상점에 매출한 갑상품 중 5개가 환입되다.

(3) 매출처 진솔상점에 매출한 상품중 불량품이 있어 ₩2,000을 에누리해 주다.

(4) 매입처 직산상점에서 을상품 200개 @₩500을 매입하고 대금 중 ₩40,000은 약속어음을 발행하여 교부하고, 잔액은 외상으로 하다. 인수 운임 ₩2,000은 현금으로 지급하다.

(5) 직산상점에서 매입한 상품 중 색상에 착오가 있어 ₩2,000을 에누리해 주다.

(6) 직산상점의 외상매입금 ₩60,000을 수표발행 하여 지급하다.

NO	차변과목	금 액	대변과목	금 액
(1)				
(2)				
(3)				
(4)				
(5)				
(6)				

■ 장부에 적색으로 기입해야 하는 내용은 금액 앞에 △하세요.

NO	현금 출납장	당좌예금 출납장	매입장	매출장	상품 재고장	매출처 원장	매입처 원장	받을어음 기입장	지급어음 기입장
(1)									
(2)									
(3)									
(4)									
(5)									
(6)									

02. 다음 (   )안에 알맞은 용어를 기입하세요.

장부에는 (   )와 (   )가 있고, 주요부에는 (   )과 (   )이 있고, 보조부에는 (   )과 (   )이 있다.

보조원장에는 (   ), (   ), (   )이 있고, 보조기입장에는 현금 출납장, (   ), 매입장, (   ), 받을어음기입장, (   ) 등이 있다.

01. 다음에서 설명하는 장부로 올바른 것은?

> * 주요부로 분개장을 작성한 후 전기하는 장부이다.
> * 계정들이 모여 있는 장부이다.
> * 각 계정과목별로 기록된다.

① 총계정원장   ② 상품재고장
③ 잔액시산표   ④ 정산표

02. 다음 거래가 기입될 보조부와 관련이 없는 것은?

> 거래처 한국상사에 갑상품 100개(@100원)를 15,000원에 매출하고, 대금 중 5,000원은 현금으로 받고 잔액은 외상으로 하다.

① 상품재고장   ② 매출장
③ 매입처원장   ④ 현금출납장

03. 다음의 장부 중 주요부에 속하는 것은?

① 총계정원장   ② 매입장
③ 현금출납장   ④ 상품재고장

04. 다음 설명에 해당하는 장부는?

> 거래가 발생하면 거래 내용을 분석하여 발생 순서대로 기입하는 장부이다.

① 총계정원장   ② 분개장
③ 매출처원장   ④ 상품재고장

05. 다음 거래를 보조부에 기록하고자 할 경우 기입할 수 없는 장부는?

> (가) 당좌수표 ₩100,000을 현금으로 인출하다.
> (나) 외상매출한 갑상품 중 파손품이 있어 ₩20,000을 에누리해 주다.

① 매출장   ② 매출처원장
③ 현금출납장   ④ 상품재고장

06. 다음의 거래가 기입되어야 할 모든 보조부로 묶여진 것 중 옳은 것은?

> 원가 ₩100,000의 상품을 ₩120,000에 매출하고, 대금 중 ₩80,000은 현금으로 받고,
> 잔액은 외상으로 하다.

① 현금출납장, 매출장, 매출처원장, 상품재고장
② 현금출납장, 매출장, 상품재고장
③ 현금출납장, 매출장, 매입처원장, 상품재고장
④ 현금출납장, 매출장, 매출처원장

07. 다음 설명에 해당하는 장부는?

> 거래가 발생하면 거래 내용을 분석하여 발생 순서대로 기입하는 장부이다. 이는 거래의 내용을
> 총계정원장의 각 계정 계좌에 전기하기 위한 준비 또는 매개역활을 한다.

① 총계정원장   ② 분개장
③ 매출처원장   ④ 상품재고장

08. 다음 설명 중 틀린 것은?

① 매출에누리에 대해서는 분개장, 매출처원장, 매출장에는 기입하나 상품재고장에는 기입
하지 않는다.
② 분개장은 거래를 발생순서별로 기입하고, 원장은 계정과목별로 모으는 역할을 한다.
③ 상품을 외상판매하였을 때 상품재고장에는 매출금액을 기록한다.
④ 전표는 거래의 발생사실을 증명할 수 있고 분개장의 역할을 겸하기도 한다.

MEMO

제8장

수익과 비용의 회계처리

01. 수익과 비용의 회계처리
02. 손익의 정리

01 수익과 비용의 회계처리

1. 수익과 비용의 인식

수익과 비용은 각각 통상적인 경영활동에서 발생하는 경제적 효익의 유입과 유출을 말한다. 여기서 통상적인 경영활동이란 회사가 그 설립목적에 따른 영리추구행위를 수행하는 제반 활동을 의미하는데 고객에게 상품, 제품과 같은 재화를 판매하고 용역을 제공하는 행위가 가장 대표적인 활동이다. 현행 재무회계에게 수익과 비용은 발생주의 회계절차에 따라 인식하되, 원칙적으로 수익과 비용은 대응하여 인식한다. 즉, 특정 거래와 관련하여 발생한 수익과 비용은 동일한 회계기간에 인식한다는 것이다. 그러므로 관련된 비용을 신뢰성 있게 측정할 수 없다면 수익 자체도 인식할 수 없고, 재화판매 혹은 용역의 대가로 미리 받은 금액은 우선 부채로 인식하여야 할 것이다.

2. 수익

주요 경영활동으로서의 재화의 생산·판매, 용역의 제공 등에 따른 경제적 효익의 유입으로서, 자산의 증가 또는 부채의 감소 및 그 결과에 따른 자본의 증가로 나타나는 것이다.

(1) 수익의 인식

수익은 다음의 두 가지 기준을 동시에 충족하였을 때 수익으로 인식한다.

① **실현기준** : 실현되었거나 혹은 실현가능한 시점에서 수익을 인식한다.

② **가득기준** : 가득(수익획득)과정이 완료된, 즉 가득된 시점에서 수익을 인식한다.

(2) 수익의 분류

영 업 수 익	매출
영업외수익	이자수익, 배당금수익, 수수료수익, 로열티수익, 당기손익금융자산처분이익, 당기손익금융자산평가이익, 유형자산처분이익, 사채상환이익, 잡이익, 임대료

[용어해설]

• **금융수익** : 이자수익, 배당금수익

3. 비용

기업실체의 경영활동과 관련된 재화의 판매, 용역의 제공 등에 따라 발생하는, 자산의 유출이나 사용 또는 부채의 증가로 결과적으로 자본의 감소를 가져오는 것이다.

(1) 비용의 인식

비용을 인식함에 있어 적용되는 일반적인 원칙은 수익·비용대응의 원칙이다. 경제적 효익의 사용은 그 사용으로 인해 획득되는 수익이 인식될 때 비용으로 인식한다는 것이다. 즉, 비용은 그 비용이 기여한 수익과 동일한 기간에 인식하는 수익·비용 대응의 원칙에 따라 인식한다.

① 직접 대응 비용 : 매출원가, 판매원 수당 등

② 기간별 대응 비용 : 광고비 등

③ 합리적이고 체계적인 배분 비용 : 감가상각비, 무형자산상각비 등

(2) 비용의 분류

① 기능별 분류

매출원가, 물류원가, 관리비, 기타비용, 금융원가, 법인세비용

② 성격별 분류

상품의변동, 상품매입액, 종업원급여비용, 감가상각비와 기타상각비, 기타비용

매 출 원 가	기초상품재고액 + 당기매입액 − 기말상품재고액
판매비와 관리비	종업원급여, 퇴직급여, 운반비, 광고선전비, 통신비, 접대비, 연구비, 소모품비, 여비교통비, 수도광열비, 복리후생비, 차량유지비, 도서인쇄비, 경상개발비, 감가상각비, 대손상각비, 무형자산상각비, 세금과공과, 임차료, 보험료, 보관료
영 업 외 비 용	수수료비용, 이자비용, 기부금, 외화환산손실, 당기손익금융자산처분손실, 당기손익금융자산평가손실, 유형자산처분손실, 재고자산감모손실, 재고자산평가손실, 사채상환손실, 재해손실, 잡손실

[용어해설]
• 금융원가 : 이자비용

엄쿠노트
• 판매비와 관리비 : ~여, ~비, 세~, ~료(여보세요)
• 영업외 비용 : 기부금, 이자비용, ○○손실, 기타의 대손상각비

4. 기업의 세금

구 분	차 변		대 변	
재산세, 자동차세, 상공회의소회비 등 지급시	세 금 과 공 과	×××	현 금	×××
종합(사업)소득세 지급시	인 출 금	×××	현 금	×××
근로소득세 지급시	소 득 세 예 수 금	×××	현 금	×××
취득세, 등록세 지급시	(유 형 자 산)	×××	현 금	×××

[용어해설]

• **취득·등록세** : 건물 구입시 취득·등록세는 건물, 토지 구입시 취득·등록세는 토지, 차량 구입시 취득·등록세는 차량운반구이다.

• **K-IFRS상 수익인식시점(매출인식시점)**
  ① 일반적 매출 : 상품을 인도한날
  ② 할부매출 : 상품을 인도한날
  ③ 위탁매출 : 수탁자가 위탁품을 판매한 날
  ④ 시용매출 : 매입자가 구매의사 표시한 날
  ⑤ 예약매출 : 진행기준에 따라 실현 되는 것으로 한다.
  ⑥ 용역매출 : 진행기준에 따라 실현 되는 것으로 한다.
  ⑦ 상품권 매출 : 물품 등을 제공하고 상품권을 회수한때에 인식한다.

암기노트
• 재산세, 자동차세, ○○회비 → 세금과공과
• 기업주 소득세 → 인출금
• 종업원 소득세 → 예수금
• 취득·등록세 → 원가에 포함

01. 다음 거래를 분개하시오.

(1) 기업의 재산세 ₩20,000과 자동차세 ₩10,000을 현금으로 납부하다.

(2) 상공회의소회비 ₩50,000을 현금으로 납부하다.

(3) 기업주의 종합소득세 ₩300,000을 현금으로 납부하다.

(4) 급여지급시 원천징수한 근로소득세₩20,000을 현금으로 납부하다.

(5) 건물 구입에 따른 취득세 ₩300,000과 등록세 ₩200,000을 현금으로 납부하다.

NO	차변과목	금 액	대변과목	금 액
(1)				
(2)				
(3)				
(4)				
(5)				

01. 다음 계정과목 중 성격이 다른 것은?

① 급여
② 대손충당금
③ 매출원가
④ 유형자산처분손실

02. 다음 중 회계상의 수익과 관계가 없는 것은?

① 부채의 감소
② 자본의 감소
③ 경제적 효익의 유입
④ 재화의 판매나 용역의 제공 결과

03. 수익과 비용에 대한 설명으로 옳지 <u>않은</u> 것은?

① 수익을 통해서 자산이 증가하거나 부채가 감소하면 그 결과 자본이 증가한다.
② 수익은 특정 보고기간 동안에 발생한 자본의 증가(단, 영업 외적인 수익 제외)를 의미한다.
③ 주요 경영활동 이외의 부수적인 거래나 사건에서 발생하는 차익과 차손을 포함한다.
④ 비용은 특정 보고 기간 동안에 발생한 경제적 효익의 감소를 뜻한다.

04. 다음의 설명은 수익과 비용에 대한 정의이다. 옳지 <u>않은</u> 것은?

① 수익을 통해서 자산이 증가하거나 부채가 감소하면 그 결과 자본이 증가한다. 따라서 수익을 인식하면 자본이 증가한다.
② 수익은 특정 보고기간 동안에 발생한 자본의 증가(소유주에 의한 출연 포함)를 의미한다.
③ 주요 경영활동 이외의 부수적인 거래나 사건에서 발생하는 차익과 차손을 포함한다.
④ 비용은 특정 보고 기간 동안에 발생한 경제적 효익의 감소로 지분참여자(소유주)에 대한 분배와 관련된 것은 제외한다.

05. 수익에 관한 내용으로 옳지 <u>않은</u> 것은?

① 수익은 거래와 관련된 경제적 효익의 유입가능성이 높고, 신뢰성있게 측정할 수 있을 때 인식한다.
② 재화의 판매시 소유에 따른 중요한 위험과 보상이 구매자로 이전 되고, 재화에 대한 통제를 하지 아니할 경우 수익을 인식한다.
③ 기업의 경영활동에서 수익에 의해 자산의 감소나 부채의 증가가 나타난다.
④ 재화의 판매 또는 용역의 제공에 따른 대가를 받아 자본이 증가하는 원인이 된다.

06. 자본(순자산)의 증가를 가져오는 거래로 옳은 것은?

① 건물을 ₩100,000에 외상으로 구입하다.

② 외상매출금 ₩100,000을 현금으로 회수하다.

③ 당기손익차익을 목적으로 한국거래소에 상장된 ㈜상공 주식 10주를 ₩100,000에 구입하다.

④ 장부금액 ₩100,000인 토지를 ₩200,000에 처분하다.

07. 다음 중 자본의 증가를 가져오는 거래로 옳지 않은 것은?

① 단기대여금에 대한 이자 ₩350,000을 현금으로 받다.

② 건물의 일부를 빌려주고 사용료 ₩750,000을 현금으로 받다.

③ 상품 판매의 중개를 하고 수수료 ₩100,000을 현금으로 받다.

④ 소지하고 있던 약속어음이 만기가 되어 어음대금 ₩800,000을 현금으로 받다.

08. 다음은 업종별 경영활동 관련 내역이다. 각 회사의 입장에서 수익으로 인식되는 거래가 아닌 것은?

① 대한호텔은 고객으로부터 객실료를 현금으로 받다.

② 대한상점은 거래처로부터 외상매입금 전액을 면제받다.

③ 부동산임대업인 (주)미래부동산은 건물 임대료를 현금으로 받다.

④ 거래처와 상품 판매계약을 체결하고, 계약금액의 20%를 현금으로 먼저 받다.

09. 상품매매업을 경영하는 ㈜상공이 다음 항목 중 판매비와관리비로 분류할 수 없는 것은?

① 광고선전비

② 매출채권에 대한 대손상각비

③ 업무용 건물에 대한 감가상각비

④ 당기손익-공정가치측정 금융자산평가손실

10. 수익이 인식된 시점에서 수익과 관련하여 발행한 비용을 인식해야 한다는 회계원칙은 무엇인가?

① 발생주의   ② 목적적합성

③ 수익실현주의   ④ 수익비용대응의 원칙

11. 다음은 20×1년초에 개업한 개인기업인 상공상사의 20×1년 12월 31일 재무상태와 당기의 수익과 비용을 나타낸 것이다. 20×1년초에 출자한 자본금을 계산한 것으로 옳은 것은?

> 가. 12월 31일 재무상태
> - 기말자산 ₩1,000,000 - 기말부채 ₩400,000
> 나. 당기의 수익과 비용
> - 매출총이익 ₩500,000 - 급여 ₩300,000
> - 임차료 ₩100,000 - 이자수익 ₩100,000

① ₩400,000 ② ₩500,000

③ ₩600,000 ④ ₩700,000

12. 다음 자료 중 수익인식 시기로 옳은 것은?

> 가. 3월 : 상품 ₩100,000 주문전화 승낙
> 나. 4월 : 상품 ₩100,000 거래처에 발송
> 다. 5월 : 상품대금 ₩100,000 은행에 입금
> 라. 6월 : 위 거래를 결산함

① 3월 ② 4월

③ 5월 ④ 6월

13. 다음의 거래에서 수익의 인식기준을 충족시키고 실현된 것으로 볼 수 없는 것은?

① 건물에 대한 1년분 임대료를 현금으로 미리 받고 2개월이 경과한 경우

② 자금을 대여하고 결산일 현재 4개월이 지났으나, 이자는 다음 달에 받을 예정인 경우

③ 상품을 판매하고 대금을 3년에 걸쳐 나누어 받기로 한 경우

④ 원유나 우유 같은 일반 상품의 경우 공급 회사 간에 특정 지역의 수요를 적시에 충족시키기 위해서 교환하는 거래를 한 경우

14. (주)대한은 사옥을 신축하기 위하여 토지를 ₩3,000,000에 구입하고 취득세 ₩100,000를 수표로 각각 지급하였다. 취득세에 대한 회계처리로 옳은 것은?

① 취득세 계정으로 처리한다. ② 세금과공과 계정으로 처리한다.

③ 신축되는 건물에 가산한다. ④ 토지원가에 가산한다.

15. 다음 자료에 의하여 (가), (나)에 들어갈 차변 계정과목으로 옳은 것은?

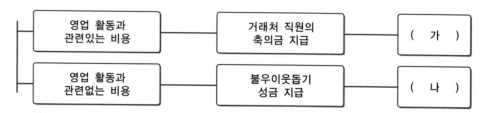

① (가) 접대비   (나) 기부금
② (가) 접대비   (나) 세금과공과
③ (가) 복리후생비   (나) 광고선전비
④ (가) 복리후생비   (나) 기부금

16. 다음 중 직접적인 인과관계의 대응이라는 비용인식기준의 예로 가장 적절한 것은?

① 보험료의 배분   ② 판매수수료
③ 유형자산의 감가상각비   ④ 종업원 급여

17. 다음 중 회계 관련 용어에 대한 설명으로 옳지 <u>않은</u> 것은?

① 역사적 원가는 취득한 시점에서의 교환가치를 나타낸다.
② 수익의 인식은 수익이 귀속되는 회계기간을 결정하여 기록 및 보고하는 것을 말한다.
③ 대응원칙은 자산이 인식되는 기간에 부채도 인식되어야 하는 것이다.
④ 발생주의는 수익과 비용을 발생기간에 따라 배분하는 것이다.

18. 영업활동에 사용하는 자동차에 대한 제2기분 자동차세를 현금으로 납부하였다. 어느 계정에 기입하는가?

① 차량운반구   ② 인출금
③ 세금과공과   ④ 예수금

19. 다음 중 세금과공과가 <u>아닌</u> 것은?

① 종합토지세   ② 건물취득세
③ 균등할주민세   ④ 재산세

20. 개인기업인 상공상사의 당기에 세금 등 납부액은 다음과 같다. 세금과공과 계정에 기입되는 금액으로 옳은 것은?

가. 업무용 자동차에 대한 과태료	₩10,000
나. 사업주 소득세	₩100,000
다. 업무용 자동차세	₩50,000
라. 회사 건물에 대한 재산세	₩200,000

① ₩100,000   ② ₩160,000

③ ₩260,000   ④ ₩360,000

21. (주)서울은 영업용 건물을 구입하였던 바, 그에 따른 취득세 ₩400,000을 현금으로 납부한 경우 분개로 옳은 것은?

① (차) 세 금 과 공 과   400,000   (대) 현   금   400,000
② (차) 취   득   세   400,000   (대) 현   금   400,000
③ (차) 건   물   400,000   (대) 현   금   400,000
④ (차) 수 수 료 비 용   400,000   (대) 현   금   400,000

02 손익의 정리

1. 손익의 이연

손익의 이연은 수익과 비용 중 수입과 지출이 이미 이루어져 각 계정에 기입된 금액 중 차기에
속하는 다음 회계기간으로 이월시키는 것으로 비용의 이연(선급비용)과 수익의 이연(선수수
익)이 있다.

(1) 비용의 이연 : 선급비용(선급보험료, 선급임차료, 선급이자 등)

당기에 발생한 비용 중 차기에 속하는 부분은 차감하여 차기로 이월시킨다.

구 분		차 변		대 변	
지 급 시		보 험 료	×××	현 금	×××
결 산 시	선 급 분	선 급 보 험 료	×××	보 험 료	×××
	당 기 분	손 익	×××	보 험 료	×××
재수정분개		보 험 료	×××	선 급 보 험 료	×××

(2) 수익의 이연 : 선수수익(선수임대료, 선수이자 등)

당기에 발생한 수익 중 차기에 속하는 부분은 차감하여 차기로 이월시킨다.

구 분		차 변		대 변	
수 입 시		현 금	×××	임 대 료	×××
결 산 시	선 수 분	임 대 료	×××	선 수 임 대 료	×××
	당 기 분	임 대 료	×××	손 익	×××
재수정분개		선 수 임 대 료	×××	임 대 료	×××

- **현금주의** : 회수기준 또는 지급기준이라고도 하며, 발생주의와 대비되는 개념으로, 현금의 수입과 지출이
  된 것을 당기손익으로 인식한다.
- **발생주의** : 현금의 수수와 관계없이 수익은 실현되었을 때 인식하고, 비용은 발생되었을 때 인식한다.

2. 손익의 예상

수익과 비용 중 아직 수입과 지출이 이루어지지 않았지만, 이미 용역을 제공 받거나 제공하여 당기의 수익과 비용에 포함시키는 것으로 수익의 예상(미수수익)과 비용의 예상(미지급비용)이 있다.

(1) 수익의 예상 : 미수수익(미수임대료, 미수이자 등)

당기에 속하는 수익으로써 미수분이 있는 경우 당기의 수익에 포함시킨다.

구 분		차 변		대 변	
수 입 시		현 금	×××	이 자 수 익	×××
결 산 시	선 수 분	미 수 이 자	×××	이 자 수 익	×××
	당 기 분	이 자 수 익	×××	손 익	×××
재수정분개		이 자 수 익	×××	미 수 이 자	×××

(2) 비용의 예상(미지급 비용)

당기에 속하는 비용으로써 미지급분이 있는 경우 비용으로 처리한다.

구 분		차 변		대 변	
지 급 시		이 자 비 용	×××	현 금	×××
결 산 시	미 수 분	이 자 비 용	×××	미 지 급 이 자	×××
	당 기 분	손 익	×××	이 자 비 용	×××
재수정분개		미 지 급 이 자	×××	이 자 비 용	×××

멘토노트

구 분	차 변		대 변		비 고
비용의 선급액(미경과액)	선 급 비 용 (자 산 의 증 가)	×××	비 용 (비 용 의 소 멸)	×××	비용의 이연
수익의 선수액(미경과액)	수 익 (수 익 의 소 멸)	×××	선 수 수 익 (부 채 의 증 가)	×××	수익의 이연
수익의 미수액(경과액)	미 수 수 익 (자 산 의 증 가)	×××	수 익 (수 익 의 발 생)	×××	수익의 예상
비용의 미지급액(경과액)	비 용 (비 용 의 발 생)	×××	미 지 급 비 용 (부 채 의 증 가)	×××	비용의 예상

3. 소모품의 처리

소모품의 회계처리는 비용처리법과 자산처리법이 있다.

(1) 비용처리법

구 분		차 변		대 변	
구 입 시		소 모 품 비	×××	현 금	×××
결 산 시	미사용액	소 모 품	×××	소 모 품 비	×××
	사 용 액	손 익	×××	소 모 품 비	×××
재수정분개		소 모 품 비	×××	소 모 품	×××

(2) 자산처리법

구 분		차 변		대 변	
구 입 시		소 모 품	×××	현 금	×××
결 산 시	사 용 액	소 모 품 비	×××	소 모 품	×××
	사 용 액	손 익	×××	소 모 품 비	×××
재수정분개		분 개 없 음			

멘토노트

- 소모품비(비용) → 사 용 액
- 소모품(자산) → 미사용액

4. 비용계정과 수익계정

(1) 비용계정

비 용	
전기선급액(기초)	전기미지급액(기초)
지급액	손익(당기분)
당기미지급액(기말)	당기선급액(기말)

(2) 수익계정

수 익	
전기미수액(기초)	전기선수액(기초)
손익(당기분)	수입액
당기선수액(기말)	당기미수액(기말)

멘토노트

[자 산]	[부 채]	
선 급	선 수	→ 이연(미경과)
미 수	미지급	→ 예상(경 과)

소 모 품(자산) → 미사용액
소모품비(비용) → 사 용 액

01. 다음 거래를 일자별로 분개하고 각 계정에 기입하여 마감 하시오.

4월 1일 : 보험료 1년분 ₩48,000을 현금으로 지급하다.

12월 31일 : 기말 결산시 보험료 미경과분을 계상하고 경과분은 손익계정에 대체하다.

1월 1일 : 보험료 미경과분을 재대체 분개하다.

NO	차변과목	금 액	대변과목	금 액
4/1				
12/31				
1/1				

보 험 료

선 급 보 험 료

02. 다음 거래를 일자별로 분개하고 각 계정에 기입하여 마감 하시오.

3월 1일 : 임대료 1년분 ₩24,000을 현금으로 받다.

12월 31일 : 기말 결산시 임대료 선수분을 계상하고 당기분은 손익계정에 대체하다.

1월 1일 : 임대료 선수분을 재대체 분개하다.

NO	차변과목	금 액	대변과목	금 액
3/1				
12/31				
1/1				

임 대 료

선 수 임 대 료

03. 다음 거래를 일자별로 분개하고 각 계정에 기입하여 마감 하시오.

5월 1일 : 단기대여금에 대한 이자 ₩100,000을 현금으로 받다.

12월 31일 : 기말 결산시 이자 미수분 ₩60,000을 계상하고 당기분은 손익계정에 대체하다.

1월 1일 : 이자 미수분을 재대체 분개하다.

NO	차변과목	금 액	대변과목	금 액
5/1				
12/31				
1/1				

이 자 수 익

미 수 이 자

04. 다음 거래를 일자별로 분개하고 각 계정에 기입하여 마감 하시오.

7월 1일 : 임차료 ₩60,000을 현금으로 지급하다.

12월 31일 : 기말 결산일에 임차료 미지급액 ₩120,000을 계상하고 당기분은 손익계정에 대체하다.

1월 1일 : 임차료 미지급액을 재대체 분개하다.

NO	차변과목	금 액	대변과목	금 액
7/1				
12/31				
1/1				

임 차 료

미 지 급 임 차 료

05. 다음 거래를 일자별로 분개하고 각 계정에 기입하여 마감 하시오.(비용처리법)

2월 1일 : 사무용품 ₩30,000을 구입하고 현금으로 지급하다.

12월 31일 : 결산일에 소모품 미사용액이 ₩10,000을 계상하고 당기 사용액은 손익계정에 대체하다.

1월 1일 : 위 소모품 미사용액을 재대체 분개를 하다.

NO	차변과목	금 액	대변과목	금 액
2/1				
12/31				
1/1				

소 모 품 비

소 모 품

06. 다음 거래를 일자별로 분개하고 각 계정에 기입하여 마감 하시오.(자산처리법)

2월 1일 : 사무용품 ₩30,000을 구입하고 현금으로 지급하다.

12월 31일 : 결산일에 소모품 사용액이 ₩20,000이고 당기분은 손익계정에 대체하다.

NO	차변과목	금 액	대변과목	금 액
2/1				
12/31				

소 모 품

소 모 품 비

07. 다음을 분개하시오.

(1) 보험료 선급액(미경과액)이 ₩24,000이다.

(2) 임차료 선급액이 ₩12,000이다.

(3) 임대료 선수액이 ₩30,000이다.

(4) 이자 선수액이 ₩20,000이다.

(5) 수수료 미수액이 ₩40,000이다.

(6) 이자 미수액이 ₩30,000이다.

(7) 임차료 미지급액이 ₩15,000이다.

(8) 통신비 미지급액이 ₩25,000이다.

(9) 소모품 미사용액이 ₩10,000이다. (비용처리법)

(10) 소모품 사용액이 ₩16,000이다. (자산처리법)

NO	차변과목	금 액	대변과목	금 액
(1)				
(2)				
(3)				
(4)				
(5)				
(6)				
(7)				
(8)				
(9)				
(10)				

01. 20×1년 10월 1일 화재보험료 1년 분 ₩120,000을 현금으로 지급하였다. 12월 31일 결산을 하는 경우 재무상태표에 표시될 선급보험료를 계산한 금액으로 옳은 것은?

① ₩10,000 ② ₩30,000
③ ₩90,000 ④ ₩120,000

02. 다음은 (주)상공의 20×1년 12월 31일 결산정리분개의 일부이다. 손익의 이연과 예상 중에서 아래의 분개에 해당하는 것으로 옳은 것은?

(차) 선급보험료 30,000	(대) 보 험 료 30,000

① 비용의 예상 ② 수익의 예상
③ 비용의 이연 ④ 수익의 이연

03. 11월 1일 1년분 보험료 120,000원을 지급하고 다음과 같이 회계처리 하였다. 12월 31일 차변 계정과목과 금액으로 바른 것은? (월할 계산할 것)

(차) 보 험 료 120,000	(대) 현 금 120,000

① 보 험 료   100,000원
② 선급비용   100,000원
③ 선급비용   120,000원
④ 보 험 료   20,000원

04. 다음 중 보험료 계정에 기입된 내용의 설명이 바르게 된 것은?

보험료

7/1 현 금	100,000	12/31 선급보험료	40,000
		12/31 손 익	60,000
	100,000		100,000

① 당기분 보험료는 ₩100,000이다.
② 차기분 보험료는 ₩100,000이다.
③ 차기분 보험료는 ₩60,000이다.
④ 당기분 보험료는 ₩60,000이다.

05. 20×1년 4월 1일에 1년분 보험료 ₩240,000을 현금으로 지급하고, 이를 자산(선급보험료)으로 기록하였다. 결산일인 20×1년 12월 31일 보험료와 관련된 결산정리분개로 옳은 것은? 단, 보험료는 월할 계산한다.

① (차) 보 험 료	60,000	(대) 선 급 보 험 료	60,000
② (차) 선 급 보 험 료	60,000	(대) 보 험 료	60,000
③ (차) 보 험 료	180,000	(대) 선 급 보 험 료	180,000
④ (차) 선 급 보 험 료	180,000	(대) 보 험 료	180,000

06. 다음 중 수익의 이연과 관련 있는 계정과목은?

① 선수임대료
② 선급보험료
③ 미수이자
④ 미지급임차료

07. 건물에 대한 1년분 (20×1. 10. 1 ~ 20×2. 9. 30) 집세 ₩60,000을 20×1년 10월 1일에 현금으로 받고 다음과 같이 분개하였다. 결산일인 12월 31일 집세에 대한 결산정리 분개로 옳은 것은?

10/1 (차) 현 금	60,000	(대) 임 대 료	60,000

① (차) 선 수 임 대 료	15,000	(대) 임 대 료	15,000
② (차) 임 대 료	15,000	(대) 선 수 임 대 료	15,000
③ (차) 선 수 임 대 료	45,000	(대) 임 대 료	45,000
④ (차) 임 대 료	45,000	(대) 선 수 임 대 료	45,000

08. 다음 중 수익의 예상 계정에 해당하는 것은?

① 선급비용
② 선수수익
③ 미수수익
④ 미지급비용

09. 다음 중 "자산 증가와 수익 발생"에 해당하는 거래는?

① 상품을 외상 매입하다.
② 선급 이자 비용을 계상하다.
③ 임대료 미수분을 계상하다.
④ 건물을 현금으로 구입하다.

10. 광주상점은 건물의 일부를 20×1년 12월 1일에 임대해 주고 1년분 임대료 ₩120,000을 20×2년 1월 10일 받기로하였다. 20×1년 12월 31일(결산일) 어떻게 계상되어야 하는가?

① ₩120,000을 자산으로 계상해야 한다.

② ₩120,000을 부채로 계상해야 한다.

③ ₩10,000을 자산으로 계상해야한다.

④ ₩10,000을 부채로 계상해야 한다.

11. (주)대한상사는 ₩500,000의 비용을 미지급한 거래가 발생되었다. 이 거래를 누락시켰을 때 나타날 수 있는 결과로 옳은 것은?

① ₩500,000 만큼의 현금계정 과소평가

② ₩500,000 만큼의 순이익 과대계상

③ ₩500,000 만큼의 비용계정의 과대계상

④ ₩500,000 만큼의 미지급비용계정 과대평가

12. 12월 결산법인인 ㈜상공은 10월 1일 새로운 건물을 임차하였다. 임차료는 매 6개월마다 후급하기로 하였다. 12월 말 결산을 할 때 거래의 요소에 어떤 변경을 가져오는가?

① 비용의 발생과 부채의 증가

② 자산의 증가와 부채의 증가

③ 자산의 감소와 비용의 발생

④ 자본의 증가와 비용의 발생

13. 상공상점의 결산결과 당기순이익이 ₩100,000이 산출되었으나, 다음과 같은 사항이 누락되었음을 발견하였다. 수정후의 당기순이익을 계산하면 얼마인가?

가. 보험료 선급액	₩5,000	
나. 이자 미수액	₩3,000	
다. 임대료 선수액	₩10,000	

① ₩98,000

② ₩102,000

③ ₩108,000

④ ₩112,000

14. 결산결과 당기순이익 ₩40,000이 계상되었으나 다음과 같은 손익 정리가 누락되었음을 밝혀졌다. 수정 후 정확한 당기순이익을 계산하면 얼마인가?

• 보험료 선급액	₩5,000	• 이자 미수액	₩4,000
• 임차료 미지급액	₩3,000	• 수수료 선수액	₩6,000

① ₩38,000　　　　　　　　　　② ₩39,000

③ ₩40,000　　　　　　　　　　④ ₩41,000

15. 다음은 상공상사가 소모품 구입시 회계처리한 결과이다. 결산시 미사용분이 ₩20,000일 경우 회계처리로 옳은 것은?

(차변) 소모품비　200,000	(대변) 현　금　200,000

① (차) 소　모　품　　　20,000　　(대) 소 모 품 비　　20,000
② (차) 소 모 품 비　　20,000　　(대) 소　모　품　　20,000
③ (차) 소　모　품　　180,000　　(대) 소 모 품 비　180,000
④ (차) 소 모 품 비　180,000　　(대) 소　모　품　180,000

16. 당기 중에 사무용 소모품을 ₩30,000에 현금으로 구입하고 소모품비 계정 차변에 기입하였으며, 결산일 현재 소모품 사용액이 ₩24,000이다. 다음 중 소모품에 대한 결산정리 분개로 옳은 것은?

① (차) 소　　모　　품　24,000　　(대) 소 모 품 비　24,000
② (차) 소 모 품 비　　6,000　　(대) 소　　모　　품　6,000
③ (차) 소　　모　　품　6,000　　(대) 소 모 품 비　6,000
④ (차) 소 모 품 비　24,000　　(대) 소　　모　　품　24,000

17. 당기에 이자비용으로 ₩50,000을 현금지급 하였으며, 당기의 포괄손익계산서에는 이자비용으로 ₩45,000을 보고 있다. 기초나 기말에 선급비용은 없으며, 기말에 미지급이자 ₩4,000이 있다. 당기 초의 미지급이자는 얼마였겠는가?

① ₩ 0　　　　　　　　　　② ₩ 9,000

③ ₩ 1,000　　　　　　　　　④ ₩94,000

MEMO

제 9 장

결산과 재무제표

01. 시산표와 결산정리분개

02. 재무제표

03. 재무상태표

04. 포괄손익계산서

01 시산표와 결산정리분개

1. 시산표(Trial Balance)의 뜻

시산표란 대차평균의 원리를 이용하여 거래의 분개가 분개장에서 총계정원장으로 정확히 전기가 되었는가를 확인하기 위하여 작성하는 표이다. 시산표는 거래가 많은 경우 매월(월계표), 매주(주계표), 매일(일계표) 작성하기도 한다.

2. 시산표의 특징

(1) 전기의 정확성을 검증할 목적으로 작성된다.

(2) 대차평균의 원리가 적용된다.

(3) 합계시산표와 총계정원장의 합계액은 일치한다.

(4) 시산표는 자산, 부채, 자본, 수익, 비용이 모두 기록된다.

(5) 재무상태표와 포괄손익계산서를 작성하는 기초자료이다.

3. 시산표의 종류

(1) 작성방법에 따른 분류 : 합계시산표, 잔액시산표, 합계잔액시산표

(2) 작성단계에 따른 분류 : 수정전 시산표, 수정후 시산표, 이월시산표

잔 액 시 산 표

		기 말 부 채	100
기 말 자 산	300	기 초 자 본	100
		총 수 익	200
총 비 용	100		

시산표 등식	기말자산 + 총비용 = 기말부채 + **기초자본** + 총수익

수정 전 시산표		수정 후 시산표	
이 월 상 품 (기초상품재고액)		이 월 상 품 (기말상품재고액)	
매 입 (순 매 입 액)	매 출 (순 매 출 액)	매 입 (매 출 원 가)	매 출 (순 매 출 액)

4. 시산표에서 찾을 수 없는 오류

    (1) 거래 전체의 분개 또는 전기 누락

    (2) 어떤 거래를 이중으로 분개하거나 전기한 경우

    (3) 차·대변에 다같이 틀린 금액으로 동일하게 분개 또는 전기한 경우

    (4) 오류가 우연히 상계된 경우

5. 시산표에서 오류를 찾는 순서

    (1) 시산표상의 차·대변 합계금액이 정확한가를 검사한다.

    (2) 총계정원장에서 시산표로 이기가 올바른지 검사한다.

    (3) 총계정원장의 합계액과 잔액을 확인한다.

    (4) 분개장에서 총계정원장으로 바르게 전기되었는지 확인한다.

    (5) 분개장의 분개가 정확한가를 확인한다.

6. 결산정리분개

(1) 기말상품재고액

① 기초상품재고액	(차) 매 입	×××	(대) 이 월 상 품	×××
② 기말상품재고액	(차) 이 월 상 품	×××	(대) 매 입	×××

(2) 당기손익금융자산의 평가

① 시가 〉 장부금액	(차) 당 기 손 익 금 융 자 산	×××	(대) 당기손익금융자산평가이익	×××
② 시가 〈 장부금액	(차) 당기손익금융자산평가손실	×××	(대) 당 기 손 익 금 융 자 산	×××

(3) 매출채권의 대손충당금 설정

- 공식 : 매출채권 × 대손율 − 대손충당금 잔액 = 대손 추가 설정액

① 부족시(+)	(차) 대 손 상 각 비	×××	(대) 대 손 충 당 금	×××
② 과잉시(−)	(차) 대 손 충 당 금	×××	(대) 대 손 충 당 금 환 입	×××

(4) 유형자산의 감가상각

- 공식 : $\dfrac{(\text{취득원가} - \text{잔존가액})}{(\text{내용연수})}$ = 감가상각비(정액법)

  (취득원가 − 감가상각누계액) × 정률 = 감가상각비(정률법)

① 간접법　　　　(차) 감 가 상 각 비　×××　(대) 감 가 상 각 누 계 액　×××

(5) 비용의 미경과액(선급액) 정리

비용의 선급액　　(차) 선 급 비 용　×××　(대) (비　　　　용)　×××

(6) 수익의 미경과액(선수액) 정리

수익의 선수액　　(차) (수　　　　익)　×××　(대) 선 수 수 익　×××

(7) 수익의 미수액 정리

수익의 미수액　　(차) 미 수 수 익　×××　(대) (수　　　　익)　×××

(8) 비용의 미지급액 정리

비용의 미지급액　　(차) (비　　　　용)　×××　(대) 미 지 급 비 용　×××

(9) 소모품의 정리

① 비용처리법 (미사용액)	(차) 소 모 품	×××	(대) 소 모 품 비	×××	
② 자산처리법 (사 용 액)	(차) 소 모 품 비	×××	(대) 소 모 품	×××	

(10) 임시 가계정의 정리

① 인출금(차변)	(차) 자 본 금	×××	(대) 인 출 금	×××
② 가지급금(차변)	(차) 여 비 교 통 비	×××	(대) 가 지 급 금	×××
③ 가수금(대변)	(차) 가 수 금	×××	(대) 외상매출금(선수금)	×××
④ 현금과부족(차변)	(차) 잡 손 실	×××	(대) 현 금 과 부 족	×××
⑤ 현금과부족(대변)	(차) 현 금 과 부 족	×××	(대) 잡 이 익	×××

[결산의 예비절차]

수정전 시산표 작성 → 결산정리분개 → 수정후 시산표 작성 → 정산표 작성

[결산의 본절차]

① 총계정원장의 마감
  ㉠ 수익, 비용계정을 손익계정으로 마감하여 손익계정에 대체한다.
  ㉡ 손익계정을 자본금계정으로 마감하여 자본금계정에 대체한다.
  ㉢ 자산, 부채, 자본계정을 차기이월로 마감하여 이월시산표을 작성한다.
② 분개장 및 기타장부 마감

[결산보고서(재무제표) 작성절차]

재무상태표작성 ➡ 포괄손익계산서작성 ➡ 현금흐름표 ➡ 자본변동표 ➡ 주석

01. 다음 기말결산정리 사항을 분개하시오.

(1) 기말상품재고액이 ₩300,000이다. (단, 기초상품재고액은₩250,000임)

(2) 외상매출금 ₩500,000에 대하여 2% 손상차손을 계상하다.
   (단, 대손충당금잔액 ₩4,000있음)

(3) 소유하고 있는 당기손익금융자산 ₩100,000을 ₩85,000으로 평가하다.

(4) 건물 취득원가 ₩500,000을 정액법으로 감가상각하다.
   (단, 내용연수 10년, 잔존가액은 없음, 간접법)

(5) 보험료 미경과액이 ₩8,000이다.

(6) 이자 미수액이 ₩5,000이다.

(7) 수수료 미수액이 ₩10,000이다.

(8) 임차료 미지급액이 ₩20,000이다.

(9) 소모품 미사용액이 ₩15,000이다.(구입시 비용처리 하였음)

NO	차변과목	금 액	대변과목	금 액
(1)				
(2)				
(3)				
(4)				
(5)				
(6)				
(7)				
(8)				
(9)				

02. 다음은 울산상점의 총계정원장이다. 영미식 결산법에 의하여 마감을 하고 대체분개 및 이월시산표와 손익계정을 작성하시오. 〈결산일은 12월 31일〉

현 금	
500,000	300,000

상 품	
300,000	175,000

외상매입금	
50,000	150,000

자 본 금	
	200,000

임 대 료	
	190,000

급 여	
75,000	

여비교통비	
90,000	

[대 체 분 개]

구 분	차변과목	금 액	대변과목	금 액
수익대체분개				
비용대체분개				
순손익대체분개				

이 월 시 산 표	

손 익	

01. 다음은 결산 전 총계정원장의 잔액이다. 이를 토대로 작성한 잔액시산표 차변 합계 금액은 얼마인가?

가. 현	금	₩100,000	나. 외 상 매 출 금	₩50,000
다. 이 월 상 품		₩30,000	라. 외 상 매 입 금	₩50,000
마. 자 본 금		₩100,000	바. 매 출	₩150,000
사. 매 입		₩50,000	아. 급 여	₩70,000

① ₩150,000
② ₩180,000
③ ₩250,000
④ ₩300,000

02. 시산표에 대한 설명 중 옳지 않은 것은?

① 시산표의 차변과 대변의 합계가 일치하면 원장의 기입에 오류가 없는 것으로 본다.
② 시산표의 차변과 대변의 합계는 일치하여야 한다.
③ 분개장과 총계정원장의 계정 기입이 정확한지를 확인하기 위해서 작성하는 집계표이다.
④ 거래의 분개가 잘못되어 발생한 오류는 정확한 분개를 분개장에 기입하고 이를 해당 계정에 전기하여 수정한다.

03. 다음의 수정 전 잔액시산표상의 상품관련 계정에 대한 설명으로 옳지 않은 것은? 단, 상품 계정은 3분법에 의한다.

수정 전 잔액시산표

이 월 상 품	30,000	매 출	450,000
매 입	300,000		

① 기초상품재고액   ₩30,000
② 당기상품순매입액   ₩300,000
③ 판매가능(상품)액   ₩330,000
④ 매출총이익   ₩120,000

04. 다음 중 기말의 결산정리분개 대상이 아닌 것은?

① 유형자산에 대한 감가상각비의 계상
② 미지급비용의 계상
③ 기간미경과 보험료의 선급비용 계상
④ 당기손익−공정가치측정 금융자산처분손익의 계상

05. 다음중 기말의 결산정리 분개 대상이 <u>아닌</u> 것은?

① 정기적금에 대한 미수이자 계상
② 차량보험료에 대한 기간미경과 선급비용계상
③ 기계장치에 대한 감가상각비 계상
④ 신용카드사용액에 대한 미지급금 현금지급

06. 다음은 (주)상공의 매출채권에 대한 결산정리사항이다. 이를 분개한 것으로 옳은 것은? 단, 회계처리 시 충당금설정법을 채택하고 있다.

> 기말결산 시 외상매출금 잔액 ₩500,000에 대하여 ₩10,000의 대손을 예상하다.
> 단, 설정되어 있는 대손충당금 잔액은 없다.

① (차) 대 손 상 각 비   10,000   (대) 대 손 충 당 금   10,000
② (차) 대 손 충 당 금   10,000   (대) 대 손 상 각 비   10,000
③ (차) 대 손 상 각 비   10,000   (대) 외 상 매 출 금   10,000
④ (차) 외 상 매 출 금   10,000   (대) 대 손 충 당 금   10,000

07. 다음은 (주)상공의 20×1년 12월 31일 결산일 현재 〈결산 전 총계정원장 계정 잔액〉의 일부와 〈결산정리사항〉이다. 결산정리 분개로 옳지 <u>않은</u> 것은?

> 〈결산 전 총계정원장 계정 잔액〉
> 가. 선급보험료 ₩800,000   나. 소모품비 ₩400,000   다. 임대료 ₩840,000
>
> 〈결산정리사항〉
> 가. 선급보험료는 20×1년 10월 1일에 6개월분 화재보험료를 현금으로 지급하면서 계상한 것이다.
> 나. 결산일 현재 미사용한 소모품은 ₩100,000이다.
> 다. 임대료는 20×1년 10월 1일에 1년분을 현금으로 받으면서 계상한 것이다.
> 라. 차량운반구에 대한 감가상각비는 ₩550,000을 계산되었다.

① (차) 보 험 료   400,000   (대) 선 급 보 험 료   400,000
② (차) 소 모 품   100,000   (대) 소 모 품 비   100,000
③ (차) 임 대 료   210,000   (대) 선 수 임 대 료   210,000
④ (차) 감 가 상 각 비   550,000   (대) 감가상각누계액   550,000

08. 미지급비용에 관한 거래를 결산 정리분개에서 누락한 경우 재무 제표에 미치는 영향으로 옳은 것은?

① 부채가 과대 계상된다.
② 비용이 과소 계상된다.
③ 수익이 과소 계상된다.
④ 자산이 과대 계상된다.

09. 상공㈜은 결산시 미수된 이자수익에 대한 수정분개를 하지 않았다. 이 영향으로 옳은 것은?

① 자산, 자본, 당기순이익이 과대 계상된다.
② 자산, 자본, 당기순이익이 과소 계상된다.
③ 자산, 자본, 당기순이익에는 아무런 영향이 없다.
④ 부채는 과소계상 되고 자본과 당기순이익이 과대계상 된다.

10. 다음 중 개인기업의 결산 절차를 순서대로 나열한 것 중 옳은 것은?

㉠ 재고조사표 작성	㉡ 수정전 시산표 작성	㉢ 재무제표 작성
㉣ 원장의 수정기입	㉤ 재무상태표 계정의 마감	㉥ 포괄손익계산서 계정의 마감

① ㉠→㉡→㉣→㉢→㉤→㉥
② ㉡→㉠→㉣→㉥→㉤→㉢
③ ㉡→㉠→㉣→㉤→㉥→㉢
④ ㉡→㉣→㉠→㉤→㉥→㉢

11. 다음 중 결산절차의 순서로 옳은 것은?

가. 수정후 시산표 작성	나. 수정전 시산표 작성
다. 재무제표 작성	라. 결산정리와 정리기입

① 나 → 가 → 다 → 라
② 라 → 다 → 나 → 가
③ 나 → 가 → 라 → 다
④ 나 → 라 → 가 → 다

12. 결산일에 종업원급여 계정을 결산 마감하고자 한다. 종업원급여 계정 (가) 잔액을 (나) 계정으로 대체시켜야 한다. (가) 와 (나)의 내용으로 옳은 것은?

① 차변, 예수금
② 차변, 손익
③ 대변, 차기이월
④ 대변, 자본금

02 재무제표

1. 재무제표의 종류

① 기말 재무상태표   ② 기간 포괄손익계산서

③ 기간 현금흐름표   ④ 기간 자본변동표

⑤ 주석(유의적인 회계정책의 요약 및 그 밖의 설명으로 구성)

이익잉여금처분계산서

일반기업회계기준과 한국채택국제회계기준에서 이익잉여금처분계산서(또는 결손금처리계산서)는 재무제표에서 제외하고 상법등 관련법규에서 작성을 요구하는 경우에 재무상태의 이익잉여금에 대한 보충정보로서 주석으로 공시할 수 있도록 하였다.

2. 재무제표 작성과 표시의 일반목적

(1) 공정한 표시와 한국채택국제회계기준의 준수

① 재무제표는 기업의 재무상태, 재무성과 및 현금흐름을 공정하게 표시해야 한다.

② 한국채택국제회계기준을 준수하여 재무제표를 작성하는 기업은 그러한 준수 사실을 주석에 명시적이고 제한없이 기재한다.

③ 한국채택국제회계기준을 준수하여 작성된 재무제표는 국제회계기준을 준수하여 작성된 재무제표임을 주석으로 공시할 수 있다.

(2) 계속기업

경영진은 재무제표를 작성할 때 계속기업으로서의 존속가능성을 평가해야 한다.

(3) 발생기준 회계

기업은 현금흐름 정보를 제외하고는 발생기준 회계를 사용하여 재무제표를 작성한다.

(4) 중요성과 통합표시

유사한 항목은 중요성 분류에 따라 재무제표에 구분하여 표시한다. 상이한 성격이나 기능을 가진 항목은 구분하여 표시한다. 다만 중요하지 않은 항목은 성격이나 기능이 유사한 항목과 통합하여 표시할 수 있다.

(5) 상계

한국채택국제회계기준에서 요구하거나 허용하지 않는 한 자산과 부채 그리고 수익과 비용은 상계하지 아니한다.

(6) 보고빈도

전체 재무제표(비교정보를 포함)는 적어도 1년마다 작성한다.

(7) 비교정보

한국채택국제회계기준이 달리 허용하거나 요구하는 경우를 제외하고는 당기 재무제표에 보고되는 모든 금액에 대해 전기 비교정보를 공시한다.

(8) 표시의 계속성

재무제표 항목의 표시와 분류는 매기 동일하여야 한다.

(9) 재무제표의 식별

① 재무제표는 동일한 문서에 포함되어 함께 공표되는 그 밖의 정보와 명확하게 구분되고 식별되어야 한다.

② 각 재무제표와 주석은 명확하게 식별되어야 한다.

일반기업회계기준의 재무제표 작성과 표시의 일반원칙

1. 재무제표 작성과 표시의 일반원칙

① 계속기업
경영진은 재무제표를 작성할 때 계속기업을 전제로 재무제표를 작성한다.

② 작성책임과 공정한 표시
재무제표의 작성과 표시에 대한 책임은 경영진에게 있다.

③ 회계정책의 결정
기업은 기업회계기준이 허용하는 범위 내에서 회계정책을 선택할 수 있다.

④ 항목의 구분과 통합표시
중요한 항목은 재무제표의 본문이나 주석에 그 내용을 가장 잘 나타낼 수 있도록 구분하여 표시하며, 중요하지 않은 항목은 성격이나 기능이 유사한 항목과 통합하여 표시할 수 있다.

⑤ 비교재무제표의 작성
전기 재무제표의 모든 계량정보를 당기와 비교하는 형식으로 표시한다.

⑥ 항목의 표시와 분류의 계속성
재무제표의 기간별 비교가능성을 제고하기 위하여 재무제표 항목의 표시와 분류는 매기 동일하여야 한다.

⑦ 재무제표의 보고양식
재무제표는 이해하기 쉽도록 간단하고 명료하게 표시하여야 하며, 예시된 재무제표의 양식을 참조하여 작성한다. 예시된 명칭보다 잘 나타내는 계정과목이 있을 때는 그 계정과목을 사용할 수 있다.

2. 재무제표의 명칭과 함께 기재하는 내용

① 회사명
② 보고기간종료일 또는 회계기간
③ 보고통화 및 금액단위

01. 다음 중 재무제표에 해당하지 않는 것은?

① 재무상태표 ② 포괄손익계산서
③ 시산표 ④ 자본변동표

02. 다음 중 재무제표의 작성목적으로 볼 수 없는 것은?

① 일정기간의 기업의 경영성과 파악
② 일정시점의 기업의 재무상태 파악
③ 일정기간의 기업의 현금흐름 파악
④ 일정시점의 기업의 거래처 파악

03. 다음 중 재무제표로 부터 직접적으로 제공되는 정보가 <u>아닌</u> 것은?

① 기업의 재무 상태
② 기업의 경영 성과
③ 기업의 현금 흐름 변동
④ 외상매입처별 매입내역

04. 재무제표작성과 표시의 일반목적이 <u>아닌</u> 것은?

① 실현기준회계 ② 공정한 표시
③ 중요성과 통합표시 ④ 비교정보

05. 다음 중 재무제표작성과 표시의 일반목적이 <u>아닌</u> 것은 무엇인가?

① 계속기업 ② 중요성과 통합표시
③ 상계표시 허용 ④ 표시의 계속성

06. 재무제표의 명칭과 함께 기재하는 내용이 <u>아닌</u> 것은?

① 회사명 ② 대표이사 성명
③ 보고기간종료일 또는 회계기간 ④ 보고통화 및 금액단위

03 재무상태표

1. 재무상태표의 목적

재무상태표는 일정 시점 현재 기업이 보유하고 있는 경제적 자원인 자산과 경제적 의무인 부채, 그리고 자본에 대한 정보를 제공하는 재무보고서로서, 정보이용자들이 기업의 유동성, 재무적 탄력성, 수익성과 위험 등을 평가하는 데 유용한 정보를 제공한다.

2. 재무상태표의 기본구조

(1) 재무상태표의 구성요소인 자산, 부채, 자본으로 구분한다.

(2) 자산과 부채는 유동성배열법, 유동성 비유동성 구분법, 혼합법으로 작성할 수 있다.

(3) 재무상태표의 표시와 분류방법은 기업의 재무상태를 쉽게 이해할 수 있도록 결정되어야 한다.

유동성배열법

• 일반기업회계기준에서는 재무상태표를 유동성배열법으로 작성하도록 되어 있다.

3. 자산과 부채의 유동성과 비유동성 구분

(1) 자산은 1년 및 정상적인 영업주기를 기준으로 유동자산과 비유동자산으로 분류한다.

(2) 부채는 1년 및 정상적인 영업주기를 기준으로 유동부채와 비유동부채로 분류한다.

(3) 정상적인 영업주기가 명확하게 확인되지 않는 경우에는 1년으로 추정한다.

4. 자본의 분류

자본금, 이익잉여금, 기타자본구성요소로 분류한다.

5. 재무상태표 항목의 구분과 통합표시

자산, 부채, 자본 중 중요한 항목은 재무상태표 본문에 별도 항목으로 구분하여 표시한다. 중요하지 않은 항목은 성격 또는 기능이 유사한 항목에 통합하여 표시할 수 있으며, 통합할 적절한 항목이 없는 경우에는 기타항목으로 통합할 수 있다. 이 경우 세부 내용은 주석으로 기재한다.

6. 자산과 부채의 총액표시

(1) 자산과 부채는 원칙적으로 상계하여 표시하지 않는다.

(2) 매출채권에 대한 대손충당금 등은 해당 자산이나 부채에서 직접 가감하여 표시할 수 있다. 이 경우 가감한 금액을 주석으로 기재한다.

7. 자산·부채·자본의 분류

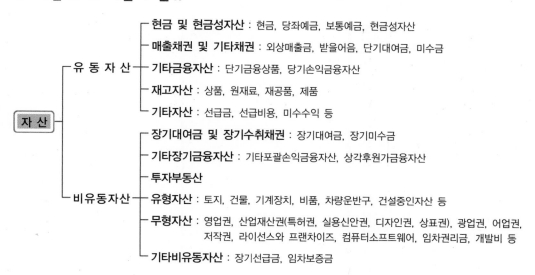

현금 및 현금성자산 : 현금, 당좌예금, 보통예금, 현금성자산
매출채권 및 기타채권 : 외상매출금, 받을어음, 단기대여금, 미수금
유동자산 ── **기타금융자산** : 단기금융상품, 당기손익금융자산
재고자산 : 상품, 원재료, 재공품, 제품
기타자산 : 선급금, 선급비용, 미수수익 등

자산

장기대여금 및 장기수취채권 : 장기대여금, 장기미수금
기타장기금융자산 : 기타포괄손익금융자산, 상각후원가금융자산
투자부동산
비유동자산 ── **유형자산** : 토지, 건물, 기계장치, 비품, 차량운반구, 건설중인자산 등
무형자산 : 영업권, 산업재산권(특허권, 실용신안권, 디자인권, 상표권), 광업권, 어업권, 저작권, 라이선스와 프랜차이즈, 컴퓨터소프트웨어, 임차권리금, 개발비 등
기타비유동자산 : 장기선급금, 임차보증금

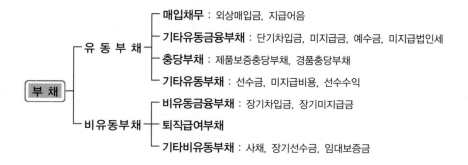

매입채무 : 외상매입금, 지급어음
기타유동금융부채 : 단기차입금, 미지급금, 예수금, 미지급법인세
유동부채 ── **충당부채** : 제품보증충당부채, 경품충당부채
기타유동부채 : 선수금, 미지급비용, 선수수익

부채

비유동금융부채 : 장기차입금, 장기미지급금
비유동부채 ── **퇴직급여부채**
기타비유동부채 : 사채, 장기선수금, 임대보증금

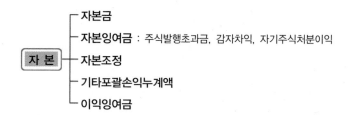

자본금
자본잉여금 : 주식발행초과금, 감자차익, 자기주식처분이익
자본 ── **자본조정**
기타포괄손익누계액
이익잉여금

8. 보고식 재무상태표 양식

재 무 상 태 표

제×기 20×2년 12월 31일 현재
제×기 20×1년 12월 31일 현재 (단위 : 원)

회사명

과　　　　목	20×2년 12월 31일	20×1년 12월 31일
자　　　　　　　산		
유　동　자　산		
현 금 및 현 금 성 자 산	×××	×××
매 출 채 권 및 기 타 채 권	×××	×××
기　타　금　융　자　산	×××	×××
재　　고　　자　　산	×××	×××
기　　타　　자　　산	×××	×××
유　동　자　산　계	×××	×××
비　유　동　자　산		
대 여 금 및 수 취 채 권	×××	×××
기　타　금　융　자　산	×××	×××
투　자　부　동　산	×××	×××
유　　형　　자　　산	×××	×××
무　　형　　자　　산	×××	×××
기　　타　　자　　산	×××	×××
비　유　동　자　산　계	×××	×××
자　　산　　총　　계	×××	×××
부　　　　　　　채		
유　동　부　채		
매　　입　　채　　무	×××	×××
기　타　금　융　부　채	×××	×××
충　　당　　부　　채	×××	×××
기　　타　　부　　채	×××	×××
유　동　부　채　계	×××	×××
비　유　동　부　채		
금　　융　　부　　채	×××	×××
퇴　직　급　여　부　채	×××	×××
기　　타　　부　　채	×××	×××
비　유　동　부　채　계	×××	×××
부　　채　　총　　계	×××	×××
자　　　　　　　본		
납　　입　　자　　본	×××	×××
이　익　잉　여　금	×××	×××
기　타　자　본　요　소	×××	×××
자　　본　　총　　계	×××	×××
부　채　및　자　본　총　계	×××	×××

재무상태표

제×기 20××년 ×월×일 현재
제×기 20××년 ×월×일 현재

회사명   (단위 : 원)

과　　　　목	당　　　기	전　　　기
자　　　　　　산		
유　동　자　산	40	
당　좌　자　산	20	
재　고　자　산	20	
비　유　동　자　산	60	
투　자　자　산	20	
유　형　자　산	20	
무　형　자　산	10	
기　타　비　유　동　자　산	10	
자　산　총　계	100	(전기분 생략)
부　　　　　　채		
유　동　부　채	20	
비　유　동　부　채	30	
부　채　총　계	50	
자　　　　　　본		
자　본　금	10	
자　본　잉　여　금	10	
자　본　조　정	10	
기　타　포　괄　손　익　누　계　액	10	
이　익　잉　여　금	10	
자　본　총　계	50	
부　채　및　자　본　총　계	100	

01. 다음 자료를 이용하여 재무상태표을 작성하시오.

[자   료]

현 금 ₩270,000	외 상 매 출 금 ₩150,000	당기손익금융자산 ₩100,000
상 품 200,000	선 급 금 30,000	투 자 부 동 산 200,000
건 물 33,000	영 업 권 20,000	외 상 매 입 금 150,000
단 기 차 입 금 120,000	미 지 급 비 용 100,000	장 기 차 입 금 110,000
대 손 충 당 금 3,000	자 본 금 300,000	주식발행초과금 20,000
이 익 잉 여 금 200,000		

재 무 상 태 표

제×기 20×2년 12월 31일 현재
제×기 20×1년 12월 31일 현재

회사명 (단위 : 원)

과 목	20×2년 12월 31일	20×1년 12월 31일
자 산		
유 동 자 산		
현 금 및 현 금 성 자 산	( )	
매 출 채 권 및 기 타 채 권	( )	
기 타 금 융 자 산	( )	전
재 고 자 산	( )	기
기 타 자 산	( )	분
유 동 자 산 계	( )	생
비 유 동 자 산		략
투 자 부 동 산	( )	
유 형 자 산	( )	
무 형 자 산	( )	
비 유 동 자 산 계	( )	
자 산 총 계	( )	
부 채		
유 동 부 채		
매 입 채 무	( )	
기 타 금 융 부 채	( )	
기 타 부 채	( )	
유 동 부 채 계	( )	
비 유 동 부 채		
금 융 부 채	( )	
비 유 동 부 채 계	( )	
부 채 총 계	( )	
자 본		
납 입 자 본	( )	
이 익 잉 여 금	( )	
자 본 총 계	( )	
부 채 및 자 본 총 계	( )	

01. 다음에서 설명하는 재무제표의 종류로 옳은 것은?

> 일정 시점 현재의 기업이 보유하고 있는 경제적 자원인 자산과 경제적 의무인 부채, 그리고 자본에 대한 정보를 제공하는 보고서이다.

① 자본변동표   ② 포괄손익계산서
③ 현금흐름표   ④ 재무상태표

02. 다음 중 재무상태표에 대한 설명으로 옳지 않은 것은?

① 부채는 유동부채와 비유동부채로 분류한다.
② 자산에서 유동자산은 당좌자산과 투자자산을 포함하고, 비유동자산은 재고자산, 유형자산, 무형자산, 기타비유동자산을 포함한다.
③ 기업이 일정시점 현재에 보유하고 있는 경제적 자원인 자산, 경제적 의무인 부채 그리고 자본에 대한 정보를 제공하는 재무보고서이다.
④ 자본은 자본금, 자본잉여금, 자본조정, 기타포괄손익누계액 및 이익잉여금(또는 결손금)으로 분류할 수 있다.

03. 다음 중 유동자산에 해당하지 않는 것은?

① 재고자산   ② 매출채권
③ 영업권   ④ 현금및현금성자산

04. 다음 중 유동자산이 <u>아닌</u> 계정은?

① 투자부동산   ② 선급금
③ 매출채권   ④ 단기대여금

05. 상품 판매업을 영위하는 (주)상공의 재무상태표를 다음과 같이 작성하였을 때 옳지 <u>않은</u> 것은?

① 자산을 유동자산과 비유동자산으로 구분 표시하였다.
② 서로 다른 거래처에서 발생한 외상매출금과 외상매입금을 서로 상계하여 순액으로 표시하였다.
③ 매출채권에 대한 대손충당금을 차감하여 매출채권을 순액으로 측정하였다.
④ 업무용 차량운반구를 비유동자산으로 구분 표시하였다.

06. 재무상태표의 항목을 유동성배열법에 따라 순서대로 바르게 나열한 것 중 옳은 것은?

① 현금및현금성자산 → 단기금융자산 → 매출채권 → 재고자산 → 건물
② 건물 → 현금및현금성자산 → 매출채권 → 재고자산 → 단기금융자산
③ 건물 → 단기금융자산 → 재고자산 → 매출채권 → 현금및현금성자산
④ 현금및현금성자산 → 매출채권 → 건물 → 재고자산 → 단기금융자산

07. 다음 중 재무상태표 계정에 속하지 않는 것은?

① 단기차입금
② 당기손익-공정가치측정 금융자산
③ 임대료
④ 이익잉여금

08. 다음중 비유동자산에 속하지 않는 것은?

① 매출채권
② 유형자산
③ 무형자산
④ 투자부동산

09. 재무상태표를 작성할 때 일반적으로 지켜야할 사항이 아닌 것은?

① 구분표시
② 총액표시
③ 항목의 구분과 통합표시
④ 기능별분류와 성격별분류

10. 기업의 재무상태표를 통하여 얻는 정보로 옳지 않은 것은?

① 기업의 성공적인 자금조달 방법을 예측하는데 유용한 정보를 제공한다.
② 기업의 재무적 건전성과 재무구조에 대한 유용한 정보를 제공한다.
③ 기업의 유동성과 보유중인 경제적 자원에 대한 유용한 정보를 제공한다.
④ 기업의 경영성과정보를 통해서 기업이 현재의 자원으로부터 현금을 창출할 수 있는 능력을 예측하는데 유용한 정보를 제공한다.

11. 기업회계기준에서 유동자산과 비유동자산을 구분하는 기준은?

① 6개월
② 1년 및 정상적인 영업주기 기준
③ 영업활동주기
④ 재고자산회전기간

04 포괄손익계산서

1. 포괄손익계산서의 목적

포괄손익계산서는 일정 기간 동안 기업의 재무성과(경영성과)에 대한 정보를 제공하는 재무보고서이다. 포괄손익계산서는 당해 회계기간의 재무성과(경영성과)를 나타낼 뿐만 아니라 기업의 미래현금흐름과 수익창출능력 등의 예측에 유용한 정보를 제공한다.

2. 수익과 비용의 총액표시

수익과 비용은 각각 총액으로 보고하는 것을 원칙으로 한다. 그리고 동일 또는 유사한 거래나 회계사건에서 발생한 차익, 차손 등은 총액으로 표시하지만 중요하지 않은 경우에는 관련 차익과 차손 등을 상계하여 표시할 수 있다.

3. 수익과 비용 항목의 표시

해당 기간에 인식한 모든 수익과 비용 항목은 다음 중 한 가지 방법으로 표시한다.

(1) 단일 포괄손익계산서

(2) 두 개의 보고서 : 당기순손익의 구성요소를 표시하는 보고서(별개의 손익계산서)와 당기순손익에서 시작하여 기타포괄손익의 구성요소를 표시하는 보고서(포괄손익계산서)

단일의 포괄손익계산서		두 개의 보고서			
		손익계산서		포괄손익계산서	
수 익	×××				
비 용	(×××)	수 익	×××	당 기 순 손 익	×××
당 기 순 손 익	×××	비 용	(×××)	기 타 포 괄 손 익	×××
기 타 포 괄 손 익	×××	당 기 순 손 익	×××	총 포 괄 손 익	×××
총 포 괄 손 익	×××				

4. 수익과 비용의 분류

(1) 수익의 분류

　　① 매 출 액

　　② 기타수익 : 이자수익, 수수료수익, 배당금수익, 로열티수익, 임대료,
　　　　　　　　유형자산처분이익, 잡이익

(2) 비용의 분류

　　① 기능별 분류 : 매출원가, 물류원가, 관리비, 기타비용, 법인세비용

　　② 성격별 분류 : 상품의변동, 상품매입액, 종업원급여, 감가상각비와 기타상각비,
　　　　　　　　　기타비용, 법인세비용

5. 포괄손익계산서 양식(중단사업손익이 없는 경우)

(1) 기능별 분류(매출원가법)에 의한 포괄손익계산서

포 괄 손 익 계 산 서

제×기 20×2년 1월 1일부터 20×2년 12월 31일까지
제×기 20×1년 1월 1일부터 20×1년 1월 12일까지

회사명　　　　　　　　　　　　　　　　　　　　　　　　　　　　　(단위 : 원)

과　　　　목	20×2년	20×1년
수　익　(　매　출　액　)	×××	×××
매　　출　　원　　가	(×××)	(×××)
매　　출　　총　　이　　익	×××	×××
판　매　비　와　관　리　비	(×××)	(×××)
영　　업　　이　　익	×××	×××
기　　타　　수　　익	×××	×××
기　　타　　비　　용	(×××)	(×××)
금　　융　　수　　익	×××	×××
금　　융　　원　　가	(×××)	(×××)
법 인 세 비 용 차 감 전 순 이 익	×××	×××
법　　인　　세　　비　　용	(×××)	(×××)
당　　기　　순　　이　　익	×××	×××
주　　당　　이　　익	×××	×××

(2) 성격별 분류에 의한 포괄손익계산서

포 괄 손 익 계 산 서

제×기 20×2년 1월 1일부터 20×2년 12월 31일까지
제×기 20×1년 1월 1일부터 20×1년 12월 31일까지

회사명 (단위 : 원)

과　　목	20×2년	20×1년
수　익　(　매　출　액　)	×××	×××
상　품　의　변　동	(×××)	(×××)
상　품　매　입　액	(×××)	(×××)
종　업　원　급　여	(×××)	(×××)
감가상각비와 기타상각비	(×××)	(×××)
기　타　의　영　업　비　용	(×××)	(×××)
영　　업　　이　　익	×××	×××
기　　타　　수　　익	×××	×××
기　　타　　비　　용	(×××)	(×××)
금　　융　　수　　익	×××	×××
금　　융　　원　　가	(×××)	(×××)
법인세비용차감전순이익	×××	×××
법　　인　　세　　비　　용	(×××)	(×××)
당　기　순　이　익	×××	×××
주　　당　　이　　익	×××	×××

[용어해설]

• **포괄손익계산서의 기능별분류와 성격별분류**
① 기능별분류에 의한 방법(매출원가법)은 종전의 방법과 유사한 방법으로 비용을 매출원가, 물류원가, 관리비, 기타비용, 법인세비용 등으로 구분하여 공시한다.
② 성격별분류에 의한 방법은 국제회계기준을 채택하면서 새롭게 도입된 방법으로 비용을 상품의 변동, 상품의 매입액, 종업원급여, 감가상각비와 기타상각비, 법인세비용 등으로 구분하여 공시한다.
③ 포괄손익계산서를 작성할 때 수익(매출액), 영업손익, 금융원가, 법인세비용, 당기순손익은 반드시 구분 표시 하여야 한다.

일반기업회계기준에 의한 손익계산서 양식
(중단사업손익이 없는 경우)

손 익 계 산 서

제×기 20××년×월×일부터 20××년×월×일까지
제×기 20××년×월×일부터 20××년×월×일까지

회사명 (단위 : 원)

과　　　　목	당	기	전	기
매　　　　출　　　　액		200		
매　　출　　원　　가		140		
기 초 상 품 재 고 액	10			
당 기 상 품 매 입 액	150			
기 말 상 품 재 고 액	(20)			
매　　출　　총　　이　　익		60		
판 매 비 와 관 리 비		30	(전기분 생략)	
영　　업　　이　　익		30		
영 업 외 수 익		20		
영 업 외 비 용		30		
법 인 세 비 용 차 감 전 순 이 익		20		
법 인 세 비 용		10		
당　　기　　순　　이　　익		10		
주 당 이 익		×××		

(　)로 표시한 것은 차감을 의미한다.

01. 다음 자료를 이용하여 포괄손익계산서를 작성하시오.

[자 료]

매 출 액 ₩300,000	기초상품재고액 ₩50,000	당 기 매 입 액 ₩200,000	
기말상품재고액 40,000	이 자 수 익 20,000	임 대 료 10,000	
급 여 20,000	감 가 상 각 비 7,000	운 반 비 12,000	
보 관 비 13,000	접 대 비 3,000	복 리 후 생 비 15,000	
기 부 금 5,000	이 자 비 용 30,000	법 인 세 비 용 5,000	

◈ 보통주 주식수는 10주

(1) 기능별 분류

포 괄 손 익 계 산 서

과 목	금 액
수 익 (매 출 액)	
매 출 원 가	
매 출 총 이 익	
판 매 비 와 관 리 비	
영 업 이 익	
기 타 수 익	
기 타 비 용	
금 융 수 익	
금 융 원 가	
법인세비용차감전순이익	
법 인 세 비 용	
당 기 순 이 익	
주 당 이 익	

(2) 성격별 분류

포 괄 손 익 계 산 서

과 목	금 액
수 익 (매 출 액)	
상 품 의 변 동	
상 품 매 입 액	
종 업 원 급 여	
감가상각비와 기타상각비	
기 타 의 영 업 비 용	
영 업 이 익	
기 타 수 익	
기 타 비 용	
금 융 수 익	
금 융 원 가	
법인세비용차감전순이익	
법 인 세 비 용	
당 기 순 이 익	
주 당 이 익	

재무상태표 작성시 표현계정

• 상품의 변동 : 상품이 증가하면 (+)가되고, 상품이 감소하면 (−)가 된다.
• 상품매입액과 상품의 변동 합계액은 매출원가와 일치해야 한다.
• 금융수익(이자수익, 배당금수익), 금융원가(이자비용)
• 당기순이익 ÷ 보통주 주식수 = 주당이익

02. 대천상점의 잔액시산표와 결산정리 사항에 의하여 분개한 후 2구분 손익계산서와 재무상태표를 작성하시오.

잔액시산표

현 금	1,200,000	외상매입금	273,000
외상매출금	200,000	대손충당금	2,000
이 월 상 품	75,000	자 본 금	1,000,000
비 품	50,000	매 출	980,000
매 입	620,000	수수료수익	25,000
급 여	40,000		
보 험 료	30,000		
임 차 료	45,000		
잡 비	20,000		
	2,280,000		2,280,000

◀결산정리사항▶

1. 기말상품 재고액 ₩8,000

2. 매출채권에 대하여 2% 충당금 설정

3. 비품 장부금액의 10% 감가상각(간접법)

4. 보험료 선급액이 ₩7,000이다.

5. 수수료 미수액이 ₩10,000이다

6. 임차료 미지급액이 ₩15,000이다.

포괄손익계산서

재무상태표

NO	차변	금액	대변	금액
①				
②				
③				
④				
⑤				
⑥				

01. 포괄손익계산서(기능별)에 관한 설명으로 옳지 <u>않은</u> 것은?

① 순매출액에서 매출원가를 차감하여 매출총이익을 계산한다.
② 일정기간 동안에 기업의 재무성과를 나타내는 회계 보고서이다.
③ 총포괄손익은 당기순손익과 기타포괄손익의 모든 구성요소를 포함한다.
④ 보험료, 감가상각비, 세금과공과, 이자비용 등은 관리비로 분류한다.

02. 포괄손익계산서에 관한 설명으로 옳지 <u>않은</u> 것은?

① 보험료, 감가상각비, 세금과공과, 금융원가 등은 판매비와 관리비로 분류한다.
② 일정기간 동안에 기업의 재무성과를 나타내는 회계 보고서이다.
③ 총포괄손익은 당기순손익과 기타포괄손익의 모든 구성요소를 포함한다.
④ 매출액에서 매출원가를 차감하여 매출총이익을 표시할 수 있다.

03. 다음은 상공기업의 급여 지급 거래이다. 거래를 분개할 경우, 종업원급여 계정이 기입되는 포괄손익계산서(기능별)항목과 금액으로 옳은 것은?

> 5월분 관리팀 종업원 급여 ₩700,000에 대하여 소득세 ₩15,000과 건강보험료 ₩20,000을 원천징수하고 보통예금 계좌에서 이체하여 지급하다.

① 금융비용 ₩665,000
② 기타비용 ₩665,000
③ 매출원가 ₩700,000
④ 판매비와관리비 ₩700,000

04. 다음 중 포괄손익계산서를 작성할 경우 최소한으로 구분해 표시해야 하는 항목에 해당하지 <u>않는</u> 것은?

① 수익
② 금융원가
③ 영업외손익
④ 당기순손익

05. 포괄손익계산서의 구분이익 중 마지막으로 표시되는 이익은?

① 매출총이익
② 주당이익
③ 법인세비용차감전순이익
④ 당기순이익

06. 제조업을 영위하는 (주)상공전자의 영업이익이 증가할 수 있는 요인으로 옳은 것은?

① 매출액의 증가
② 접대비의 증가
③ 매출원가의 증가
④ 배당금수익의 증가

07. 한국채택국제회계기준(K-IFRS)에 따른 포괄손익계산서(기능별)에서 영업이익을 계산하는 방법으로 옳은 것은?

① 순매출액 – 매출원가
② 매출총이익 – (물류원가 + 관리비)
③ 법인세비용차감전순이익 – 법인세비용
④ 매출총이익 + 기타수익 – (기타비용 + 금융원가)

08. 다음 자료에서 당기순이익을 계산하면 얼마인가?

가. 총수익	₩3,000,000	나. 총비용	₩1,000,000
다. 기타포괄손익	₩80,000		

① ₩1,080,000
② ₩1,920,000
③ ₩2,000,000
④ ₩2,080,000

09. 다음 자료를 이용하여 당기순이익을 계산하면 얼마인가?

가. 기초상품재고액	₩200	나. 매　　입	₩300
다. 기말상품재고액	₩100	라. 매　　출	₩3,000
마. 급　　여	₩500	바. 감가상각비	₩300
사. 임대료	₩600	아. 여비교통비	₩200
자. 대손상각비	₩100		

① ₩1,900
② ₩2,100
③ ₩2,300
④ ₩2,500

10. 기부금을 관리부서 직원의 복리후생비로 회계처리한 경우 나타나는 현상으로 옳지 않은 것은?

① 매출원가는 불변이다.
② 영업이익은 불변이다.
③ 매출총이익은 불변이다.
④ 법인세차감전순이익은 불변이다.

정답과 보충설명

01 회계의 기초

기본문제 1-1

01 (1) 이해관계자, 회계정보
　　(2) 재무회계, 관리회계, 세무회계
　　(3) 단식회계, 복식회계, 영리회계, 비영리회계
　　(4) 회계단위
　　(5) 회계연도, 회계기간
　　(6) 기초, 기말, 전기, 당기, 차기
02 (1) (×) (2) (○) (3) (×) (4) (○) (5) (○)
　　(6) (×) (7) (×)

검정문제 1-1

01 ②	02 ④	03 ①	04 ③	05 ②
06 ③	07 ④	08 ②		

[보충설명]
01. ② 회계의 목적은 모든 이해관계자에게 유용한 회계정보 제공에 있다.
02. ④ 회사의 인적역량 강화는 회계의 목적이 아니고 인사관리의 목적이다.
03. ① 모든 이해관계자에게 유용한 회계정보를 제공한다.
04. ③ 재무회계는 과거 지향적 정보를 제공하고, 관리회계는 미래지향적 정보를 제공한다.
05. ② 경영자는 내부 정보이용자이고, 채권자, 주주, 정부는 외부 정보이용자 이다.
06. ③ 장소적 범위는 회계단위이고, 시간(기간)적 범위는 회계연도 또는 회계기간이라 한다.
07. ④ 결산일로부터 1년 이내에 현금화할 목적이 있으면 유동자산이고, 현금화할 목적이 없으면 비유동자산이다.
08. ② 장소적 범위는 회계단위이고, 시간(기간)적 범위는 회계연도 또는 회계기간이라 한다.

02 재무상태표의 구성요소

기본문제 1-2

01 (1) 현금 및 현금성자산　　(2) 당기손익금융자산
　　(3) 매출채권　　(4) 일정시점
　　(5) 매입채무　　(6) 자산, 부채, 자본
　　(7) 자산, 부채, 자본　　(8) 기초자본, 당기순이익
02 (1) 단기대여금　(2) 단기차입금　(3) 외상매출금
　　(4) 외상매입금　(5) 미수금　(6) 미지급금
　　(7) 받을어음　(8) 지급어음　(9) 선급금
　　(10) 선수금　(11) 선급비용　(12) 선수수익
　　(13) 미수수익　(14) 미지급비용　(15) 당기손익금융자산
　　(16) 당좌예금　(17) 단기금융상품

03

자산 항목			부채 항목
당 좌 예 금	단기금융상품	당기손익금융자산	단 기 차 입 금
단 기 대 여 금	차 량 운 반 구	외 상 매 출 금	지 급 어 음
받 을 어 음	선 급 금	미 수 금	미 지 급 금
상 　 품	현 　 금	토 　 지	선 수 금
건 　 물	비 　 품		예 수 금
			외 상 매 입 금

04 (1) 외상매입금　　(5) 선수금
　　(2) 받을어음　　(6) 선수수익
　　(3) 매입채무　　(7) 장기대여금
　　(4) 단기대여금

05

재 무 상 태 표
멘토르상점　　20××년 1월 1일 현재　　(단위 : 원)

자 산	금 액	부채, 자본	금 액
현금및현금성자산	1,100	매 입 채 무	1,300
매 출 채 권	1,150	단 기 차 입 금	400
상 　 품	400	자 　 본 　 금	1,200
비 　 품	250		
	2,900		2,900

06

재 무 상 태 표
대명상회　　20××년 12월 31일 현재　　(단위 : 원)

자 산	금 액	부채, 자본	금 액
현금및현금성자산	450	매 입 채 무	200
매 출 채 권	130	단 기 차 입 금	150
단 기 대 여 금	120	미 지 급 금	50
상 　 품	100	자 　 본 　 금	600
건 　 물	300	당 기 순 이 익	100
	1,100		1,100

검정문제 1-2

01 ③	02 ①	03 ④	04 ①	05 ③
06 ②	07 ②	08 ①	09 ③	10 ①

[보충설명]
01. ③ 선급금은 자산이고, 선수금은 부채이다.
02. ① 당기손익금융자산은 자산계정이다.
03. ④ 선수금 – 부채
04. ① 재무상태표의 구성요소는 자산, 부채, 자본이다.
05. ③

재무상태표

매 출 채 권	200	매 입 채 무	60
현 　 금	300	차 입 금	400
건 　 물	2,000	미 지 급 금	40
		자 본 금	(2,000)

06. ② 재무상태표는 일정시점 기업의 재무상태를 파악할 수 있다.
07. ②

재무상태표

현 　 금	3,000	미 지 급 금	800
받 을 어 음	4,500	단 기 차 입 금	1,700
단 기 대 여 금	(1,000)	자 　 본 　 금	6,000

08. ① 재무상태표등식 : 자산 = 부채 + 자본
09. ③ 자산에서 부채를 차감한 것을 자본이라 한다.
10. ① 기업의 일정시점 재무상태를 알려주는 보고서이다.

03 포괄손익계산서의 구성요소

기본문제 1-3

01 (1) 비용, 수익   (2) 총비용, 총수익
    (3) 포괄손익계산서
    (4) ① 당기순이익, 총수익   ② 총비용, 당기순손실
    (5) 일정기간, 경영성과

02 (1) 임차료   (2) 임대료   (3) 이자비용
    (4) 이자수익   (5) 통신비   (6) 수도광열비
    (7) 급여   (8) 운반비   (9) 광고선전비
    (10) 차량유지비

03 (1) 임대료   (4) 수수료비용
    (2) 상품매출손실   (5) 유형자산처분이익
    (3) 이자수익   (6) 잡손실

04

비용 항목			수익 항목
세 금 과 공 과	상품매출손실	급 여	이 자 수 익
통 신 비	접 대 비	운 반 비	임 대 료
잡 손 실	소 모 품 비	여비교통비	유형자산처분이익
수 도 광 열 비	기 부 금	복 리 후 생 비	잡 이 익
광 고 선 전 비	차 량 유 지 비	도 서 인 쇄 비	상품매출이익
임 차 료	보 험 료		배 당 금 수 익

05

포 괄 손 익 계 산 서

한국상회   20××년1월1일 ~ 20××년12월31일   (단위 : 원)

비 용	금 액	수 익	금 액
급 여	20,000	상 품 매 출 이 익	30,000
여 비 교 통 비	5,000	수 수 료 수 익	15,000
보 험 료	1,500	잡 이 익	7,500
광 고 선 전 비	8,500		
복 리 후 생 비	6,000		
임 차 료	5,000		
당 기 순 이 익	6,500		
	52,500		52,500

06

포 괄 손 익 계 산 서

두영상회   20××년1월1일 ~ 20××년12월31일   (단위 : 원)

비 용	금 액	수 익	금 액
차 량 유 지 비	10,000	상 품 매 출 이 익	40,000
수 도 광 열 비	3,000	수 수 료 수 익	30,000
세 금 과 공 과	17,000	임 대 료	15,000
도 서 인 쇄 비	12,000	당 기 순 손 실	7,000
이 자 비 용	10,000		
운 반 비	40,000		
	92,000		92,000

07 (1) 기초자본   (2) 기말부채
    (3) 총수익   (4) 기초자본

08 ① 15,000   ② 21,000   ③ 6,000   ④ 21,000
    ⑤ 2,000   ⑥ 6,000   ⑦ 4,000   ⑧ 5,000
    ⑨ 24,000   ⑩ 15,200   ⑪ 20,000   ⑫ 4,800
    ⑬ 9,000   ⑭ 49,800   ⑮ 54,600   ⑯ 27,000

검정문제 1-3

01 ③	02 ①	03 ①	04 ④	05 ①
06 ①	07 ②	08 ④	09 ③	10 ②
11 ④	12 ②	13 ③	14 ④	15 ④
16 ③	17 ③			

[보충설명]

01. ③ 자본의 증가요인은 수익이다.

02. ① 미수수익은 자산이다.

03. ① 배당을 받으면 배당금수익, 이자를 받으면 이자수익이다.

04. ④ 거래처 식사대 지급은 접대비이다.

05. ① 전화요금, 인터넷사용료, 이동통신요금은 통신비이다.

06. ① 아무런 대가 없이 지급한 것을 기부금이라 한다.

07. ② 회사 전화요금(통신비), 거래처직원과 식사(접대비), 소모품구입(소모품비), 회사홍보용 기념품제작(광고선전비)

08. ④ 직원의 회계업무 교육 강사비 지출 – 교육훈련비

09. ③ 직원의 복지향상을 위한 지출이므로 복리후생비이다.

10. ② 미지급비용은 부채이다.

11. ④ 일정기간 기업의 경영성과를 제공하는 것은 포괄손익계산서이다.

12. ②

포괄손익계산서

급 여	3,000	이 자 수 익	5,000
수 수 료 비 용	2,000	임 대 료	2,500
여 비 교 통 비	500	수 수 료 수 익	1,000
당 기 순 이 익	(3,000)		

13. ③ ㉠ 총수익(3,000,000) − 총비용(2,500,000)
    = 순이익(500,000)
    ㉡ 기말자본(1,500,000) − 기초자본(1,000,000)
    = 순이익(500,000)

14. ④ ㉠ 기초자산(500,000) − 기초부채(200,000)
    = 기초자본(300,000)
    ㉡ 기말자산(800,000) − 기말부채(300,000)
    = 기말자본(500,000)
    ㉢ 총수익(600,000) − 총비용(400,000) = 순이익(200,000)
    ㉣ 기말자본(500,000) − 기초자본(300,000)
    = 순이익(200,000)

15. ④ ㉠ 기초자산(600,000) − 기초부채(260,000)
    = 기초자본(340,000)
    ㉡ 기말자산(700,000) − 기말부채(300,000)
    = 기말자본(400,000)
    ㉢ 기말자본(400,000) − 기초자본(340,000)
    = 순이익(60,000)

16. ③ ㉠ 기초자산(900,000) − 기초부채(300,000)
    = 기초자본(600,000)
    ㉡ 기말자산(900,000+100,000) − 기말부채(470,000)
    = 기말자본(530,000)
    ㉢ 총수익(350,000) − 총비용(420,000) = 순이익(−70,000)
    ㉣ 기말자본(530,000) − 기초자본(600,000)
    = 순이익(−70,000)

17. ③ ㉠ 기말자본(600,000) − 기초자본(500,000)
    = 순이익(100,000)
    ㉡ 총수익(750,000) − 총비용(650,000) = 순이익(100,000)

기본문제 1-4

01 (1) ○ (2) × (3) ○ (4) × (5) ○
  (6) × (7) ○ (8) ○ (9) ○

02 (1) 차변, 대변   (2) 차변, 대변
  (3) 차변, 대변   (4) 차변, 대변
  (5) 차변, 대변

03 거래의 이중성

04 (1) (차) 현   금 500,000 (대) 자 본 금 500,000
  (2) (차) 비   품 50,000 (대) 현   금 50,000
  (3) (차) 현   금 200,000 (대) 단기차입금 200,000

NO	차변요소	대변요소	거래의 종류
(1)	자산의 증가	자본의 증가	교환거래
(2)	자산의 증가	자산의 감소	교환거래
(3)	자산의 증가	부채의 증가	교환거래

05 (1) (차) 상   품 200,000 (대) 현   금 100,000
               외상매입금 100,000
  (2) (차) 현   금 100,000 (대) 임 대 료 100,000
  (3) (차) 현   금 10,000 (대) 수수료수익 10,000
  (4) (차) 급   여 60,000 (대) 현   금 60,000
  (5) (차) 임 차 료 50,000 (대) 현   금 50,000
  (6) (차) 외상매출금 300,000 (대) 상   품 280,000
               상품매출이익 20,000
  (7) (차) 단기차입금 50,000 (대) 현   금 52,000
     이 자 비 용 2,000

NO	차변요소	대변요소	거래의 종류
(1)	자산의 증가	자산의 감소 부채의 증가	교환거래
(2)	자산의 증가	수익의 발생	손익거래
(3)	자산의 증가	수익의 발행	손익거래
(4)	비용의 발생	자산의 감소	손익거래
(5)	비용의 발생	자산의 감소	손익거래
(6)	자산의 증가	자산의 감소 수익의 발생	혼합거래
(7)	부채의 감소 비용의 발생	자산의 감소	혼합거래

검정문제 1-4

01 ②	02 ②	03 ③	04 ④	05 ④
06 ①	07 ②	08 ②	09 ④	10 ③
11 ④	12 ②	13 ①	14 ③	15 ②

[보충설명]
01. ② 자산, 부채, 자본에 증감변화를 거래라 한다.
02. ② 고용계약은 회계상 거래가 아니다.
03. ③ 고용계약은 회계상 거래가 아니다.
04. ④ 고용계약은 회계상 거래가 아니다.
05. ④ 수익의 발생은 대변, 수익의 소멸은 차변
       비용의 발생은 차변, 비용의 소멸은 대변
06. ① (차) 자산의 증가 – (대) 자산의 감소
07. ② (차) 부채의 감소 – (대) 부채의 증가
08. ② (차) 부채의 감소와 자본의 증가

09. ① (차) 자산의 증가(은행예금) (대) 자산의 감소(현금)
  ② (차) 자산의 증가(현금) (대) 자산의 감소(대여금)
  ③ (차) 자산의 증가(상품) (대) 부채의 증가(외상매입금)
  ❹ (차) 자산의 증가(현금) (대) 수익의 발생(이자수익)
10. ① (차) 자산의 증가(은행예금) (대) 자산의 감소(현금)
  ② (차) 자산의 증가(대여금) (대) 자산의 감소(현금)
  ❸ (차) 자산의 증가(상품) (대) 부채의 증가(외상매입금)
  ④ (차) 자산의 증가(현금) (대) 자산의 감소(상품)
11. ④ (차) 비용의 발생(급여) (대) 자산의 감소(현금)
12. ① (차) 자산의 증가(현금) (대) 부채의 증가(선수금)
  ❷ (차) 비용의 발생(급여) (대) 자산의 감소(현금)
                  (대) 부채의 증가(소득세예수금)

  차변에 비용만 발생하였으므로 혼합거래가 아니고,
  손익거래이다.
  ③ (차) 자산의 증가(현금) (대) 수익의 발생(이자수익)
  ④ (차) 부채의 감소(외상매입금) (대) 자산의 감소(현금)
13. ① (차) 자산의 증가(상품) (대) 자산의 감소(현금)
                  (대) 부채의 증가(외상매입금)
14. ③ (차) 비용의 발생(급여) (대) 부채의 증가(미지급비용)
15. ② 거래의 이중성에 대한 설명이다.

제2장 회계의 순환과정

01 거래의 기록

기본문제 2-1

01

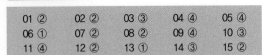

당좌예금		단기차입금	
(증가)	(감소)	(감소)	(증가)

자 본 금		이자수익	
(감소)	(증가)	(소멸)	(발생)

임 차 료		건 물	
(발생)	(소멸)	(증가)	(감소)

02 (1) 부채, 대 (2) 비용, 차 (3) 수익, 대
  (4) 자산, 차 (5) 부채, 대 (6) 비용, 차
  (7) 수익, 대 (8) 부채, 대 (9) 수익, 대
  (10) 부채, 대 (11) 비용, 차 (12) 비용, 차
  (13) 부채, 대 (14) 수익, 대 (15) 자산, 차
  (16) 비용, 차 (17) 자본, 대 (18) 비용, 차
  (19) 비용, 차 (20) 자산, 차

03

No	차변과목	금액	대변과목	금액
(1)	상 품	10,000	현 금	10,000
(2)	단 기 대 여 금	50,000	현 금	50,000
(3)	비 품	1,500,000	현 금	1,500,000
(4)	외 상 매 출 금	80,000	상 품	80,000
(5)	현 금	80,000	외 상 매 출 금	80,000

04

No	차변과목	금액	대변과목	금액
(1)	상품	300,000	외상매입금	300,000
(2)	현금	200,000	단기차입금	200,000
(3)	비품	1,000,000	미지급금	1,000,000
(4)	당좌예금	500,000	현금	500,000
(5)	상품	100,000	당좌예금	100,000
(6)	단기매매금융자산	250,000	당좌예금	250,000

05

No	차변과목	금액	대변과목	금액
(1)	현금	700,000	자본금	700,000
(2)	상품	300,000	자본금	300,000
(3)	현금	500,000	자본금	1,500,000
	상품	200,000		
	건물	800,000		

06

No	차변과목	금액	대변과목	금액
(1)	현금	50,000	이자수익	50,000
(2)	현금	10,000	수수료수익	10,000
(3)	현금	70,000	배당금수익	70,000
(4)	현금	30,000	임대료	30,000
(5)	현금	5,000	잡이익	5,000
(6)	현금	50,000	상품	60,000
	외상매출금	25,000	상품매출이익	15,000

07

No	차변과목	금액	대변과목	금액
(1)	단기차입금	100,000	현금	100,000
(2)	외상매입금	200,000	현금	200,000
(3)	미지급금	50,000	현금	50,000
(4)	지급어음	100,000	당좌예금	100,000

08

No	차변과목	금액	대변과목	금액
(1)	급여	200,000	현금	200,000
(2)	소모품비	100,000	현금	100,000
(3)	통신비	50,000	현금	50,000
(4)	광고선전비	300,000	당좌예금	300,000
(5)	복리후생비	50,000	현금	50,000
(6)	세금과공과	10,000	현금	10,000
(7)	차량유지비	70,000	미지급금	70,000

09

No	차변과목	금액	대변과목	금액
(1)	현금	200,000	상품	150,000
			상품매출이익	50,000
(2)	현금	300,000	상품	320,000
	상품매출손실	20,000		
(3)	현금	320,000	단기대여금	300,000
			이자수익	20,000
(4)	단기차입금	500,000	현금	505,000
	이자비용	5,000		

10

No	차변과목	금액	대변과목	금액
(1)	현금	1,000,000	자본금	4,000,000
	건물	3,000,000		
(2)	상품	300,000	지급어음	300,000
(3)	임차료	50,000	현금	50,000
(4)	비품	900,000	미지급금	900,000
(5)	수도광열비	25,000	현금	25,000
(6)	접대비	50,000	현금	50,000

11

(1)

단기대여금
3/20 현금 500,000

현금
| 3/20 단기대여금 500,000

(2)

현금
3/25 제좌 550,000

단기대여금
| 3/25 현금 500,000

이자수익
| 3/25 현금 50,000

12

날짜	차변과목	금액	대변과목	금액
3/1	현금	500,000	자본금	500,000
2	상품	80,000	현금	80,000
3	현금	70,000	단기차입금	70,000
4	외상매출금	80,000	상품	70,000
			상품매출이익	10,000

13

날짜	차변과목	금액	대변과목	금액
7/1	현금	500,000	자본금	500,000
8	비품	100,000	현금	100,000
11	상품	150,000	현금	150,000
15	현금	200,000	단기차입금	200,000
20	외상매출금	130,000	상품	100,000
			상품매출이익	30,000

현금 (1)

7/1 자본금	500,000	7/8 비품	100,000
15 단기차입금	200,000	11 상품	150,000

외상매출금 (2)

7/20 제좌 130,000

상품 (3)

| 7/11 현금 | 150,000 | 7/20 외상매출금 | 100,000 |

비품 (4)

7/8 현금 100,000

단기차입금 (5)

| 7/15 현금 200,000

자본금 (6)

| 7/1 현금 500,000

상품매출이익 (7)

| 7/20 외상매출금 30,000

14

입금전표	
단기차입금	10,000

입금전표	
상품	20,000

출금전표	
상품	15,000

대체전표			
상품	20,000	외상매입금	20,000

대체전표			
외상매출금	10,000	상품	10,000

[보충설명]

(1)	(차) 현 금	10,000	(대) 단기차입금	10,000	
(2)	(차) 상 품	15,000	(대) 현 금	15,000	
(3)	(차) 상 품	20,000	(대) 외상매입금	20,000	
(4)	(차) 현 금	20,000	(대) 상 품	20,000	
	외상매출금	10,000	상 품	10,000	

일 계 표(분개집계표)

차변금액	원면	계정과목	대변금액
30,000		현 금	15,000
10,000		외 상 매 출 금	
35,000		상 품	30,000
		외 상 매 입 금	20,000
		단 기 차 입 금	10,000
75,000			75,000

검정문제 2-1

01 ②	02 ③	03 ①	04 ③	05 ①
06 ④	07 ④	08 ②	09 ③	10 ②
11 ①	12 ①	13 ③	14 ④	15 ④
16 ④	17 ②			

[보충설명]

01. ② 자산과 비용은 차변, 부채자본수익은 잔액이 대변에 발생한다. 예수금은 부채(대변)이고, 선급금, 미수금, 단기대여금은 자산(차변)이다.
02. ③ 판매용은 상품이고, 상품을 외상매입하면.

    (차) 상 품 ××× (대) 외상매입금 ×××

03. ① 수도요금, 전기요금, 가스요금등을 지급하면 수도광열비 계정이므로 (차) 수도광열비 100,000 (대) 보통예금 100,000
04. ③ 이자를 받으면 이자수익, 배당을 받으면 배당금수익이다.
05. ① 현금을 1년 이내로 빌려오면 단기차입금이 증가한다.
06. ① 분개장은 거래 발생순서대로, 총계정원장은 각 계정별로 취합된 정보를 알 수 있으므로 구분하여 기장 하여야 한다.
    ② 과거의 거래를 추정하는데 유용하다.
    ③ 분개장이 있어야 총계정원장의 오류를 발견할 수 있다.
07. ④ 차변합계와 대변합계가 일치하는 것을 대차평균의 원리라 한다.
08. ① 자본의 증가는 자산의 증가나 부채의 감소를 가져온다.
    ③ 자본총액은 자산총액에서 부채총액을 차감한 금액이다.
    ④ 차변합계와 대변합계는 일치해야 한다.
09. ③(차) 외상매입금 400,000 (대) 현 금 400,000
10. ②(차) 받 을 어 음 80,000 (대) 외상매출금 80,000
11. (차) 현 금 30,000 (대) 상 품 50,000
    외상매출금 20,000

❶
현 금	
상 품 30,000	

②
상 품	
	제 좌 50,000

③
외상매출금	
상 품 20,000	

---

12. ① 분개 → 계정(전기), 계정 → 계정(대체)
13. ③(차) 외상매입금 50,000 (대) 현 금 50,000
    외상매입금 150,000   지 급 어 음 150,000
14. ④ 출금전표는 현금이 대변이다.
15. ④(차) 복리후생비 50,000 (대) 미 지 급 금 50,000
    현금이 없으므로 대체전표 이다.
16. ④ 분개장 대신 전표를 사용한다.
17. ①(차) 통 신 비 10,000 (대) 현 금 10,000
    [출금전표]

   ❷(차) 현 금 500,000 (대) 보 통 예 금 500,000
    [입금전표]

   ③(차) 외상매입금 2,000,000 (대) 지 급 어 음 2,000,000
    [대체전표]

   ④(차) 비 품 70,000 (대) 미 지 급 금 70,000
    [대체전표]

02 결산과 시산표작성

기본문제 2-2

01 합 계 시 산 표

차변합계	원면	계정과목	대변합계
150,000	(1)	현 금	50,000
100,000	(2)	외 상 매 입 금	160,000
	(3)	자 본 금	30,000
	(4)	상 품 매 출 이 익	50,000
40,000	(5)	급 여	
290,000			290,000

잔 액 시 산 표

차변잔액	원면	계정과목	대변잔액
100,000	(1)	현 금	
	(2)	외 상 매 입 금	60,000
	(3)	자 본 금	30,000
	(4)	상 품 매 출 이 익	50,000
40,000	(5)	급 여	
140,000			140,000

합계잔액시산표

차 변		원면	계정과목	대 변	
잔 액	합 계			합 계	잔 액
100,000	150,000	(1)	현 금	50,000	
	100,000	(2)	외 상 매 입 금	160,000	60,000
		(3)	자 본 금	30,000	30,000
		(4)	상 품 매 출 이 익	50,000	50,000
40,000	40,000	(5)	급 여		
140,000	290,000			290,000	140,000

02 정 산 표

계 정 과 목	잔액시산표 차 변	잔액시산표 대 변	포괄손익계산서 차 변	포괄손익계산서 대 변	재무상태표 차 변	재무상태표 대 변
현 금	20,000				(20,000)	
외 상 매 출 금	25,000				(25,000)	
단 기 대 여 금	40,000				(40,000)	
상 품	50,000				(50,000)	
외 상 매 입 금		15,000				(15,000)
단 기 차 입 금		6,000				(6,000)
자 본 금		100,000				(100,000)
상품매출이익		35,000		(35,000)		
수 수 료 수 익		4,000		(4,000)		
급 여	20,000		(20,000)			
임 차 료	5,000		(5,000)			
(당기순이익)			(14,000)			(14,000)
	160,000	160,000	(39,000)	(39,000)	(135,000)	(135,000)

03 (1) 기말자산, 총비용, 기말부채, 기초자본, 총수익
(2) 합계시산표, 잔액시산표, 합계잔액시산표
(3) 비용, 자본, 수익
(4) 전기
(5) 금액
(6) 차, 대, 대, 차
(7) 분개장, 합계시산표

검정문제 2-2

01 ①	02 ①	03 ②	04 ③	05 ③
06 ③	07 ②	08 ②	09 ③	10 ④
11 ①	12 ④	13 ②	14 ④	

[보충설명]
01. ① 이월시산표는 결산의 본절차에서 작성된다.
02. ① 시산표작성은 결산예비절차, 분개장과 총계정원장 마감은 결산본절차, 재무상태표 작성은 결산보고서 작성절차이다.
03. ② 시산표 작성 → 기말정리 사항의 수정 → 총계정원장 마감 → 재무제표 작성
04. ③ 재무제표에는 재무상태표, 포괄손익계산서, 현금흐름표, 자본변동표에 주석을 포함한다.
05. ③ 선급비용은 자산으로 차변에 선수수익, 미지급비용, 외상매입금은 부채로 대변에 잔액이 발생한다.
06. ③ 미수금은 자산으로 차변금액이 크게 나타나고, 미지급금, 선수금, 외상매입금은 부채계정으로 대변금액이 크게 나타난다.
07. ② 외상매입금은 부채로 잔액이 항상 대변에 존재한다.
08. ② 전기의 정확성을 검증하는 것이 시산표이다.
09. ③ 외상매입금은 부채로 잔액이 항상 대변에 존재한다.
10. ④ 1,480 + 540 = A(2,020)
    1,850 − 1,100 = B(750)
11. ② 잔액시산표등식은 기말자산 + 총비용 = 기말부채 + 기초자본 + 총수익이다.
    ③ 합계잔액시산표에는 자산, 부채, 자본, 수익, 비용이 모두 기록된다.
    ④ 당기순이익과 당기순손실은 시산표에 표시되지 않는다.
12. ④ 전기의 모든 오류는 시산표에서 발견할 수 없다. 한변의 금액 오류만 발견된다.
13. ② 분개 → (전기) → 시산표 작성 → 재무제표의 작성
14. ④ 분개장 → 총계정원장 → 시산표 → 재무상태표

03 총계정원장의 마감

기본문제 2-3

01

현 금 (1)

500,000		320,000
	차 기 이 월	180,000
500,000		500,000
전 기 이 월 180,000		

외상매출금 (2)

300,000		170,000
	차 기 이 월	130,000
300,000		300,000
전 기 이 월 130,000		

건 물 (3)

300,000	차 기 이 월	300,000
전 기 이 월 300,000		

외상매입금 (4)

차 기 이 월 50,000		150,000
100,000		
150,000		150,000
	전 기 이 월	100,000

단기차입금 (5)

차 기 이 월 50,000		50,000
	전 기 이 월	50,000

자 본 금 (6)

차 기 이 월 460,000		450,000
	손 익	10,000
460,000		460,000
	전 기 이 월	460,000

상품매출이익 (7)

손 익 300,000		300,000

이자수익 (8)

손 익 50,000		50,000

광고선전비 (9)

200,000	손 익	200,000

보 험 료 (10)

140,000	손 익	140,000

손 익

광 고 선 전 비	200,000	상품매출이익	300,000
보 험 료	140,000	이 자 수 익	50,000
자 본 금	10,000		
	350,000		350,000

이 월 시 산 표

차변	원면	계정과목	대변
180,000	1	현 금	
130,000	2	외 상 매 출 금	
300,000	3	건 물	
	4	외 상 매 입 금	100,000
	5	단 기 차 입 금	50,000
	6	자 본 금	460,000
610,000			610,000

No.	구 분	차변과목	금액	대변과목	금액
(1)	수익계정 대체분개	상품매출이익 이 자 수 익	300,000 50,000	손 익	350,000
(2)	비용계정 대체분개	손 익	340,000	광 고 선 전 비 보 험 료	200,000 140,000
(3)	당기순이익 대체분개	손 익	10,000	자 본 금	10,000

재 무 상 태 표

멘토상회   20××년 12월 31일 현재   (단위 : 원)

자 산	금 액	부채자본	금 액
현금및현금성자산	180,000	매 입 채 무	100,000
매 출 채 권	130,000	단 기 차 입 금	50,000
건 물	300,000	자 본 금	450,000
		당 기 순 이 익	10,000
	610,000		610,000

포 괄 손 익 계 산 서

멘토상회   20××년1월1일 부터 20××년12월31일까지   (단위 : 원)

비 용	금 액	수 익	금 액
광 고 선 전 비	200,000	상 품 매 출 이 익	300,000
보 험 료	140,000	이 자 수 익	50,000
당 기 순 이 익	10,000		
	350,000		350,000

[물음]

(1) ₩450,000   (2) ₩610,000

(3) ₩150,000   (4) ₩460,000

(5) ₩350,000   (6) ₩340,000

(7) ₩10,000

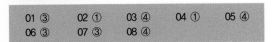
검정문제 2-3

01 ③	02 ①	03 ④	04 ①	05 ④
06 ③	07 ③	08 ④		

[보충설명]

01. ③ 총계정원장의 마감순서는 (수익, 비용) → (손익) → (자산, 부채, 자본)순서로 마감된다.

02. ① 광고선전비는 비용계정이므로 손익계정으로 마감한다.

03. ④ 복리후생비, 이자비용, 기부금은 비용이므로 손익계정에 들어가고, 현금은 자산이므로 이월시산표에 들어간다.

04. ① 토지(자산), 자본금(자본), 매입채무(부채)는 자산, 부채, 자본계정이므로 차기로 이월하고, 복리후생비(비용)은 손익계정에 대체된다.

05. ④ 자산, 부채, 자본계정을 영미식 결산법에서는 차기이월로 마감하고, 대륙식 결산법에서는 잔액으로 마감한다.

06. ③ 총계정원장의 마감순서는 수익, 비용계정의 마감 → 손익계정 마감 → 자산, 부채, 자본계정 마감 → 이월시산표 작성 → 재무상태표와 포괄손익계산서작성 순서로 이루어 진다.

07. ③ 수익과 비용계정의 잔액을 "손익" 계정에 대체한다. → 손익계정의 잔액을 "자본금" 계정에 대체한다. → 자산, 부채, 자본계정의 잔액을 "차기이월" 한다. → 이월시산표를 작성하여 마감의 정확성을 알아본다.

08. ④ 이월시산표에는 자산, 부채, 자본으로 작성하고, 손익계정은 수익과 비용으로 작성한다.

제 **3**장 자산의 회계처리

01 현금

기본문제 3-1

01 (1) (○) (2) (○) (3) (○) (4) (○) (5) (○)
    (6) (○) (7) (×) (8) (×) (9) (×) (10) (○)
    (11) (×) (12) (○) (13) (○)

02

No	차변과목	금 액	대변과목	금 액
(1)	현 금	150,000	상 품	150,000
(2)	상 품	100,000	현 금	100,000
(3)	현 금	50,000	상 품	50,000
(4)	현 금 외 상 매 출 금	100,000 50,000	상 품	150,000
(5)	분개없음			

03

월일	차변과목	금 액	대변과목	금 액
3/ 1	현 금	300,000	자 본 금	300,000
5	상 품	150,000	현 금	150,000
8	현 금 외 상 매 출 금	80,000 20,000	상 품	100,000
16	현 금	20,000	수 수 료 수 익	20,000
20	비 품	130,000	현 금	130,000
30	임 차 료	50,000	현 금	50,000

현 금 출 납 장

월일		적 요	수 입	지 출	잔 액
3	1	영 업 개 시	300,000		300,000
	5	전북상사에서 상품매입		150,000	150,000
	8	상 품 매 출	80,000		230,000
	16	상품매매중개수수료수입	20,000		250,000
	20	영 업 용 책 상 의 자 구 입		130,000	120,000
	30	이 달 분 집 세 지 급		50,000	70,000
	31	차 월 이 월		70,000	
			400,000	400,000	
4	1	전 월 이 월	70,000		70,000

04

No	차변과목	금 액	대변과목	금 액
(1)	현 금 과 부 족	10,000	현 금	10,000
(2)	통 신 비	7,000	현 금 과 부 족	7,000
(3)	잡 손 실	3,000	현 금 과 부 족	3,000
(4)	잡 손 실	5,000	현 금	5,000

05

No	차변과목	금 액	대변과목	금 액
(1)	현 금	20,000	현 금 과 부 족	20,000
(2)	현 금 과 부 족	15,000	임 대 료	15,000
(3)	현 금 과 부 족	5,000	잡 이 익	5,000
(4)	현 금	10,000	잡 이 익	10,000

06 회계과, 용도계

07 소액현금출납장

수입액	월일		적 요	지급액	지급 명세			
					여비교통비	통신비	소모품비	잡비
80,000	3	1	소액자금수입					
		5	종업원교통비	5,000	5,000			
		10	사무용장부구입	20,000			20,000	
		20	전화요금지급	30,000		30,000		
		24	볼펜및종이구입	10,000			10,000	
		28	손 님 접 대 비	5,000				5,000
		31	지 급 합 계	70,000	5,000	30,000	30,000	5,000
70,000		31	수 표 보 급 액					
		31	차 월 이 월	80,000				
150,000				150,000				
80,000	4	1	전 월 이 월					

날짜	차변과목	금 액	대변과목	금 액
3 / 1	소 액 현 금	80,000	당 좌 예 금	80,000
3 /31	여 비 교 통 비	5,000	당 좌 예 금	70,000
	통 신 비	30,000		
	소 모 품 비	30,000		
	잡 비	5,000		

08 소액현금출납장

수입액	월일		적 요	지급액	지급 명세			
					여비교통비	통신비	소모품비	잡비
100,000	10	1	소액자금 수입					
		7	사무용품비구입	15,000			15,000	
		13	신문구독료지급	10,000				10,000
		18	우 표 구 입	4,000		4,000		
		23	버스승차권구입	10,000	10,000			
		27	장 부 구 입	20,000			20,000	
		31	지 급 합 계	59,000	10,000	4,000	35,000	10,000
		31	차 월 이 월	41,000				
100,000				100,000				
41,000	11	1	전 월 이 월					
59,000		1	수 표 보 급 액					

날짜	차변과목	금 액	대변과목	금 액
10 / 1	소 액 현 금	100,000	당 좌 예 금	100,000
10 /31	여 비 교 통 비	10,000	소 액 현 금	59,000
	통 신 비	4,000		
	소 모 품 비	35,000		
	잡 비	10,000		
11 / 1	소 액 현 금	59,000	당 좌 예 금	59,000

검정문제 3-1

01 ①	02 ③	03 ④	04 ②	05 ③
06 ③	07 ③	08 ②	09 ①	10 ③
11 ③	12 ③	13 ③	14 ②	15 ④
15 ①	16 ③			

[보충설명]

01. ① 약속어음은 받을어음(매출채권)계정이다.

02. ③ 자기앞수표, 타인발행수표, 송금환증서는 통화대용증권으로 현금계정이고, 사채권은 당기손익금융자산, 약속어음은 받을어음, 당점발행수표는 당좌예금 계정이다.

03. ④ (차) 현금 ××× (대) 외상매출금 ××× 이므로 현금이 지급되는 것이 아니고, 현금이 수입되는 결과가 발생한다.

04. ② 9/15 (차) 현금 2,000 (대) 단기대여금 2,000이므로 단기대여금 ₩2,000을 현금으로 회수한 것이다.

05. ③ 현금수입액 : 50,000 + 60,000 = 110,000
현금지출액 : 40,000 + 20,000 + 30,000 + 5,000
= 95,000

06. ③ 수입란 합계 : 10,000 + 8,000 = 18,000

07. ③ (차) 외상매입금 10,000 (대) 현 금 10,000
자기앞수표는 현금이다.

08. ② 장부상 현금과 실제 현금이 일치하지 않은 경우 회계기간 중에는 현금과부족으로 결산시에는 잡손실이나 잡이익계정으로 처리한다.

09. ① [(차) 현금과부족 (대) 현 금]으로 분개한다.

10. ③ 현금이 부족하면 대변에 결산이 아니므로 차변은 현금과부족이다.

11. ③ 집세를 받으면 임대료(수익)이다.

12. ③ 10월 31일 (차) 현금과부족 5,000 (대) 현 금 5,000
11월 2일 (차) 임 차 료 2,000 (대) 현금과부족 2,000
12월 31일 (차) 잡 손 실 3,000 (대) 현금과부족 3,000

13. ③ 대변 잔액을 정리하면 차변으로 온다.

14. ② 3/31 (차) 현금과부족 100,000 (대) 현 금 100,000
5/15 (차) 통 신 비 30,000 (대) 현금과부족 30,000
12/31 (차) 잡 손 실 70,000 (대) 현금과부족 70,000

15. ④ 소액현금제도를 사용하면 기업은 매우 편리하다.

16. ① 소액현금 지급시 분개
(차) 소 액 현 금 100,000 (대) 당 좌 예 금 100,000

17. ③ 10월 1일 수표보급액은 월초보급이다.

02 예금

기본문제 3-2

01

월일	차변과목	금 액	대변과목	금 액
6/1	당 좌 예 금	500,000	현 금	500,000
7	상 품	300,000	당 좌 예 금	300,000
10	당 좌 예 금	400,000	상 품	400,000
20	단 기 차 입 금	500,000	당 좌 예 금	300,000
			현 금	200,000
25	당 좌 예 금	200,000	외 상 매 출 금	800,000
	현 금	600,000		
30	현 금	350,000	당 좌 예 금	350,000

당 좌 예 금 출 납 장

월일		적 요	예 입	인 출	차대	잔 액
6	1	현 금 예 입	500,000		차	500,000
	7	상 품 매 입		300,000	차	200,000
	10	상 품 매 출	400,000		차	600,000
	20	단기차입금 지급		300,000	차	300,000
	25	외상매출금 회수	200,000		차	500,000
	30	현 금 인 출		350,000	차	150,000
	30	차 월 이 월		150,000		
			1,100,000	1,100,000		
7	1	전 월 이 월	150,000			150,000

02

No	차변과목	금 액	대변과목	금 액
(1)	상 품	600,000	당 좌 예 금	400,000
			당 좌 차 월	200,000
(2)	당 좌 차 월	150,000	상 품	400,000
	당 좌 예 금	250,000		
(3)	당 좌 차 월	200,000	외 상 매 출 금	400,000
	당 좌 예 금	100,000		
	현 금	100,000		
(4)	외 상 매 입 금	200,000	당 좌 예 금	100,000
			당 좌 차 월	100,000

◈ 당좌차월은 단기차입금으로 분개 해도 정답입니다.
　　단, 재무상태표에는 당좌차월을 단기차입금으로 표시 한다.

03

No	차변과목	금 액	대변과목	금 액
(1)	보 통 예 금	300,000	외 상 매 출 금	300,000
(2)	현 금	200,000	보 통 예 금	200,000

검정문제 3-2

01 ②	02 ③	03 ③	04 ②	05 ②
06 ④	07 ②	08 ④	09 ④	10 ②
11 ②	12 ③	13 ①	14 ①	

[보충설명]

01. ② 차입금에 대한 이자는 이자비용이다.
02. ③ 당점발행수표는 당좌예금이고, 송금수표는 현금이다.
03. ③ 당좌차월(단기차입금)을 먼저 상계하고, 잔액만 당좌예금이
　　　된다.
04. ② 당좌차월(단기차입금)을 먼저 상계처리 한다.
05. ② 당좌예금 잔액이 부족한 경우, 당좌차월(단기차입금)으로 처리
　　　한다.
06. ④ 차대에서 '차'는 당좌예금을 '대'는 당좌차월을 의미한다.
07. ② 당좌예입액 : 100,000 + 150,000 = 250,000
　　　수표발행액(인출액) : 90,000 + 70,000 = 160,000
08. ①(차) 외상매입금 ×××　(대) 현 금 ×××
　　　②(차) 비 품 ×××　(대) 미지급금 ×××
　　　③(차) 받을어음 ×××　(대) 상 품 ×××
　　　❹(차) 당좌예금 ×××　(대) 상 품 ×××
09. ④ 2/10 (차) 상 품 50,000　(대) 외상매입금 50,000
　　　판매용은 상품이다.
　　　2/15 (차) 외상매입금 50,000　(대) 당좌예금 50,000
10. ②(차) 보통예금 700,000　(대) 정기예금 1,000,000
　　　　　현 금 350,000　　　이자수익 50,000
11. ② ㉠ 동점발행수표(50,000) + 국고송금통지서(70,000) + 송금
　　　환증서(40,000) + 여행자수표(20,000) = 현금(180,000)
　　　㉡ 현금(180,000) + 당좌예금(300,000)
　　　　= 현금및현금성자산(480,000)
12. ③ ㉠ 우편환(50,000) + 기일도래공사채이자표(1,000)
　　　+ 현금(15,000) = 현금및현금성자산(66,000)
　　　㉡ 정기예금(6개월 후 만기)은 당기금융상품계정이다.

---

13. ① 취득 당시의 만기가 1년 이내에 도래하는 정기적금은 단기금
　　　융상품계정이다.
14. ① 취득당시 1년 만기의 정기예금은 단기금융상품계정이다.

03 기타금융자산

기본문제 3-3

01

No	차변과목	금 액	대변과목	금 액
(1)	정 기 예 금	5,000,000	현 금	5,000,000
(2)	당 좌 예 금	5,200,000	정 기 예 금	5,000,000
			이 자 수 익	200,000

02 (1) (○)　(2) (○)　(3) (×)　(4) (○)　(5) (○)
　　(6) (×)　(7) (○)　(8) (○)

03

No	차변과목	금 액	대변과목	금 액
(1)	당기손익금융자산	500,000	현 금	500,000
(2)	현 금	580,000	당기손익금융자산	500,000
			당기손익금융자산처분이익	80,000
(3)	미 수 금	60,000	당기손익금융자산	70,000
	당기손익금융자산처분손실	10,000		

04

No	차변과목	금 액	대변과목	금 액
(1)	당기손익금융자산	20,000	당기손익금융자산평가이익	20,000
(2)	당기손익금융자산평가손실	100,000	당기손익금융자산	100,000

05

No	차변과목	금 액	대변과목	금 액
1)	현 금	30,000	이 자 수 익	30,000
2)	현 금	75,000	배 당 금 수 익	75,000

06

월일	차변과목	금 액	대변과목	금 액
3/2	당기손익금융자산	3,250,000	현 금	3,250,000
5/2	현 금	1,800,000	당기손익금융자산	1,950,000
	당기손익금융자산처분손실	150,000		
12/31	당기손익금융자산평가손실	60,000	당기손익금융자산	60,000

당기손익금융자산

3/2 현 금	3,250,000	5/2 제 좌	1,950,000
		12/31 당기손익금융자산평가손실	60,000
		31 차 월 이 월	1,240,000
	3,250,000		3,250,000

당기손익금융자산처분손실

5/2 당기손익금융자산	150,000	12/31 손 익	150,000

당기손익금융자산평가손실

12/31 당기손익금융자산	60,000	12/31 손 익	60,000

제4장 재고자산

01 ④	02 ④	03 ③	04 ④	05 ④
06 ①	07 ③	08 ②	09 ①	10 ④
11 ①	12 ③	13 ④	14 ③	15 ①
16 ①	17 ③			

[보충설명]

01. ④ 정기예금은 취득시 만기가 3개월 이내이면 현금성자산이고, 결산일로부터 1년 이내이면 단기금융상품이고, 결산일로부터 1년 이상이면 장기금융상품이다.

02. ④ 정기예금은 재무상태표에 기타금융상품으로 표시한다.

03. ③ 3년 만기의 사채를 보유하면 장기금융상품 계정이다.

04. ④ 현금, 당좌예금, 보통예금, 현금성자산은 현금및현금성자산이고, 단기금융상품은 기타금융상품이다.

05. ④ 회계상 유가증권에는 국채, 사채, 공채, 주식 등이 있다.

06. ① 국채, 사채, 공채, 주식은 당기손익금융자산이다.

07. ③ 100주 × 6,000 = 600,000

　(차) 당기손익금융자산 600,000　(대) 현　　　금 606,000
　　수수료비용　　6,000

08. ② 1,000주 × 6,000 = 6,000,000

　(차) 당기손익금융자산 6,000,000　(대) 현　　　금 6,030,000
　　수수료비용　30,000

09. ① 500주 × 12,000 = 6,000,000

　(차) 당기손익금융자산 6,000,000　(대) 당 좌 예 금 6,050,000
　　수수료비용　50,000

10. ④ ㉠ 20×1년 : 520,000 − 550,000 = −30,000
　　(당기손익금융자산평가손실)
　㉡ 20×2년 : 580,000 − 520,000 = 60,000
　　(당기손익금융자산처분이익)

11. ① ㉠ 5주 × (3,000 − 3,000) = 0
　㉡ 10주 × (2,000 − 3,000) = −10,000
　㉢ 5주 × (4,000 − 3,000) = 5,000

12. ③ 940,0000 − 950,000 = −10,000(당기손익금융자산평가손실)

13. ④ (200주 × 5,000) × 5% = 50,000
　배당을 받으면 배당금 수익이다.

14. ③ 20×1년 말 재무상태표에 반영될 당기손익금융자산의 가액은 ₩2,500,000이다. 즉, 공정가액이 재무상태표에 반영된다.

15. ① 2,500,000 − 2,000,000 = 500,000(당기손익금융자산평가이익)

16. ① 10/1 100주 × 5,000 = 500,000

　(차) 당기손익금융자산 500,000　(대) 현　　　금 510,000
　　수수료비용　10,000

　12/1 (100주 × 7,000) − 15,000 = 685,000

　(차) 당 좌 예 금 685,000　(대) 당기손익금융자산 500,000
　　　　　　　　　　당기손익금융자산처분이익 185,000

17. ③ 매출채권(20,000) + 당기손익금융자산(4,000) + 현금및현금성자산(10,000) = 금융자산(34,000)
　(선급금과 선급비용은 재화나 용역을 수취할 자산이므로 금융자산이 아니다.)

01 상품매매에 관한 회계처리

기본문제 4-1

01 (1) (○)　(2) (○)　(3) (○)　(4) (×)　(5) (○)
　　(6) (×)　(7) (○)　(8) (○)

02 인도

03

월일	차변과목	금 액	대변과목	금 액
4/6	상　　　품	160,000	외 상 매 입 금	150,000
			현　　　금	10,000
10	외 상 매 출 금	70,000	상　　　품	50,000
			상 품 매 출 이 익	20,000
30	상 품 매 출 이 익	20,000	손　　　익	20,000

상　　품

4/1 전 월 이 월	15,000	4/10 외 상 매 출 금	50,000
6 제　　　좌	160,000	30 차 월 이 월	125,000
	175,000		175,000

상품매출이익

4/30 손　　　익	20,000	4/10 외 상 매 출 금	20,000

04

월일	차변과목	금 액	대변과목	금 액
4/6	상　　　품	160,000	외 상 매 입 금	150,000
			현　　　금	10,000
10	외 상 매 출 금	70,000	상　　　품	70,000
	운 반 비	5,000	현　　　금	5,000
30	상　　　품	20,000	상 품 매 출 이 익	20,000
	상 품 매 출 이 익	20,000	손　　　익	20,000

상　　품

4/1 전 월 이 월	15,000	4/10 외 상 매 출 금	70,000
6 제　　　좌	160,000	30 차 월 이 월	125,000
30 상 품 매 출 이 익	20,000		
	195,000		195,000

상품매출이익

4/30 손　　　익	20,000	4/30 상　　　품	20,000

검정문제 4-1

01 ①	02 ④	03 ④	04 ②	05 ③
06 ②	07 ①	08 ③	09 ②	10 ③
11 ①	12 ④	13 ③		

[보충설명]

01. ① 재고자산에는 상품, 저장품(소모품), 원재료, 재공품, 제품 등을 말한다. 비품은 유형자산이다.

02. ④ 제품(5,000,000) + 재공품(2,500,000) + 원재료(1,200,000) = 재고자산(8,700,000)

03. ④ 토지 − 유형자산

04. ② 영업용으로 사용중인 컴퓨터는 비품으로 유형자산이다.

05. ③ 매출에누리에 대한 설명이다.

06. ②(차) 외상매출금 120,000 (대) 상　　　품 100,000
　　　　　 (자산의 증가)　　　　　　　 (자산의감소)
　　　　　　　　　　　　　　　　　상품매출이익 20,000
　　　　　　　　　　　　　　　　　(수익의 발생)

07. ① 상품을 인도한날 수익을 인식한다.

08. ③(차) 외상매출금　30,000 (대) 상　　　품　30,000

09. ② 상품을 인도한 날 수익을 인식한다.

10. ③

상　품

기초재고액	(1,300,000)	당기매출액	3,800,000
당기매입액	3,000,000	기말재고액	1,000,000
매출총이익	500,000		

11. ①

상　품

기초재고액	250,000	총매출액	(10,120,000)
총매입액	7,450,000	매입환출액	300,000
매입부대비용	250,000	기말재고액	430,000
매출에누리액	180,000		
매출환입액	340,000		
매출총이익	2,380,000		

12. ④

상　품

기초재고액	20,000	순매출액	200,000
순매입액	150,000	기말재고액	30,000
매출총이익	60,000		

13. ③

상　품

기초재고액	0	순매출액	(310,000)
순매입액	300,000	기말재고액	50,000
매출총이익	60,000		

02 상품계정의 분할(3분법)

기본문제 4-2

01

No	차변과목	금　액	대변과목	금　액
(1)	매　　　입	210,000	외상매입금	200,000
			현　　　금	10,000
(2)	외상매입금	10,000	매　　　입	10,000
(3)	외상매입금	10,000	매　　　입	10,000
(4)	외상매입금	200,000	매　　　입	20,000
			현　　　금	180,000

02

No	차변과목	금　액	대변과목	금　액
(1)	외상매출금	300,000	매　　　출	300,000
	운　반　비	20,000	현　　　금	20,000
(2)	매　　　출	20,000	외상매출금	20,000
(3)	매　　　출	30,000	외상매출금	30,000
(4)	매　　　출	30,000	외상매출금	300,000
	현　　　금	270,000		

03

이　월　상　품

전기이월	80,000	매　　　입	80,000
매　　　입	105,000	차기이월	105,000
	185,000		185,000

매　입

외상매입금	470,000	외상매입금	12,500
이월상품	80,000	외상매입금	17,500
		이월상품	105,000
		손　　　익	415,000
	550,000		550,000

매　출

외상매출금	45,000	외상매출금	730,000
외상매출금	40,000		
손　　　익	645,000		
	730,000		730,000

손　익

| 매　　　입 | 415,000 | 매　　　출 | 645,000 |

[대체분개]

No	차변과목	금　액	대변과목	금　액
(1)	매　　　입	80,000	이월상품	80,000
(2)	이월상품	105,000	매　　　입	105,000
(3)	손　　　익	415,000	매　　　입	415,000
(4)	매　　　출	645,000	손　　　익	645,000

04

이　월　상　품

전기이월	150,000	매　　　입	150,000
매　　　입	80,000	차기이월	80,000
	230,000		230,000

매　입

현　　　금	280,000	외상매입금	10,000
외상매입금	400,000	이월상품	80,000
이월상품	150,000	매　　　출	740,000
	830,000		830,00

매　출

외상매출금	20,000	외상매출금	670,000
매　　　입	740,000	현　　　금	300,000
손　　　익	310,000		
	1,070,000		1,070,000

손　익

| | | 매　　　출 | 310,000 |

[대체분개]

No	차변과목	금　액	대변과목	금　액
(1)	매　　　입	150,000	이월상품	150,000
(2)	이월상품	80,000	매　　　입	80,000
(3)	매　　　출	740,000	매　　　입	740,000
(4)	매　　　출	310,000	손　　　익	310,000

05

No	차변과목	금 액	대변과목	금 액
(1)	매 입	32,000	외 상 매 입 금 현 금	30,000 2,000
(2)	매 입	30,000	외 상 매 입 금 현 금	28,000 2,000
(3)	매 입	32,000	외 상 매 입 금	32,000
(4)	외 상 매 출 금 운 반 비	50,000 3,000	매 출 현 금	50,000 3,000
(5)	외 상 매 출 금	53,000	매 출 현 금	50,000 3,000
(6)	외 상 매 출 금 운 반 비	47,000 3,000	매 출	50,000

06 ① 180,000 ② 295,000 ③ 215,000 ④ 80,000
⑤ 145,000 ⑥ 245,000 ⑦ 15,000 ⑧ 70,000
⑨ 65,000 ⑩ 25,000 ⑪ 40,000 ⑫ 370,000

검정문제 4-2

01 ②	02 ④	03 ①	04 ④	05 ③
06 ④	07 ①	08 ③	09 ①	10 ④
11 ①	12 ③	13 ④	14 ②	15 ④
16 ②	17 ④	18 ①	19 ②	20 ④
21 ③				

01. ② 3분법이란 상품계정을 이월상품, 매입, 매출로 분할한 것이다.
02. ④ 이월상품(자산), 매입(비용), 매출(수익)
03. ①(차) 매 입 210,000 (대) 외상매입금 200,000
　　　　　　　　　　　　　　현 금 10,000
　　판매용 의자는 상품이고, 매입시 운임은 원가에 포함한다.
04. ④ 상품매입시 인수운임은 매입원가에 포함 한다.
05. ③ 상품매입시 운임은 매입원가에 포함 한다.
06. ④(차) 매 입 80,000 (대) 외상매입금 80,000
07. ① 매입환출 및 매입에누리는 매입시 분개를 역분개 한다.
　　매입시 : (차) 매 입 ××× (대) 외상매입금 ×××
　　매입환출: (차) 외상매입금 ××× (대) 매 입 ×××
08. ③ 매입환출은 역분개하고, 동점부담의 운임을 대신 지급한 것은
　　외상매입금을 상환한 것으로 한다.
09. ① ㉠ (차) 외상매입금 50,000 (대) 매입 50,000
　　　　이므로 매입한 상품을 환출 한 것이다.
10. ④ 상품매출시 발송운임은 운반비 계정이다.
11. ① 매출에누리는 매출시 분개를 역분개 한다.
12. ③ {총매입액(500,000) + 인수운임(20,000)} − {매입환출
　　(30,000) + 매입에누리(10,000) + 매입할인(40,000)}
　　= 순매입액(440,000)
13. ④ 기초재고액 + 순매입액 − 기말재고액 = 매출원가
　　총매입액 − (매입환출+매입에누리+매입할인) = 순매입액
14. ② 총매출액(20,000) − {매출환입(1,000) + 매출에누리(2,400) +
　　매출할인(1,200)} = 순매출액(15,400)
15. ④ ㉠ 총매출액(15,000) − {매출환입및에누리(1,500) + 매출할인
　　(1,000)} = 순매출액(12,500)
　　㉡ 순매출액(12,500) − 매출원가(8,500) = 매출총이익(4,000)
16. ② 기초재고액(10,000) + 순애입액(70,000) − 기말재고액
　　(15,000) = 매출원가(65,000)

17. ④ ㉠ 기초재고액(170,000) + 순매입액(130,000) − 기말재고액
　　(90,000) = 매출원가(210,000)
　　㉡ 순매출액(260,000) − 매출원가(210,000) = 매출총이익
　　(50,000)
　　㉢ 기초재고액(170,000) + 순매입액(130,000) = 판매가능액
　　(300,000)
18. ① 기초재고액(0) + 순매입액(300,000) − 기말재고액(40,000) =
　　매출원가(260,000)
19. ② 손익계정차변의 매입은 매출원가이고, 손익계정 대변의 매출
　　은 순매출액이다.
　　순매출액(150,000) − 매출원가(100,000) = 매출총이익(50,000)
20. ④ ① 순매출액은 손익계정 대변 매출 350,000원이다.
　　② 매출원가는 손익계정 차변 매입 200,000원이다.
　　③ 순매출액(350,000) − 매출원가(200,000) =
　　　매출총이익(150,000)이다.
　　❹ 기초재고액(30,000) + 순매입액(190,000) − 기말재고액
　　　(20,000) = 매출원가(200,000)
　　※ 수정전 잔액시산표의 이월상품은 기초상품재고액이고, 수
　　　정후 잔액시산표의 이월상품은 기말상품재고액이다.
21. ③ 외상매입금을 할인 받으면 '매입할인'이다. 3분법이므로 '매입'
　　계정으로 분개한다.

03 상품에 관한 보조장부

기본문제 4-3

01 매 입 장

월 일	적 요			금 액
7 1	(평택상점) A상점　100개 B상점　200개	현금 및 외상 @₩2,000 @₩2,100	200,000 420,000	620,000
7	(평택상점) B상품　10개	환출 @₩2,100		21,000
26	(안산상점) A상품　50개 인수운임 현금지급	수표 @₩2,200	110,000 3,000	113,000
27	(안산상점) A상품 중 불량품	에누리		5,000
31	총　　매　　입　　액			733,000
〃	환 출 및 매 입 에 누 리·매 입 할 인			26,000
〃	순　　매　　입　　액			707,000

02 매 출 장

월 일	적 요			금 액
3 5	(대한상사) 갑상품　200개 을상품　100개	외상 @₩1,000 @₩1,500	200,000 150,000	350,000
6	(대한상사) 갑상품　20개	환입 @₩1,000		20,000
23	(한국상점) 갑상품　100개	외상 @₩1,200		120,000
26	(한국상점) 갑상품 중 불량품	에누리		15,000
31	총　　매　　출　　액			470,000
〃	환 입 및 매 출 에 누 리·매 출 할 인			35,000
〃	순　　매　　출　　액			435,000

03 상 품 재 고 장

[선입선출법]　　　　　　품명 : 갑상품　　　　　(단위 : 개)

월일		적요	인　수			인　도			잔　액		
			수량	단가	금액	수량	단가	금액	수량	단가	금액
3	1	전월이월	10	10	100				10	10	100
	8	매 입	50	12	600				10	10	100
									50	12	600
	14	매 출				10	10	100			
						40	12	480	10	12	120
	20	매 입	20	13	260				10	12	120
									20	13	260
	25	매 출				10	12	120			
						10	13	130	10	13	130
	31	차월이월				10	13	130			
			80		960	80		960			
4	1	전월이월	10	13	130				10	13	130

매출액 : (₩1,050), 매출원가 : (₩830), 매출총이익 : (₩220)

04 상 품 재 고 장

[후입선출법]　　　　　　품명 : 갑상품　　　　　(단위 : 개)

월일		적요	인　수			인　수			인　수		
			수량	단가	금액	수량	단가	금액	수량	단가	금액
3	1	전월이월	10	10	100				10	10	100
	8	매 입	50	12	600				10	10	100
									50	12	600
	14	매 출				50	12	600	10	10	100
	20	매 입	20	13	260				10	10	100
									20	13	260
	25	매 출				20	13	260	10	10	100
	31	차월이월				10	10	100			
			80		960	80		960			
4	1	전월이월	10	10	100				10	10	100

매출액 : (₩1,050), 매출원가 : (₩860), 매출총이익 : (₩190)

05 상 품 재 고 장

[이동평균법]　　　　　　품명 : 갑상품　　　　　(단위 : 개)

월일		적요	인　수			인　수			인　수		
			수량	단가	금액	수량	단가	금액	수량	단가	금액
6	1	전월이월	100	200	20,000				100	200	20,000
	5	매 입	100	240	24,000				200	220	44,000
	22	매 출				100	220	22,000	100	220	22,000
	27	매 입	100	280	28,000				200	250	50,000
	31	차월이월				200	250	50,000			
			300		72,000	300		72,000			
7	1	전월이월	200	250	50,000				200	250	50,000

매출액 : (₩30,000), 매출원가 : (₩22,000), 매출총이익 : (₩8,000)

상 품 재 고 장

[총평균법]　　　　　　품명 : 갑상품　　　　　(단위 : 개)

월일		적요	인　수			인　수			인　수		
			수량	단가	금액	수량	단가	금액	수량	단가	금액
6	1	전월이월	100	200	20,000				100	200	20,000
	5	매 입	100	240	24,000				200		
	22	매 출				100	240	24,000	100		
	27	매 입	100	280	28,000				200		
	31	차월이월				200	240	48,000			
			300		72,000	300		72,000			
7	1	전월이월	200	240	48,000				200	240	48,000

매출액 : (₩48,000), 매출원가 : (₩24,000), 매출총이익 : (₩6,000)

검정문제 4-3

01 ④	02 ①	03 ①	04 ③	05 ④
06 ④	07 ①	08 ②	09 ④	10 ①
11 ①	12 ②	13 ②	14 ①	15 ③
16 ④	17 ③	18 ①	19 ②	

[보충설명]

01. ④ 매입장에는 기초상품재고액과 기말상품재고액을 기입하지 않는다.

02. ① (270,000 + 680,000) − (18,000 + 30,000) = 902,000

03. ① 매출환입액은 매출장에 기입한다.

04. ③ 계속기록법의 경우 재고자산의 기록유지비용이 많이 발생하여 실무에서는 사용하기가 불편하다.

05. ④ 상품을 매출할 때에는 인도란에 매입단가로 기입한다.

06. ④ 매출에누리와 매출할인은 기말재고에 영향이 없다.

07. ① 100개 × 150 = 15,000

08. ② (50개 × 500) + (100개 × 550) + (10개 × 520) = 85,200

09. ④ 80개 × 200 = 16,000

10. ① (1,000개 × 2,500) + (1,000개 × 3,000) = 5,500,000

11. ① 선입선출법은 먼저 매입한 것을 먼저 출고되므로 기말재고는 최근에 매입한 것이 된다.

12. ②

상 품 재 고 장

[이동평균법]　　　　　　품명 : 갑상품　　　　　(단위 : 개)

월일		적요	인　수			인　도			잔　액		
			수량	단가	금액	수량	단가	금액	수량	단가	금액
6	1	전월이월	100	600	60,000				100	600	60,000
	5	매 출				60	600	36,000	40	600	24,000
	22	매 입	40	650	26,000				80	625	50,000
	27	매 출				60	625	37,500	20	625	12,500
	30	차월이월				20	625	12,500			
			140		86,000	140		86,000			

즉, 차월이월 ₩12,500이 기말재고액이 된다.

13. ②

상 품 재 고 장

[이동평균법]　　　　　　품명 : 갑상품　　　　　(단위 : 개)

월일		적요	인　수			인　도			잔　액		
			수량	단가	금액	수량	단가	금액	수량	단가	금액
4	1	전월이월	40	100	4,000				40	100	4,000
	3	매 입	50	118	5,900				90	110	9,900
	10	매 출				70	110	7,700	20	110	2,200
	15	매 입	40	140	5,600				60	130	7,800
	30	차월이월				60	130	7,800			
			130		15,500	130		15,500			

즉, 차월이월 ₩7,800이 월말재고액이 된다.

14. ① (10×50) + (10×60) + (20×80) + (10×100) = 3,700
　　　총평균단가 : 3,700 ÷ 50 = 74
　　　매출원가 : 15 × 74 = 1,110
　　　기말재고액 : 35 × 74 = 2,590

15. ③ 상품재고장에 대한 설명이다.

16. ④ 재고자산 평가방법에는 개별법, 선입선출법, 이동평균법, 총평균법등이 있다.

17. ③ 상품매입시 마다 평균단가를 구하여 인도단가를 결정하는 방법이다.

18. ① 이동평균법은 상품매입시 마다 평균단가를 구하여 인도단가를 결정하는 방법이다.

19. ② 물가상승시 이익(기말재고)의 크기 : 선입선출법 〉 이동평균법 ≥ 총평균법 〉 후입선출법
    물가상승시 매출원가 크기 : 선입선출법 〈 이동평균법 ≤ 총평균법 〈 후입선출법
    즉, 선입선출법에서 이동평균법이나 총평균법으로 변경하면 매출원가는 상승하고, 기말재고와 이익은 하락한다.

제5장 채권과 채무

01 외상매출금·외상매입금

기본문제 5-1

01

월일	차변과목	금액	대변과목	금액
4/ 2	매 입	500,000	현 금	100,000
			외 상 매 입 금	400,000
5	외 상 매 입 금	30,000	매 입	30,000
9	매 입	800,000	지 급 어 음	200,000
			외 상 매 입 금	600,000
14	외 상 매 입 금	500,000	당 좌 예 금	500,000

외 상 매 입 금

4/ 5	매 입	30,000	4/ 1	전 월 이 월	150,000
14	당 좌 예 금	500,000	2	매 입	400,000
30	차 월 이 월	620,000	9	매 입	600,000
		1,150,000			1,150,000

매 입 처 원 장

인천상점

4/ 5	환 출	30,000	4/ 1	전 월 이 월	100,000
14	수 표 발 행	300,000	2	상 품 매 입	400,000
30	차 월 이 월	170,000			
		500,000			500,000

부평상점

4/14	수 표 발 행	200,000	4/ 1	전 월 이 월	50,000
30	차 월 이 월	450,000	9	상 품 매 입	600,000
		650,000			650,000

02

월일	차변과목	금액	대변과목	금액
6/ 3	외 상 매 출 금	400,000	매 출	400,000
6	매 출	20,000	외 상 매 출 금	20,000
20	외 상 매 출 금	700,000	매 출	700,000
23	받 을 어 음	500,000	외 상 매 출 금	500,000
27	현 금	100,000	외 상 매 출 금	100,000

외 상 매 출 금

6/ 1	전 월 이 월	150,000	6/ 6	매 출	20,000
3	매 출	400,000	23	받 을 어 음	500,000
20	매 출	700,000	27	현 금	100,000
			30	차 월 이 월	630,000
		1,250,000			1,250,000

매 출 처 원 장

은하상점

6/ 1	전 월 이 월	100,000	6/ 6	환 입	20,000
3	상 품 매 출	400,000	27	현 금 회 수	100,000
			30	차 월 이 월	380,000
		500,000			500,000

대한상점

6/ 1	전 월 이 월	50,000	6/23	어 음 회 수	500,000
20	상 품 매 출	700,000	30	차 월 이 월	250,000
		750,000			750,000

검정문제 5-1

01 ④	02 ②	03 ②	04 ④	05 ②
06 ③	07 ③	08 ①	09 ①	10 ④
11 ②	12 ②	13 ①		

[보충설명]

01. ④(차) 미 수 금 ××× (대) 비 품 ×××

02. ② 매출채권계정은 외상매출금과 받을어음 이다.

03. ② 매입채무계정은 외상매입금과 지급어음 이다.

04. ④ 매출처원장 잔액은 외상매출금 미회수액이고, 매입처원장 잔액은 외상매입금 미지급액 이다.

05. ② 현금으로 받아 즉시 당좌예입하면 현금은 증감변화가 없다.

06. ①(차) 기 계 장 치 ××× (대) 미 지 급 금 ×××
    ②(차) 현 금 ××× (대) 선 수 금 ×××
    ❸(차) 매 입 ××× (대) 외 상 매 입 금 ×××
    ④(차) 수 선 비 ××× (대) 미지급수선비 ×××
    ※ 외상매입금과 지급어음을 매입채무라 한다.

07. ① 9월 외상매출금 기초잔액은 ₩110,0000다.
    ② 외상매출금 기말잔액은 ₩260,0000다.
    ④ 9월에 외상매출한 상품은 260,0000다.

외 상 매 출 금

기 초 잔 액	110,000	회 수 액	110,000
외 상 매 출 액	260,000	기 말 잔 액	260,000
	270,000		270,000

08. ① 4월 중에 외상으로 매입한 상품총액은 ₩390,0000다.

외 상 매 입 금

지 급 액	20,000	기 초 잔 액	50,000
기 말 잔 액	180,000	외 상 매 입 액	390,000
	440,000		440,000

09. ① **외 상 매 출 금**

기 초 잔 액	30,000	회 수 액	200,000
외 상 매 출 액	220,000	기 말 잔 액	50,000
	250,000		250,000

10. ④ **매 출 채 권**

기 초 잔 액	20,000	회 수 액	40,000
외 상 매 출 액	100,000	회 수 불 능 액	30,000
		기 말 잔 액	50,000
	120,000		120,000

11. ②

상 품			
기 초 재 고	40,000	매 출 액	105,000
매 입 액	80,000	기 말 재 고	50,000
매 출 총 이 익	35,000		
	155,000		155,000

매 출 채 권			
기 초 잔 액	40,000	회 수 액	85,000
외 상 매 출	105,000	기 말 잔 액	60,000
	145,000		145,000

12. ②

매 출 채 권			
기 초 잔 액	250,000	회 수 액	200,000
외 상 매 출 액	400,000	기 말 잔 액	550,000
어 음 매 출 액	100,000		
	750,000		750,000

13. ①

외 상 매 입 금			
지 급 액	140,000	기 초 잔 액	100,000
기 말 잔 액	110,000	외 상 매 입 금	150,000
	250,000		250,000

02 받을어음과 지급어음

기본문제 5-2

01

No	차변과목	금 액	대변과목	금 액
(1)	받 을 어 음	500,000	매 출	500,000
(2)	매 입	500,000	지 급 어 음	500,000
(3)	받 을 어 음	300,000	외 상 매 출 금	300,000
(4)	외 상 매 입 금	100,000	지 급 어 음	100,000

02

No	차변과목	금 액	대변과목	금 액
(1)	받 을 어 음	500,000	매 출	500,000
(2)	매 입	500,000	외 상 매 출 금	500,000
(3)	외 상 매 입 금	500,000	지 급 어 음	500,000
(4)	받 을 어 음	300,000	외 상 매 출 금	300,000
(5)	외 상 매 입 금	300,000	외 상 매 출 금	300,000
(6)	외 상 매 입 금	300,000	지 급 어 음	300,000

03

No	차변과목	금 액	대변과목	금 액
(1)	수 수 료 비 용	2,000	현 금	2,000
(2)	당 좌 예 금	120,000	받 을 어 음	120,00
(3)	지 급 어 음	120,000	당 좌 예 금	120,00

04

No	차변과목	금 액	대변과목	금 액
(1)	외 상 매 입 금	15,000,000	받 을 어 음	15,000,000
(2)	보 통 예 금	9,000,000	받 을 어 음	10,000,000
	매출채권처분손실	1,000,000		
(3)	받 을 어 음	50,000	받 을 어 음	50,000
	현 금	3,000	이 자 수 익	3,000
(4)	지 급 어 음	50,000	지 급 어 음	50,000
	이 자 비 용	3,000	현 금	3,000

05

No	차변과목	금 액	대변과목	금 액
(1)	단 기 대 여 금	500,000	현 금	500,000
(2)	현 금	500,000	단 기 차 입 금	500,000
(3)	미 수 금	100,000	비 품	100,000
(4)	비 품	100,000	미 지 급 금	100,000
(5)	현 금	206,000	단 기 대 여 금	200,000
			이 자 수 익	6,000
(6)	건 물	20,000,000	미 지 급 금	20,000,000

검정문제 5-2

01 ④	02 ④	03 ①	04 ①	05 ①
06 ②	07 ④	08 ④	09 ②	10 ①
11 ④	12 ③	13 ④	14 ①	15 ③

[보충설명]

01. ④ 약속어음의 당사자는 발행인과 수취인 2인 이다.

02. ① 약속어음은 발행인(지급인)이 어음상 채무자가 된다.
   ② 약속어음은 발행인(지급인), 수취인 관계로 이루어진다.
   ③ 환어음은 발행인, 인수인(지명인, 지급인), 수취인의 관계로 이루어진다.

03. ① 어음이 추심되면 대변에 받을어음이다.

04. ① (차)외상매입금(부채의 감소) (대)지급어음(부채의 증가)

05. ① 약속어음을 발행하면 대변에 지급어음이다.

06. ②(차) 외상매입금 3,000,000 (대) 지급어음 3,000,000

07. ④(차) 지급어음 500,000 (대) 당좌예금 500,000

08. ④ 약속어음을 발행하면 대변에 지급어음이고, 환어음을 발행하면 대변에 외상매출금이다.

09. ② 어음의 수취는 받을어음계정 차변이고, 어음의 부도, 어음의 배서양도, 어음대금의 회수는 받을어음계정 대변에 기입한다.

10. ① 환어음 인수하면
   (차) 외상매입금 200,000 (대) 지급어음 200,000

11. ④8/21 (차) 매 입 50,000 (대) 받을어음 50,000
   상품 ₩50,000을 매입하고 소지하고 있던 약속어음을 배서양도하다.

12. ③ 거래처 발행의 약속어음 수취
   (차) 받 을 어 음 ××× (대) 매출(외상매출금) ×××

13. ④(차) 건물(자산의증가) 10,000,000 (대) 미지급금(부채의증가) 10,000,000
   건물구입시 발행한 약속어음은 일반적 상거래에서 발행한 거래가 아니므로 지급어음으로 하지 않고 미지급금계정으로 분개한다.

14. ① 3개월 대여한 금액은 단기대여금이고, 대여금에 대한 이자는 이자수익이다.

15. ③ (가) (차) 지급어음 100,000 (대) 매 출 100,000
   당점 발행 약속어음은 지급어음이다.
   (나) (차) 받을어음 250,000 (대) 외상매출금 250,000
   자기수취환어음은 자기를 수취인으로 하여 발행한 어음이다.

03 기타 채권과 채무

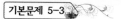 기본문제 5-3

01

No	차변과목	금 액	대변과목	금 액
(1)	단 기 대 여 금	500,000	현 금	500,000
(2)	현 금	510,000	단 기 대 여 금	500,000
			이 자 수 익	10,000
(3)	장 기 대 여 금	300,000	현 금	300,000
(4)	현 금	150,000	단 기 차 입 금	150,000
(5)	단 기 차 입 금	150,000	현 금	165,000
	이 자 비 용	15,000		
(6)	현 금	300,000	장 기 차 입 금	300,000

02

No	차변과목	금 액	대변과목	금 액
(1)	미 수 금	300,000	당기손익금융자산	250,000
			당기손익금융자산처분이익	50,000
(2)	당 좌 예 금	300,000	미 수 금	300,000
(3)	비 품	800,000	미 지 급 금	800,000
(4)	미 지 급 금	800,000	당 좌 예 금	800,000

03

No	차변과목	금 액	대변과목	금 액
(1)	선 급 금	100,000	현 금	100,000
(2)	매 입	500,000	선 급 금	100,000
			당 좌 예 금	400,000
(3)	현 금	50,000	선 수 금	50,000
(4)	선 수 금	50,000	매 출	300,000
	외 상 매 출 금	250,000		

04

No	차변과목	금 액	대변과목	금 액
(1)	가 지 급 금	100,000	현 금	100,000
(2)	여 비 교 통 비	80,000	가 지 급 금	100,000
	현 금	20,000		
(3)	여 비 교 통 비	130,000	가 지 급 금	100,000
			현 금	30,000
(4)	당 좌 예 금	300,000	가 수 금	300,000
(5)	가 수 금	300,000	외 상 매 출 금	300,000
(6)	가 수 금	300,000	선 수 금	300,000

05

No	차변과목	금 액	대변과목	금 액
(1)	단 기 대 여 금	50,000	현 금	50,000
(2)	급 여	2,000,000	단 기 대 여 금	50,000
			소 득 세 예 수 금	100,000
			국민연금예수금	200,000
			현 금	1,650,000
(3)	소 득 세 예 수 금	100,000	현 금	300,000
	국민연금예수금	200,000		
(4)	현 금	100,000	상 품 권 선 수 금	100,000
(5)	상 품 권 선 수 금	100,000	매 출	100,000

06 (1) 단기대여금   (2) 단기차입금   (3) 미수금
     (4) 미지급금   (5) 선급금   (6) 선수금
     (7) 가지급금   (8) 가수금   (9) 소득세예수금
     (10) 상품권선수금

검정문제 5-3

01 ①	02 ②	03 ③	04 ③	05 ④
06 ②	07 ①	08 ②	09 ④	10 ③
11 ④	12 ④	13 ①	14 ③	15 ②
16 ②	17 ①	18 ④	19 ③	20 ①
21 ②	22 ①			

[보충설명]

01. ①(차) 단기대여금 200,000 (대) 현 금 200,000

02. ② 9개월간 대여하면 단기대여금이고, 대여금에 대한 이자는 이자수익이다.

03. ③ (차) 단기차입금(부채의 감소) (대) 현금(자산의 감소)
　　　　　　이자비용(비용의 발생)

04. ③ 비품의 외상구입대금은 미지급금이다.

05. ④(차) 현 금 ××× (대) 선 수 금 ×××

06. ② 상품계약금을 받으면 대변에 선수금이다.

07. ① 매입을 위해 지급한 계약금은 선급금이고, 매출 계약금을 받은 것은 선수금이다.

08. ② 가지급금에 대한 설명이다.

09. ④(차) 가 지 급 금 100,000 (대) 현 금 100,000

10. ③(가) (차) 가지급금 200,000 (대) 당좌예금 200,000
　　　(나) (차) 여비교통비 150,000 (대) 가지급금 200,000
　　　　　　　현 금 50,000

11. ④ 수입금액의 내용을 모르면 대변에 가수금이다.

12. ④(차) 종업원급여 1,000,000 (대) 소득세예수금 30,000
　　　　　　　　　　　　　　　　현 금 970,000

13. ① 가수금 내용이 판명되면 가수금이 차변에 온다.

14. ③ 종업원급여 지급시 차감액을 예수금이라 한다.

15. ② 예수금을 납부하면 부채의 감소 예수금 차변이다.

16. ② 소득세예수금 ₩50,000의 추가분개가 필요하다.

17. ① 상품권을 발행하면 대변에 상품권선수금이다.

18. ④(차) 상품권선수금 100,000 (대) 매 출 100,000

19. ③ 상품권을 받으면 차변에 상품권선수금이다.

20. ① 예수금계정의 차변이 아니고, 예수금계정의 대변에 기록한다.

21. ② 비품을 외상으로 구입하면 → 미지급금

22. ❶(차) 선급보험료 20,000 (대) 보 험 료 20,000
　　②(차) 현 금 200,000 (대) 선 수 금 200,000
　　③(차) 비 품 200,000 (대) 미 지 급 금 200,000
　　④(차) 현 금 200,000 (대) 차 입 금 200,000

04 대손(손상)

 기본문제 5-4

01

No	차변과목	금 액	대변과목	금 액
(1)	대 손 상 각 비	40,000	대 손 충 당 금	40,000
(2)	대 손 상 각 비	10,000	대 손 충 당 금	10,000
(3)	분개없음			
(4)	대 손 충 당 금	10,000	대손충당금환입	10,000

02

No	차변과목	금 액	대변과목	금 액
(1)	대 손 상 각 비	50,000	외 상 매 출 금	50,000
(2)	대 손 충 당 금	50,000	외 상 매 출 금	50,000
(3)	대 손 충 당 금	30,000	외 상 매 출 금	50,000
	대 손 상 각 비	20,000		

03

No	차변과목	금 액	대변과목	금 액
(1)	현 금	30,000	대 손 충 당 금	30,000
(2)	현 금	30,000	대 손 충 당 금	20,000
			대 손 상 각 비	10,000

04

월일	차변과목	금 액	대변과목	금 액
6/30	대 손 상 각 비	20,000	대 손 충 당 금	20,000
8/16	대 손 충 당 금	5,000	외 상 매 출 금	5,000
12/31	대 손 충 당 금	5,000	대손충당금환입	5,000
1/15	대 손 충 당 금	10,000	외 상 매 출 금	25,000
	대 손 상 각 비	15,000		

대 손 상 각 비

6/30	대손충당금	20,000	6/30	손 익	20,000
1/15	외상매출금	15,000			

대손충당금환입

12/31	손 익	5,000	12/31	대손충당금	5,000

대 손 충 당 금

6/30	**차 기 이 월**	20,000	6/30	대 손 상 각 비	20,000
8/16	외 상 매 출 금	5,000	7/1	전 기 이 월	20,000
12/31	대손충당금환입	5,000			
12/31	**차 기 이 월**	10,000			
		20,000			20,000
1/15	외 상 매 출 금	10,000	1/1	전 기 이 월	10,000

검정문제 5-4

01 ①	02 ③	03 ①	04 ④	05 ①
06 ③	07 ①	08 ③	09 ③	10 ②

[보충설명]

01. ① 매출채권(외상매출금, 받을어음)과 기타채권(대여금, 미수금)에 대손충당금을 설정한다. 장기차입금은 채무(부채)다.
02. ③ 외상매출금이 회수 불능되면 자산이 감소하여 대변에 간다.
03. ① 대손충당금 잔액이 없으므로 대손상각비로 처리한다.
04. ④ 500,000 × 0.02 - 20,000 = -10,000
05. ① 대손예상액(5,000) - 대손충당금잔액(2,000) = 대손추가설정액(3,000)
06. ③ 대손(손상)발생시 대손충당금잔액이 있으면 대손충당금으로 충당하고, 대손충당금잔액이 없으면 대손상각비로 한다.
07. ① 대손(손상)발생시 대손충당금잔액이 있으면 대손충당금으로 충당하고, 대손충당금잔액이 없으면 대손상각비로 한다.
08. ③ 대손된 것을 다시회수하면 대변에 대손충당금이다.
09. ③ 동점 발행수표는 현금이며, 대손처리 되었던 채권을 다시회수 하면 대손충당금을 증가 시킨다.
10. ① 당기 대손 추정액은 ₩13,0000다.
　　③ 당기 대손충당금 잔액은 ₩13,0000다.
　　④ 당기에 판매비와관리비로 처리되는 금액은 ₩3,0000다.

제6장 비유동자산

01 유형자산

기본문제 6-1

01

No	차변과목	금 액	대변과목	금 액
(1)	건 물	530,000	당 좌 예 금	530,000
(2)	토 지	735,000	미 지 급 금	700,000
			현 금	35,000
(3)	차 량 운 반 구	400,000	당 좌 예 금	400,000
(4)	토 지	350,000	당 좌 예 금	300,000
			현 금	50,000

02

년도	계산과정	감가상각누계액
20×1년	$\dfrac{600,000 - 0}{3} = 200,000$	200,000
20×2년	$\dfrac{600,000 - 0}{3} = 200,000$	400,000
20×3년	$\dfrac{600,000 - 0}{3} = 200,000$	600,000

03

년도	계산과정	감가상각누계액
20×1년	(1,000,000 - 0) × 0.4 = 400,000	400,000
20×2년	(1,000,000 - 400,000) × 0.4 = 240,000	640,000
20×3년	(1,000,000 - 640,000) × 0.4 = 144,000	784,000

04

No	차변과목	금 액	대변과목	금 액
(1)	감 가 상 각 비	500,000	감가상각누계액	500,000
(2)	감 가 상 각 비	1,200,000	감가상각누계액	1,200,000
(3)	감가상각누계액	120,000	건 물	400,000
	미 수 금	360,000	유형자산처분이익	80,000
(4)	감가상각누계액	120,000	비 품	400,000
	당 좌 예 금	180,000		
	유형자산처분손실	100,000		
(5)	미 수 금	50,000,000	토 지	20,000,000
			유형자산처분이익	30,000,000

05

(1) (자)	(2) (자)	(3) (비)	(4) (비)	(5) (자)
(6) (자)	(7) (비)	(8) (자)	(9) (비)	(10) (비)

06

No	차변과목	금 액	대변과목	금 액
(1)	건 설 중 인 자 산	1,000,000	보 통 예 금	1,000,000
(2)	건 물	5,000,000	건 설 중 인 자 산	1,000,000
			당 좌 예 금	4,000,000
(3)	건 물	70,000	현 금	100,000
	수 선 비	30,000		
(4)	비 품	1,000,000	매 입	1,000,000
(5)	비 품	50,000	운 반 비	50,000

검정문제 6-1

01 ②	02 ④	03 ③	04 ③	05 ②
06 ④	07 ④	08 ③	09 ④	10 ③
11 ②	12 ②	13 ④	14 ④	15 ②
16 ①	17 ②	18 ③	19 ④	20 ①
21 ①	22 ④			

[보충설명]

01. ② 소모품은 재고자산이다.
02. ④ 토지와 건설중인자산은 감가상각을 하지 않는다.
03. ③ 토지와 건설중인자산은 감가상각을 하지 않는다.
04. ③ 재산세와 자동차세는 세금과공과계정이다.
05. ② 재산세와 자동차세는 세금과공과계정이다.
06. ④ 취득시 제비용은 원가에 포함한다.
07. ④ 유형자산 처분시 감가상각누계액은 차변으로 대체한다.
08. ③ 유형자산 처분시 대변에는 취득원가, 차변에는 감가상각누계액 계정이 온다.
09. ④ ㉠ $\dfrac{(10,000,000 - 0)}{10년} = 1,000,000$(감가상각비)
    ㉡ $1,000,000 \times 3년 = 3,000,000$(감가상각누계액)
    ㉢ $10,000,000 - 3,000,000 = 7,000,000$(장부금액)
    ㉣ $9,000,000 - 7,000,000 = 2,000,000$(처분이익)
10. ③ 감가상각의 3요소는 내용년수, 취득원가, 잔존가격이다.
11. ② $\dfrac{(10,000,000 - 1,000,000)}{5} = 1,800,000$
12. ② ㉠ $\dfrac{(50,000 - 0)}{10} = 5,000$
    ㉡ $5,000 \times 2년 = 10,000$
13. ④ ㉠ 제1기 : $10,000 \times 0.3 = 3,000$
    ㉡ 제2기 : $(10,000 - 3,000) \times 0.3 = 2,100$
    매기균등액을 상각하는 것은 정액법이다.
14. ④ ㉠ 20×1년 : $100,000 \times 0.2 = 20,000$
    ㉡ 20×2년 : $(100,000 - 20,000) \times 0.2 = 16,000$
    ㉢ $20,000 + 16,000 = 36,000$(감가상각누계액)
15. ② 건설중인자산이 완공되면 건물계정에 대체한다.
16. ①(차) 건　　　물 150,000　(대) 당 좌 예 금 200,000
    　　　수　선　비　50,000
17. ② 토지와 건설중인자산은 감가상각하지 않는다.
18. ③ 파손된 유리 교체비용은 비용(수선비)처리 한다.
19. ④ 유리창 파손 교체비는 수익적지출(비용)로 한다.
20. ② 비품의 취득원가는 ₩300,0000이다.
    ③ 결산일 현재 비품의 미상각액은 ₩260,0000이다.
    ④ 감가상각비를 간접법으로 기장한 것이다.
21. ① 판매용은 상품(매입)이고, 업무용은 비품이다.
22. ④ 처분가치는 알 수 없다.

02 무형자산

기본문제 6-2

01 (1) (무)　(2) (무)　(3) (무)　(4) (무)　(5) (무)
　　(6) (무)　(7) (무)　(8) (무)　(9) (무)　(10) (무)
　　(11) (유)　(12) (유)

검정문제 6-2

01 ①	02 ②	03 ②	04 ①	05 ④

[보충설명]

01. ① 연구비는 판매비와 관리비이다.
02. ② 특허권, 실용신안권, 디자인권, 상표권을 산업재산권이라 한다.
03. ② 물리적인 형태가 없는 자산이 무형자산이다.
04. ① 내부적으로 창출된 영업권은 무형자산으로 인식하지 않는다.
05. ④ 무형자산을 상각할 때는 직접법 또는 간접법으로 상각 한다.

제 7 장 부채와 자본의 회계처리

01 부채

기본문제 7-1

01 (1) (유)　(2) (비)　(3) (유)　(4) (비)　(5) (유)
　　(6) (비)　(7) (유)　(8) (유)

02

No	차변과목	금　액	대변과목	금　액
(1)	당 좌 예 금	10,000,000	사　　　채	10,000,000
(2)	당 좌 예 금	970,000	사　　　채	1,000,000
	사채할인발행차금	30,000		
(3)	보 통 예 금	3,500,000	사　　　채	3,000,000
			사채할증발행차금	500,000
(4)	이 자 비 용	600,000	당 좌 예 금	600,000

검정문제 7-1

01 ②	02 ②	03 ④	04 ④	05 ④
06 ③	07 ③	08 ①	09 ②	10 ②

[보충설명]

01. ② 급여 지급시 차감액을 예수금이라 한다.
02. ① (차) 현금(자산의 증가)　　(대) 대여금(자산의 감소)
    ❷ (차) 현금(자산의 증가)　　(대) 단기차입금(부채의 증가)
    ③ (차) 비품(자산의 증가)　　(대) 현금(자산의 감소)
    ④ (차) 외상매입금(부채의 감소)　(대) 지급어음(부채의 증가)
03. ④ 매입채무, 선수수익, 예수금, 미지급비용, 미지급법인세는 유동부채이고, 사채, 퇴직급여충당부채는 비유동부채이다.
04. ④ 부채는 반드시 상환해야 하는 채무이다.
05. ① 선수금과 선수수익은 금융부채가 아니다.
    ② 금융자산에 대한 설명이다.
    ③ 금융자산에 대한 설명이다.

06. ③ 사채의 발행 방법에는 평가(액면)발행, 할인발행, 할증발행 등이 있다.
07. ③ 사채이자를 지급하면 이자비용으로 한다.
08. ① 현금으로 받아 즉시 당좌예입하면 현금은 증감변화가 없다.
09. ② 1,000,000 × 0.08 = 80,000
10. ① 사채는 일반적으로 비유동부채이다. 단, 상환기간이 1년 이내가 되면 유동부채로 표시해야 한다.
　　 ③ 1회만 지급하는 것이 아니고 1회 이상만 지급하면 된다.
　　 ④ 사채가 아니고 국채에 대한 설명이다.

02 자본

기본문제 7-2

01

No	차변과목	금　액	대변과목	금　액
(1)	현　　　　금	500,000	자　본　금	500,000
(2)	인　출　금	10,000	현　　　금	10,000
(3)	인　출　금	10,000	매　　　입	20,000
(4)	인　출　금	50,000	현　　　금	50,000
(5)	자　본　금	80,000	인　출　금	80,000
(6)	손　　　익	100,000	자　본　금	100,000
(7)	자　본　금	150,000	손　　　익	150,000

02. ① 380,000　② 140,000　③ 1,100,000
　　 ④ 220,000　⑤ 280,000　⑥ 120,000

03

No	차변과목	금　액	대변과목	금　액
(1)	보　통　예　금	7,500,000	자　본　금	7,500,000
(2)	당　좌　예　금	1,100,000	자　본　금	1,000,000
			주식발행초과금	100,000
(3)	당　좌　예　금	900,000	자　본　금	1,000,000
	주식할인발행차금	100,000		

검정문제 7-2

01 ①	02 ④	03 ③	04 ②	05 ①
06 ④	07 ④	08 ②	09 ④	10 ③
11 ①	12 ②	13 ①	14 ②	15 ②

[보충설명]
01. ①(차) 현　　　금 100,000 (대) 자 본 금 100,000
02. ④(차) 자 본 금 30,000 (대) 인 출 금 30,000
03. ③ 인출금계정은 자본금의 평가계정이다.
04. ② 채권자지분은 부채이다.
05. ① 기업의 재산세는 세금과공과 이고, 기업주의 재산세는 인출금계정이다.
06. ④ 기업주의 소득세는 인출금이고, 기업의 재산세는 세금과공과 이다.
07. ④ 기업주(점주)의 소득세는 인출금계정이다.
08. ②(차) 인 출 금 150,000 (대) 매　　　입 150,000
09. ④(차) 인 출 금 10,000 (대) 현　　　금 10,000

10. ③ ⊙ 총수익(600,000) − 총비용(400,000) = 당기순이익(200,000)

⊙

자 본 금			
인 출 액	150,000	기 초 자 본	450,000
당 기 순 손 실	−	추 가 출 자	−
기 말 자 본	500,000	당 기 순 이 익	200,000

11. ① ⊙ 총수익(35,000) − 총비용(25,000) = 당기순이익(10,000)

⊙

자 본 금			
인 출 액	5,000	기 초 자 본	50,000
당 기 순 손 실	−	추 가 출 자	10,000
기 말 자 본	65,000	당 기 순 이 익	10,000

12. ② ⊙ 기초자산(100,000) − 기초부채(70,000) = 기초자본(30,000)

⊙

자 본 금			
인 출 액	−	기 초 자 본	30,000
당 기 순 손 실	−	추 가 출 자	20,000
기 말 자 본	80,000	당 기 순 이 익	30,000

13. ① 주당 액면금액 × 발행주식수 = 자본금
14. ②(차) 현　　　금 5,500,000 (대) 자 본 금 5,000,000
　　　　　　　　　　　　　　　　 주식발행초과금 500,000
15. ①(차) 이 자 비 용 (대) 현　　　금
　　 ❷(차) 외상매출금 (대) 매　　　출 (수익의 발생)
　　 ③(차) 차 입 금 (대) 현　　　금
　　 ④(차) 현　　　금 (대) 외상매출금
　　 즉, 수익이 발생하면 이익잉여금이 증가한다.

03 장부

기본문제 7-3

01

No	차변과목	금　액	대변과목	금　액
(1)	받 을 어 음	30,000	매　　　출	60,000
	외 상 매 출 금	30,000		
(2)	매　　　출	6,000	외 상 매 출 금	6,000
(3)	매　　　출	2,000	외 상 매 출 금	2,000
(4)	매　　　입	102,000	지 급 어 음	40,000
			외 상 매 입 금	60,000
			현　　　금	2,000
(5)	외 상 매 입 금	2,000	매　　　입	2,000
(6)	외 상 매 입 금	60,000	당 좌 예 금	60,000

NO	현금 출납장	당좌예금 출납장	매입장	매출장	상품 재고장	매출처 원장	매입처 원장	받을어음 기입장	지급어음 기입장
(1)				60,000	50,000	30,000		30,000	
(2)				△6,000	△5,000	6,000			
(3)				△2,000		2,000			
(4)	2,000		102,000		102,000		60,000		40,000
(5)			△2,000		△2,000		2,000		
(6)		60,000					60,000		

02 (주요부), (보조부), (분개장), (총계정원장),
(보조원장), (보조기입장), (상품재고장),
(매출처원장), (매입처원장), (당좌예금출납장),
(매출장), (지급어음기입장)

검정문제 7-3

01 ①	02 ③	03 ①	04 ②	05 ④
06 ①	07 ②	08 ③		

제 **8** 장 수익과 비용의 회계처리

01 수익과 비용의 회계처리

기본문제 8-1

01

No	차변과목	금 액	대변과목	금 액
(1)	세 금 과 공 과	30,000	현 금	30,000
(2)	세 금 과 공 과	50,000	현 금	50,000
(3)	인 출 금	300,000	현 금	300,000
(4)	소 득 세 예 수 금	20,000	현 금	20,000
(5)	건 물	500,000	현 금	500,00

검정문제 8-1

01 ②	02 ②	03 ②	04 ②	05 ③
06 ④	07 ②	08 ④	09 ④	10 ④
11 ①	12 ②	13 ④	14 ④	15 ①
16 ②	17 ③	18 ③	19 ②	20 ③
21 ③				

02 손익의 정리

기본문제 8-2

01

월일	차변과목	금 액	대변과목	금 액
4 / 1	보 험 료	48,000	현 금	48,000
12/31	선 급 보 험 료	12,000	보 험 료	12,000
	손 익	36,000	보 험 료	36,000
1 / 1	보 험 료	12,000	선 급 보 험 료	12,000

보 험 료

4/1	현 금	48,000	12/31	선 급 보 험 료	12,000
			31	손 익	36,000
		48,000			48,000
1/1	선 급 보 험 료	12,000			

선 급 보 험 료

12/31	보 험 료	12,000	12/31	차 기 이 월	12,000
1 / 1	전 기 이 월	12,000	1 / 1	보 험 료	12,000

02

월일	차변과목	금 액	대변과목	금 액
3 /1	현 금	24,000	임 대 료	24,000
12/31	임 대 료	4,000	선 수 임 대 료	4,000
	임 대 료	20,000	손 익	20,000
1 /1	선 수 임 대 료	4,000	임 대 료	4,000

임 대 료

12/31	선 수 임 대 료	4,000	3/1	현 금	24,000
31	손 익	20,000			
		24,000			24,000
			1/1	선 수 임 대 료	4,000

선 수 임 대 료

12/31	차 기 이 월	4,000	12/31	임 대 료	4,000
1/1	임 대 료	4,000	1/1	전 기 이 월	4,000

03

월일	차변과목	금 액	대변과목	금 액
5/1	현 금	100,000	이 자 수 익	100,000
12/31	미 수 이 자	60,000	이 자 수 익	60,000
	이 자 수 익	160,000	손 익	160,000
1/1	이 자 수 익	60,000	미 수 이 자	60,000

이 자 수 익

12/31	손 익	160,000	5/1	현 금	100,000
			12/31	미 수 이 자	60,000
		160,000			160,000
			1/1	미 수 이 자	60,000

미 수 이 자

12/31	이 자 수 익	60,000	12/31	차 기 이 월	60,000
1/1	전 기 이 월	60,000	1/1	이 자 수 익	60,000

04

월일	차변과목	금 액	대변과목	금 액
7/1	임 차 료	60,000	현 금	60,000
12/31	임 차 료	120,000	미 지 급 임 차 료	120,000
	손 익	180,000	임 차 료	180,000
1/1	미 지 급 임 차 료	120,000	임 차 료	120,000

임 차 료

7/1	현 금	60,000	12/31	손 익	180,000
12/31	미 지 급 임 차 료	120,000			
		180,000			180,000
			1/1	미 지 급 임 차 료	120,000

미 지 급 임 차 료

12/31	차 기 이 월	120,000	12/31	임 차 료	120,000
1/1	임 차 료	120,000	1/1	전 기 이 월	120,000

05

월일	차변과목	금 액	대변과목	금 액
2/1	소 모 품 비	30,000	현 금	30,000
12/31	소 모 품	10,000	소 모 품 비	10,000
	손 익	20,000	소 모 품 비	20,000
1/1	소 모 품 비	10,000	소 모 품	10,000

소 모 품 비

2/1	현 금	30,000	12/31	소 모 품	10,000
			12/31	손 익	20,000
		30,000			30,000
1/1	소 모 품	10,000			

소 모 품

12/31	소 모 품 비	10,000	12/31	차 기 이 월	10,000
1/1	전 기 이 월	10,000	1/1	소 모 품 비	10,000

06

월일	차변과목	금 액	대변과목	금 액
2/1	소 모 품	30,000	현 금	30,000
12/31	소 모 품 비	20,000	소 모 품	20,000
	손 익	20,000	소 모 품 비	20,000

소 모 품

2/1	현 금	30,000	12/31	소 모 품 비	20,000
			31	차 기 이 월	10,000
		30,000			30,000
1/1	전 기 이 월	10,000			

소 모 품 비

12/31	소 모 품	20,000	12/31	손 익	20,000

07

No	차변과목	금 액	대변과목	금 액
(1)	선 급 보 험 료	24,000	보 험 료	24,000
(2)	선 급 임 차 료	12,000	임 차 료	12,000
(3)	임 대 료	30,000	선 수 임 대 료	30,000
(4)	이 자 수 익	20,000	선 수 이 자	20,000
(5)	미 수 수 수 료	40,000	수 수 료 수 익	40,000
(6)	미 수 이 자	30,000	이 자 수 익	30,000
(7)	임 차 료	15,000	미 지 급 임 차 료	15,000
(8)	통 신 비	25,000	미 지 급 통 신 비	25,000
(9)	소 모 품	10,000	소 모 품 비	10,000
(10)	소 모 품 비	16,000	소 모 품	16,000

검정문제 8-2

01 ③	02 ③	03 ②	04 ④	05 ③
06 ①	07 ④	08 ③	09 ③	10 ③
11 ②	12 ①	13 ①	14 ③	15 ①
16 ③	17 ②			

[보충설명]

01. ③ $120,000 \times \dfrac{9}{12} = 90,000$(선급보험료)

02. ③ 선급비용(비용의 이연), 선수수익(수익의 이연)
　　미수수익(수익의 예상), 미지급비용(비용의 예상)

03. ② $120,000 \times \dfrac{10}{12} = 100,000$

　　(차) 선 급 비 용 100,000 　(대) 보 험 료 100,000

04. ④ 차기분 보험료는 ₩40,0000l고, 당기분 보험료는 ₩60,0000l다.

05. ③ 4/1 (차) 선급보험료 240,000 (대) 보 험 료 240,000

　　$240,000 \times \dfrac{9}{12} = 180,000$(경과분)

　　12/31 (차) 보 험 료 180,000 　(대) 선급보험료 180,000

06. ① 선급비용(비용의 이연), 선수수익(수익의 이연)
　　미수수익(수익의 예상), 미지급비용(비용의 예상)

07. ④ $60,000 \times \dfrac{9}{12} = 45,000$(선수임대료)

08. ③ 선급비용(비용의 이연), 선수수익(수익의 이연)
　　미수수익(수익의 예상), 미지급비용(비용의 예상)

09. ① (차) 상　　품(자산의 증가)　(대) 외상매입금(부채의 증가)
　　② (차) 선급이자(자산의 증가)　(대) 이자비용(비용의 소멸)
　　❸ (차) 미수임대료(자산의 증가)　(대) 임 대 료(수익의 발생)
　　④ (차) 건　　물(자산의 증가)　(대) 현　　금(자산의 감소)

10. ③ 120,000 × $\frac{1}{12}$ = 10,000(미수임대료-자산)

11. ② (차) 비용 500,000　(대) 미지급비용 500,000의 기장을 누락
　　하면 당기순이익이 ₩500,000 과대계상 된다.

12. ① (차) 임차료(비용의 발생)　(대) 미지급임차료(부채의 증가)

13. ① 당기순이익(100,000) + 선급보험료(5,000) + 미수이자(3,000)
　　– 선수임대료(10,000) = 수정 후 당기순이익(98,000)

14. ③ 당기순이익(40,000) + 선급보험료(5,000) + 미수이자(4,000)
　　– 미지급임차료(3,000) – 선수수수료(6,000) = 수정 후 당기
　　순이익(40,000)

15. ① 소모품 미사용액 ₩20,000을 소모품비 계정에서 소모품계정
　　으로 대체한다.

16. ③ 소모품 미사용액(30,000 – 24,000 = 6,000) ₩6,000을 소모
　　품계정에 대체한다.

17. ②

	비		용	
전 기 선 급 액	0	전 기 미 지 급 액	(9,000)	
지　급　액	50,000	손　　익	45,000	
당 기 미 지 급 액	4,000	당 기 선 급 액	0	
	54,000		54,000	

제9장 결산과 재무제표

01 시산표와 결산정리분개

기본문제 9-1

01

No	차변과목	금 액	대변과목	금 액
(1)	매　　　　　입	250,000	이 월 상 품	250,000
	이 월 상 품	300,000	매　　　　　입	300,000
(2)	대 손 상 각 비	6,000	대 손 충 당 금	6,000
(3)	당기손익금융자산평가손실	15,000	당 기 손 익 금 융 자 산	15,000
(4)	감 가 상 각 비	50,000	감 가 상 각 누 계 액	50,000
(5)	선 급 보 험 료	8,000	보　　험　　료	8,000
(6)	미 수 이 자	5,000	이 자 수 익	5,000
(7)	미 수 수 수 료	10,000	수 수 료 수 익	10,000
(8)	임　차　료	20,000	미 지 급 임 차 료	20,000
(9)	소 모 품	15,000	소 모 품 비	15,000

02

	현		금	
	500,000		300,000	
		차 기 이 월	200,000	
	500,000		500,000	
전 기 이 월	200,000			

	상		품	
	300,000		175,000	
		차 기 이 월	125,000	
	300,000		300,000	
전 기 이 월	125,000			

	외 상 매 입 금			
	50,000		150,000	
차 기 이 월	100,000			
	150,000		150,000	
		전 기 이 월	100,000	

	자 본		금	
차 기 이 월	225,000		200,000	
		손　　익	25,000	
	225,000		225,000	
		전 기 이 월	225,000	

	임 대		료	
손　　익	190,000		190,000	

	급		여	
	75,000	손　　익	75,000	

	여 비 교 통 비			
	90,000	손　　익	90,000	

구 분	차변과목	금 액	대변과목	금 액
수익대체분개	임 대 료	190,000	손　　익	190,000
비용대체분개	손　　익	165,000	급　　여	75,000
			여 비 교 통 비	90,000
순손익대체분개	손　　익	25,000	자 본 금	25,000

	이 월 시 산 표			
현　　금	200,000	외 상 매 입 금	100,000	
상　　품	125,000	자 본 금	225,000	
	325,000		325,000	

	손		익	
급　　여	75,000	임 대 료	190,000	
여 비 교 통 비	90,000			
자 본 금	25,000			
	190,000		190,000	

검정문제 9-1

01 ④		02 ①		03 ④		04 ④		05 ④	
06 ①		07 ③		08 ②		09 ②		10 ②	
11 ④		12 ②							

[보충설명]

01. ④

	잔 액 시 산 표			
현　　금	100,000	외 상 매 입 금	50,000	
외 상 매 출 금	50,000	자 본 금	100,000	
이 월 상 품	30,000	매　　출	150,000	
매　　입	50,000			
급　　여	70,000			
	300,000		300,000	

02. ① 시산표는 한변의 금액오류만 찾을 수 있다.

03. ④ 수정 전 잔액시산표의 이월상품은 기초상품재고액이고, 매입
　　은 순매입액, 매출은 순매출액이다. 기초상품재고액과 순매입
　　액을 합한 것을 판매가능액이라 한다. 본 지문에 기말상품재
　　고액 없으므로 매출총이익을 알 수 없다.

04. ④ 당기손익금융자산의 처분은 수시로 가능하고, 당기손익금융자
　　산의 평가가 결산정리분개 대상이다.

05. ④ 미지급금의 현금지급은 수시로 가능하고, 미지급비용이 결산
　　정리분개 대상이다.

06. ① 대손 설정시 분개
　　(차) 대손상각비　10,000　(대) 대손충당금　10,000

07. ③ (차) 임 대 료 630,000　(대) 선수임대료 630,000

08. ② (차) 비용 ×××　(대) 미지급비용 ×××을 누락하면 비용과
　　부채가 과소 계상되고, 당기순이익은 과대 계상된다.

09. ② (차) 미수이자 ×××　(대) 이자수익 ×××을 기장 누락하면
　　자산과 수익은 과소 계상되고, 당기순이익(자본) 또한 과소 계
　　상된다.

10. ② 수정전 시산표 작성 → 재고조사표 작성 → 원장의 수정기입
→ 포괄손익계산서 계정의 마감 → 재무상태표계정의 마감 →
재무제표 작성

11. ④ 수정전 시산표 작성 → 결산정리와 정리기입 → 수정후 시산
표 작성 → 재무제표 작성

12. ②
	종업원급여		
	×××	손 익	×××

02 재무제표

01 ③	02 ④	03 ④	04 ①	05 ③
06 ②				

[보충설명]

01. ③ 재무제표에는 재무상태표, 포괄손익계산서, 현금흐름표, 자본
변동표에 주석을 포함 한다.

02. ④ 보기 ①번은 포괄손익계산서, 보기②번은 재무상태표, 보기
③번은 현금흐름표 보기 ④번은 거래처원장으로 재무제표가
아니고 보조원장이다.

03. ④ 보기 ①번은 재무상태표, 보기②번은 포괄손익계산서, 보기
③번은 현금흐름표 보기 ④번은 거래처원장으로 재무제표가
아니고 보조원장이다.

04. ① 실현주의 회계가 아니고 발생주의 회계이다.

05. ③ 상계표시 허용이 아니고 상계표시 금지규정이다.

06. ② 재무제표에는 회사명, 보고기간종료일 또는 회계기간, 보고통
화 및 금액단위 등을 함께 기재한다.

03 재무상태표

01

재 무 상 태 표

회사명   제×기 20×2년 12월 31일 현재
     제×기 20×1년 12월 31일 현재   (단위 : 원)

과 목	당 기	
자 산		
유 동 자 산		
현 금 및 현 금 성 자 산	270,000	
매 출 채 권 및 기 타 채 권	147,000	
기 타 금 융 자 산	100,000	(전
재 고 자 산	200,000	기
기 타 자 산	30,000	분
유 동 자 산 계	747,000	생
비 유 동 자 산		략
투 자 부 동 산	200,000	)
유 형 자 산	33,000	
무 형 자 산	20,000	
비 유 동 자 산 계	253,000	
자 산 총 계	1,000,000	
부 채		
유 동 부 채		
매 입 채 무	150,000	
기 타 금 융 부 채	120,000	
기 타 부 채	100,000	
유 동 부 채 계	370,000	
비 유 동 부 채		
금 융 부 채	110,000	
비 유 동 부 채 계	110,000	
부 채 총 계	480,000	
자 본		
납 입 자 본	320,000	
이 익 잉 여 금	200,000	
자 본 총 계	520,000	
부 채 및 자 본 총 계	1,000,000	

검정문제 9-3

01 ④	02 ②	03 ③	04 ①	05 ②
06 ①	07 ③	08 ①	09 ④	10 ④
11 ②				

[보충설명]

01. ④ 일정시점 기업의 자산, 부채, 자본의 정보를 제공하는 것은 재
무상태표이다.

02. ② 자산에서 유동자산은 당좌자산과 재고자산을 포함하고, 비유
동자산은 투자자산, 유형자산, 무형자산, 기타비유동자산을 포
함한다.

03. ③ 영업권은 비유동자산 중 무형자산에 해당한다.

04. ① 투자부동산은 비유동자산이다.

05. ② 서로 다른 거래처에서 발생한 외상매출금과 외상매입금을 서
로 상계하지 않고 총액으로 표시한다.

06. ① 유동성배열법이란 현금화 속도가 빠른 순서를 말한다.

07. ③ 임대료는 수익으로 포괄손익계산서 계정이다.

08. ① 매출채권은 유동자산이다.

09. ④ 기능별분류와 성격별분류는 비용의 분류방법이므로 포괄손익
계산서 관련사항이다.

10. ④ 재무상태표의 설명이 아니고, 포괄손익계산서에 대한 설명이다.

11. ② 유동자산과 비유동자산 또는 유동부채와 비유동부채는 1년 및
정상적인 영업주기 기준으로 분류한다.

04 포괄손익계산서

01

(1) 기능별 분류

포 괄 손 익 계 산 서

과 목	금 액
수 익 (매 출 액)	300,000
매 출 원 가	(210,000)
매 출 총 이 익	90,000
판 매 비 와 관 리 비	(70,000)
영 업 이 익	20,000
기 타 수 익	10,000
기 타 비 용	(5,000)
금 융 수 익	20,000
금 융 원 가	(30,000)
법 인 세 비 용 차 감 전 순 이 익	15,000
법 인 세 비 용	(5,000)
당 기 순 이 익	10,000
주 당 이 익	1,000

(2) 성격별 분류

포 괄 손 익 계 산 서

과 목	금 액
수 익 (매 출 액)	300,000
상 품 의 변 동	(10,000)
상 품 매 입 액	(200,000)
종 업 원 급 여 비 용	(20,000)
감 가 상 각 비 와 기 타 상 각 비	(7,000)
기 타 의 영 업 비 용	(43,000)
영 업 이 익	20,000
기 타 수 익	10,000
기 타 비 용	(5,000)
금 융 수 익	20,000
금 융 원 가	(30,000)
법 인 세 비 용 차 감 전 순 이 익	15,000
법 인 세 비 용	(5,000)
당 기 순 이 익	10,000
주 당 이 익	1,000

02

No	차변과목	금 액	대변과목	금 액
①	매 입	75,000	이 월 상 품	75,000
	이 월 상 품	8,000	매 입	8,000
②	대 손 상 각 비	2,000	대 손 충 당 금	2,000
③	감 가 상 각 비	5,000	감 가 상 각 누 계 액	5,000
④	선 급 보 험 료	7,000	보 험 료	7,000
⑤	미 수 수 수 료	10,000	수 수 료 수 익	10,000
⑥	임 차 료	15,000	미 지 급 임 차 료	15,000

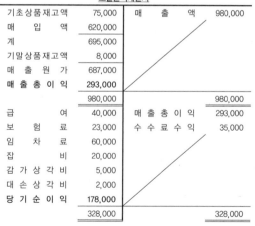

포괄손익계산서

기초상품재고액	75,000	매 출 액	980,000
매 입 액	620,000		
계	695,000		
기말상품재고액	8,000		
매 출 원 가	687,000		
매 출 총 이 익	**293,000**		
	980,000		980,000
급 여	40,000	매 출 총 이 익	293,000
보 험 료	23,000	수 수 료 수 익	35,000
임 차 료	60,000		
잡 비	20,000		
감 가 상 각 비	5,000		
대 손 상 각 비	2,000		
당 기 순 이 익	**178,000**		
	328,000		328,000

재무상태표

현금및현금성자산	1,200,000	매 입 채 무	273,000
매 출 채 권	200,000	미 지 급 임 차 료	15,000
선 급 보 험 료	7,000	대 손 충 당 금	4,000
미 수 수 수 료	10,000	감 가 상 각 누 계 액	5,000
상 품	8,000	자 본 금	1,000,000
비 품	50,000	당 기 순 이 익	178,000
	1,475,000		1,475,000

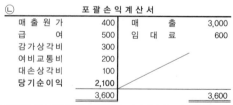

01 ④	02 ①	03 ④	04 ③	05 ②
06 ①	07 ②	08 ③	09 ②	10 ②

[보충설명]

01. ④ 이자비용은 관리비가 아니고, 금융원가로 별도 표시한다.

02. ① 금융원가는 판매비와 관리비가 아니고 금융원가로 별도 표시한다.

03. ④ (차) 종업원급여 700,000 (대) 예 수 금 35,000
보 통 예 금 665,000
종업원급여는 판매비와관리비계정이다.

04. ③ 포괄손익계산서에서 수익(매출액), 영업손익, 금융원가, 법인세비용, 당기순손익은 구분표시 해야 한다.

05. ② 매출총이익 → 법인세비용차감전순이익 → 당기순이익 → 주당이익

06. ① 매출원가나 접대비가 증가하면 영업이익은 감소하고, 배당금수익은 기타수익으로 영업이익에 영향이 없다.

07. ② ㉠ 수익(매출액) – 매출원가 = 매출총이익
㉡ 매출총이익 – 판매비와관리비 = 영업이익
㉢ 영업이익 + 기타수익 – 기타비용 + 금융수익 – 금융원가 = 법인세비용차감전순이익
㉣ 법인세비용차감전순이익 – 법인세비용 = 당기순이익

08. ③ 총 수 익 3,000,000
총 비 용 (1,000,000)
당 기 순 이 익 2,000,000
기타포괄손익 ×××
총 포 괄 손 익 ×××
기타포괄이익은 (+)이고, 기타포괄손실은 (-)하면 총포괄손익이 계산된다.

09. ② ㉠ 기초상품재고액(200) + 순매입액(300) – 기말상품재고액(100) = 매출원가(400)
㉡

포 괄 손 익 계 산 서

매 출 원 가	400	매 출	3,000
급 여	500	임 대 료	600
감 가 상 각 비	300		
여 비 교 통 비	200		
대 손 상 각 비	100		
당 기 순 이 익	**2,100**		
	3,600		3,600

10. ② 영업이익은 감소한다. 기부금은 기타비용이고, 복리후생비는 판매비와관리비이다.
매출총이익 – 판매비와관리비 = 영업이익

Memo

Memo

Memo